新装版

スポーツ科学・入門

別冊宝島編集部 編

宝島社
文　庫

新装版 スポーツ科学・入門

INTRODUCTION

スポーツ科学の最新成果を、自分流に活かす時代！

スポーツ科学と聞くと、自分とはずいぶん縁遠い世界、人間の限界に挑む超一流のアスリートたちの鍛え上げられた体軀、磨かれた技能を連想する人もいるだろう。たしかに世界のトップアスリートたちの活躍に、スポーツ科学は欠かせないものになっている。しかしスポーツ科学は、なによりも人間そのものをあつかう科学として発展してきた。だから、ほんの一握りのフィジカルエリートたちの専有物では決してない。

スポーツ科学は、旧来のスポーツそのもののイメージさえも変えつつある。激しく動いて重い負荷をかけるだけがスポーツではなく、たとえばふつうに歩くことのように、これまでほとんどスポーツとして数えられなかった動きもスポーツとして位置づけられるようになった。たんに「強く」「速く」「高く」というスポーツ観を超えて、からだにとってスポーツがなぜ重要なのか、スポーツが私たちをどう変えるのかを問い直し、私たちの日常生活とスポーツの新しい関係を明快に語りかけてくれるのがスポーツ科学なのである。

もちろん、自分のからだに関する情報は自分のなかにある。からだに自然に備わっている力が伸びているのか、衰えているのかは自分にしかわからない。しかも、からだとの対話は、自分自身がからだを動かすことでしかできない。自分のからだに合わせて体力を向上させることが重要なのである。そして、忘れがちだが、体力向上こそスポーツ本来の使命なのである。はっきり言って、それは難しくはない。スポーツ科学は奇しくも、自分の体力に自信のない人、どんなに運動オンチの人でも、確実に体力を向上させうることを証明しているのだから。

本書は、読者がスポーツライフを、具体的かつ実践的に追求できることを基本に置いている。さらに編集にあたっては、興味深い最新のスポーツ科学の成果、それも、できるだけ広範囲にわたる成果を集めて、楽しみながら学べるように心がけた。

PART1では、うまさや力強さに関して科学的な再検討をしてみた。このテーマについては、これまで経験的な側面からしか語ることができなかったのだが、その実態にスポーツ科学が果敢に挑んだ研究成果から、多くのヒントを得ることができるだろう。

PART2は、スポーツとからだのメカニズムに関する最新理論を、できるだけわかりやすく解説してある。「スポーツがヒトをどう変えるのか」をめぐる、スポーツ科学の第一線の研究者による報告である。

PART3では、誰もが体力をアップさせることができ、しかも無理のないトレーニングの方法を紹介する。最近注目されつつあるウォーキング理論や体型別のトレーニングなど、スポーツ科学から導きだされた最新のノウハウである。まったく静止した状態でもスポーツできること、激しい動きだけでなく誰にとっても身近な歩くことでさえスポーツであることがわかるはずである。

PART4では、歴史人類学という立場から近代スポーツが忘れてしまったスポーツ本来の姿を考える。

この本が、スポーツ愛好者だけでなく、スポーツにはまったく無縁だった人、これまでのトレーニングに飽き足らなくなった人、トレーニング自体になにがしかの行き詰まりを感じている人、さらに体力の維持・向上を願うすべての人びとにとって、スポーツの新たな可能性を再発見する手引書となれば、幸いである。

別冊宝島編集部

新装版　スポーツ科学・入門＊目次

本文イラスト＝勝山英幸

PART 1

「うまさ」「強さ」のサイエンス

たくみな動作を科学する

大築立志（東京大学大学院教授）

われわれが自分の意志でからだを動かして何らかの作業をすると、そのできばえには必ず「じょうず・へた」の区別が生じるものである。その程度を、われわれは、ふつう「たくみさ」というモノサシを使って計っている。本稿では、「たくみさ」というモノサシを使って、われわれ「人間」がスポーツ活動のなかでごくふつうに行なっている諸々の「動作」を分析し、たくみだと評価される動作の仕組みを科学的に解説してみたい。あらかじめことわっておけば、筆者は、日本語の「たくみ」という言葉で表わされる概念を、①自分の意志で考えて行なう行為（随意運動）に対して用いられ、②行為者の能力ではなく、行為の結果を評価するための概念である、と規定することにする。

まず、われわれは具体的にどのような動作に対して「たくみ」という評価を与えるのだろうか。その動作を見ている人が思わず、「うまい」「じょうずだ」「たくみだ」などと表現する場面を拾い出してみると、おおよそ次のように整理することができる（ただし、ここではあくまでも団体ではなく個人の動作で、しかもその動作を見た瞬間に直観的にたくみだと感じられる性質のものに限定する）。

①ボールなどの標的を捕捉（キャッチ）する。例：捕球、パスのインターセプト、野球のバッティング、テニスや卓球などの打球、剣道の打突

②的に当てる。例：弓道、射撃、バスケットボールやサッカーのシュートなど

③不意を突く（フェイント）。例：バレーボール、バスケットボールのフェイント。誘いの隙

④相手と自分の相対的運動量をまともに受けとめない（かわす）。例：相撲の肩すかし、攻撃をよける

⑤姿勢が安定していて、見る者に安心感を与える。例：見ていて危なげのないスキーやスケートの滑走姿勢、体操競技やフィギュアスケートのジャンプからの着地

⑥繊細な動きができる、つまり関節の動きが細かくコントロールできる。例：舞踊や体操競技、フィギュアスケートなどにおける体肢の移動距離の微調整や微妙な身体表現

⑦複雑な動きができる。つまり多くの関節を同時にコントロールできる。例：ダンスなどにおける激しい全身運動の際の四肢の動き

以上の七種類の動作について、これから順番に検討を加えてみよう。ただし、②の的当て

に関しては本稿では割愛する。[*]

*なお、的当てに関しては、次の点だけを指摘しておきたい。的当ては、標的を狙うという意味でキャッチと共通項が多いため、従来の研究では、二つをいっしょにしてエイミング（狙い動作）などとよばれてきた。しかし、キャッチが自分の手あるいはその延長として手に保持された道具で標的を捕捉することであるのに対して、的当てはその道具が手を離れて空中を移動し標的に到達するという大きな違いがある。この点からも、的当てについての独自の研究が望まれる。

キャッチ――最後にはボールが見えなくてもとれるわけ

移動または静止しているターゲット（標的）を、手または手の代わりをするもの（足、道具など）で捕捉することをキャッチという。その際、前提になる能力が予測である。ターゲットをキャッチするためには、ターゲットの位置、移動の速さ、移動の方向を読み取って、ターゲット到着予定地点と到着予定時刻を予測するとともに、自分の位置と移動速度の判断に基づいて、ターゲット到着予定地点への自分の到着可能時刻を予測し、それらの予測に基づいてキャッチ動作のスタート時刻や動作速度を選択設定しなければならない。このように、キャッチは予測という能力があって初めて可能になる動作である。

それでは、キャッチ対象としてのターゲットを確認した時刻から、実際にターゲットが捕捉されるまでの間には、どのような過程が存在するのだろうか。さまざまなキャッチ動作について表1にまとめたように、その過程は、以下の四つの時間相、つまり(1)ターゲット確認からキャッチ動作を引き起こす刺激の発現までの時間、(2)刺激からキャッチ動作発現までの反応時間、(3)キャッチ動作発現からターゲットへ接近するための動作時間、(4)最終的なターゲット捕捉のための動作時間、に分けることができる。ただし、表1のそれぞれの動作によって(1)から(4)の時間相の構成比率が異なることは言うまでもない。

さらに、四つの時間相を別の角度から見てみると、(1)〜(3)までの時間中に、刻々と変化するターゲットに関する情報が収集され、その情報に基づいてターゲットの動きが予測される。その予測に基づいて脳の中で作成される最終的な運動プログラムに従って時間(4)を構成するキャッチ動作の最終局面を迎えることになる。ただし、この最終局面(4)では、視覚情報その他の感覚情報がなくてもキャッチが支障なく行なわれることが多い。

たとえば、外野手のボールキャッチについて考えてみると、当の外野手は最後にボールが自分のグラブに収まる瞬間を決して自分で見ることができない。グラブは顔の前に顔とは反対に向けて差し出され、ボールはグラブに遮られて見えなくなっているからである。ボールが正しくキャッチできたかどうかは、予測された時刻にグラブをはめた手に予測された感覚が生じたかどうかによって確認するしかない。打撃の瞬間に目を閉じていてもホームランが打てるのも同じである。最終局面(4)でのターゲットにタイミングを合わせて行なう動作は一般に「タイミング動作」とよばれるが、このタイミング動作は、予測に基づく運動プログラ

表1　種々のキャッチにおけるキャッチまでの過程の比較

		ターゲットの確認からキャッチ成功までの過程 (左から右へと時間が進む)				
(時刻)	(f_0)		(t_1)	(t_1')　(t_2)		(t_0)
キャッチ動作	ターゲット	情報収集(1) (動作開始前)	キャッチ動作開始のきっかけとなる外部状況の変化	情報収集(2) 動作前　動作中	キャッチ動作最終局面	キャッチ動作の名称 ↔失敗した場合の呼び方
1. 外野手のフライキャッチ	ボール	バッターの構え ピッチャーの投球	バッターの打球	ボールコース、スピード、自分との位置関係、ボールの到達地点と時刻の予測	グラブを差し出す	捕球 ↔落球、抜かれる
2. テニスの打球	ボール	自分やパートナーのボールコース、相手の構え	相手の打球	同上	ラケットを振り出す	打球 ↔パスされる
3. パスキャッチ	ボール	ボール保持者の動き	ボール保持者の投球	同上	手を差し出す	キャッチ ↔ミス
4. ラグビーのタックル	相手選手	マークした相手の動き	(相手が逃げきれないと判断した時刻または相手と自分との距離)	(相手の姿、運動状態)	一気にからだを投げ出して飛びつく	タックル ↔かわされる
5. かるたとり	カード	多数のターゲットの配置を記憶	読み手の声	要求されたカードを探す	一気に手をターゲットに叩き付ける	とる ↔おてつき
6. 食物を口に運ぶ	口	同上	なし (自分で決定)	食物と口との相対的位置関係	ゆっくり口に近づけて停止させる	食べる ↔口のはたにぶつける(幼児)
7. ゴルフの打球	ボール	ボールの位置	なし (自分で決定)	なし	一気にクラブを振りきる	打球 ↔空振り

注）1～4はターゲットが運動している場合であり、
　　5～7はターゲットが静止している場合である。

ムによって行なわれる途中修正のきかない動作と考えることができる。その意味では、(1)〜(3)の動作が風などの外的条件を判断して修正を加えつつ実行することができるフィードバック動作であるのに対して、(4)のタイミング動作はきわめて対照的な性格をもっている。

キャッチ動作に与える予測の影響としてもう一つ欠かせないのは、キャッチ動作の開始の早さ、すなわち反応時間と予測との関係である。刺激に周期性や時間的リズムがあると反応時間は短縮し、また発現確率の高い刺激やすぐ前に何回も続けて発現していた刺激に対しても反応時間は短縮する。筆者らが行なった実験――一秒間隔でリズミカルに与えられる刺激に反応して電鍵を押す――によれば、被験者の筋電図の動きは実際の刺激発生の二〇〇ミリ秒（一ミリ秒は千分の一秒）以上も前に発現するようになる。刺激の周期性に充分慣れていない状態での記録では、刺激発生後一〇〇ミリ秒以上たってからしか筋電図の動きが発現しないことを考えれば、これは明らかなフライング（尚早反応）ではある。しかし、そのこと自体が、被験者の内部に確立された刺激の予測に基づいて、現実の刺激発現時刻とは独立して運動指令が出されていることを示している。

こうした実験の結果は、たとえばテニスのポーチプレイで、相手のボールコースが読めるとダッシュが早くできてリーチが伸びるといったことを思い浮かべれば容易に納得することができるだろう。しかし反対に、予測の裏をかかれると、ボールがからだのごく近くを通過しているのに手も足も出ないといった事態が起こることにもなりかねない。次に、〝フェイント〟との関連でこの予測と反応の問題を考えてみよう。

フェイント——脳能力の限界が見えてくる!

相手に自分の動作を予測させ、それを裏切ることによって相手を不利な状況に追い込む技術をフェイントという。すでに述べたように、フェイントは、キャッチとは逆に予測がマイナスに作用する例である。フェイントの効果を数量的に表わすためには、フェイントにかかった人の反応特性を調べればよい。

たとえば、左右二個のランプを右—左—右—左……と交互に一定時間間隔で連続的に点灯し、右のランプが点灯したら右手(足)を上げ、左のランプが点灯したら左手(足)を上げるという反応動作を行なわせて、刺激の周期性による予測反応を起こさせる。つまり、右の次には左が点灯し、左の次には右が点灯するという予測のもとに動作を行なうようになるまで交互点灯を繰り返す。そうしておいて、突然、右—右というように規則性を崩すと、被験者はちょうどフェイントにかかったときと同じく、刺激と逆方向の動作をしかけてしまい、あわてて刺激の方向に動作を切り換える。その結果、刺激に対する正しい反応の開始が遅れることになる。

その遅れの大きさは、われわれの実験の結果では、誤反応が生じなかった場合でも、手、足ともに約五〇ミリ秒、誤反応の強さに応じて、五〇ミリ秒から一〇〇ミリ秒以上の値を示した。五〇ミリ秒という数値は一見ずいぶん小さく感じるが、たとえば、バスケットのパスのボールスピードがだいたい秒速七メートル程度だから、三五センチは進んでしまう計算に

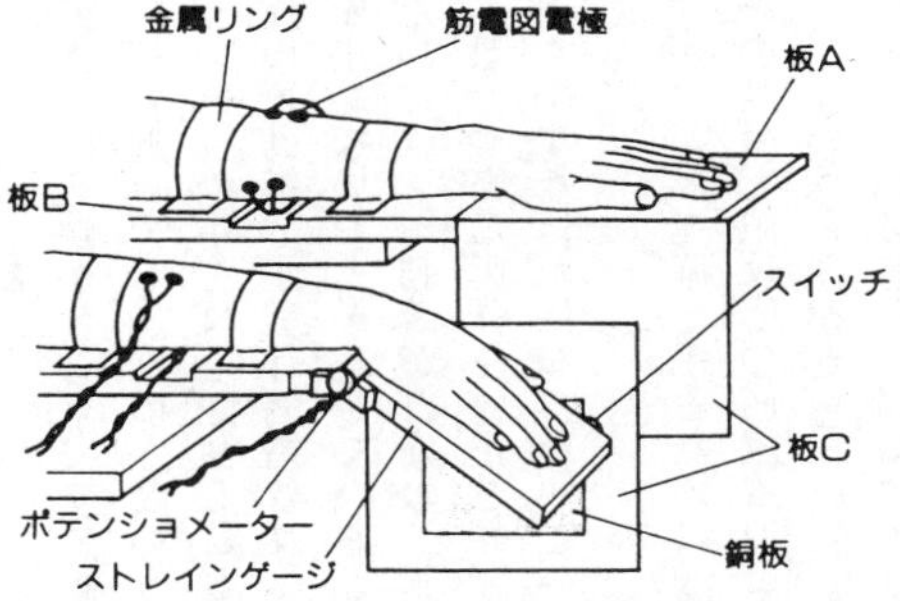

図1　右ランプの点灯に対してできるだけ素早く手首を屈曲し、左ランプ点灯に対しては左手首を屈曲するという課題作業を行なわせるための装置（河辺と大築、1982より）

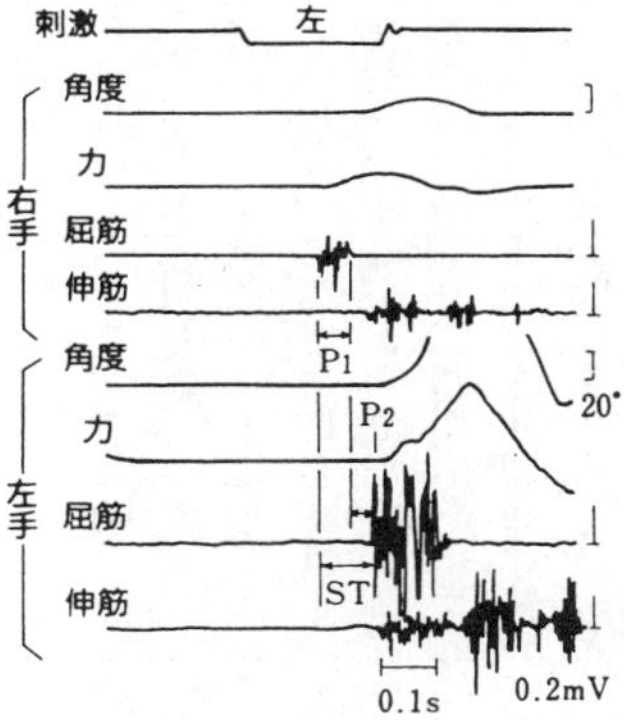

刺激左に対して初め右手で誤反応が開始されたいる。屈筋に筋放電が発現し、力が加わり、20° 以下の手首の屈曲が生じているから、この誤反応は強度Ⅲに属する。誤反応の筋放電（持続時間P_1）が消失してからしばらく（両前腕屈筋休止期P_2）して、刺激の指示どおりの左手に正反応が発現する。すなわち、左前腕屈筋に大きな筋放電が発現し、続いて力、角度が大きく変化する。$P_1+P_2=ST$が切換え時間である。

図2　左右の手首の屈曲反応におけるフェイント刺激に対する誤反応と正反応
（被検者K.O.、刺激間隔1秒）
（河辺と大築、1982より）

なる。バスケットボールの直径がおよそ二五センチであることを考えれば、この反応の遅延が致命的な遅れを意味することは言うまでもない。

ここで問題となるのは、両手による反応動作の場合、右手と左手は独立して動かすことができるにもかかわらず、反対側の手を動かしてしまった（誤反応）ときに、なぜ大きく反応時間が遅れてしまうのかという点である。誤反応した手はそのままにしておいて、即座に正しいほうの手を反応させることはできないのだろうか。この点に関しては、いったんある動作の運動指令が実行開始されると、脳はその実行を停止してからでないと新しい動作の指令が出せないことを示していると考えれば説明がつく。つまり、誤反応を正反応に切り換えるためには、(1)刺激が自分の予測していたものと違っていることを確認し、続いて(2)現在実行されつつある動作を停止させ、(3)新しい動作のための運動指令を出力する、という三つの段階を踏まなければならないというわけである（この三段階に必要な時間を「切換え時間」とよぶ）。

このことを確認するために、図1のような左右の手首の屈曲動作を用いた実験を行なった。その結果、誤反応の筋放電消失から正反応の筋放電開始までの間には、どちらの筋も活動していない休止期がたしかに存在する（図2）。これが、すでに出された運動指令をキャンセルするのに必要な時間だとすれば、その時間は、出された運動指令の強さが強いほど長いが、だいたい三〇～一三〇ミリ秒程度である。また、古い運動指令のキャンセル完了から新しい運動指令の発令までには、四〇～一二〇ミリ秒程度の時間が必要であることもわかった。その長さは、キャンセル時間同様、誤反応強度に正比例する。これらのことから、脳は、相互に対立する動作に対しては、同時に複数の運動指令を発令することはできないと考えて間違いない。ここに、フェイントが功を奏する科学的な根拠があると言えるだろう。

かわす——相手を妨害するより、かわすほうが難しいのはなぜか!?

危ない、と思った次の瞬間に相手の攻撃や障害物をよける動作は「かわす」とよばれる。たとえばラグビーを考えてみると、猛然と突進してくる相手選手をかわすという場面がある一方で、前方に立ちはだかる相手方のプレーヤーを自ら突進しながらかわしていくという場面もある。そこで、「かわす」とは、相手と自分との相対運動量をまともに受けとめない動作である」と定義したい。相対運動量とは、物理学的に言えば、相手と自分の運動量（物体の質量×速さ）のベクトル相であり、まともに受けとめるというのは、そのベクトル和をゼロにするということである。

かわすという行為は、(1)動作開始の素早さ、(2)動作切換えの素早さ、(3)動作の速さ、を三要素とする敏捷性という能力によって遂行される。(1)は、いわゆる反応時間として測定される能力で、相手の動きや障害物の出現を認知し、それに対処するための動作を開始するまでの所要時間を表わす。かわすためにはこの時間は短ければ短いほどよいことは言うまでもない。(2)は、フェイントのところで述べた「切換え時間」として測定される能力である。(3)は、筋の短縮速度を表わす能力である。これは力学的パワーを発揮する能力である。⑴⑵は神経系の、⑶は骨格筋の能力を表わしている。

ここでは、⑴の「動作開始の素早さ」を規定する能力について解説しておこう。この能力は一般に刺激に対する反応時間として測定される。まず、刺激の様式による反応時間の違いから述べると、反応時間がもっとも長い――すなわち反応開始がもっとも遅い――のは、いわゆる視覚刺激（一八〇ミリ秒。かっこ内は同一被験者に対する筆者の測定値）であり、以下、聴覚（一五五ミリ秒）、触覚（一二五ミリ秒）の順に短くなり、筋伸張刺激（一一〇ミリ秒。いわゆる筋感覚を引き起こすと考えられる）に対する反応時間がもっとも短い。また刺激が複数個あり、刺激によって初めて反応課題の内容が指示される場合の反応時間（選択反応時間）は、刺激が一つで反応課題の内容があらかじめわかっている場合の反応時間（単純反応時間）に比べて、刺激の内容を判断しなければならない分だけ延長する。

一般に、選択反応時間（ＣＲＴ）と選択肢の数（ｎ）との間には、ヒック（Ｈｉｃｈ）の法則とよばれる次のような関係式が成り立つことが知られている。

$$CRT = a + b\log^{2} n$$

この式は、選択肢の数ｎが二倍になると、ＣＲＴの長さがｂだけ増加することを意味するが、ｂの値はそれぞれの研究報告によって大きな違いがある（その値は一七ミリ秒から一一五ミリ秒の広範囲に及ぶ）。そこで、この違いを説明するのが、「刺激と反応のＳ―Ｒ整合性（ＳはStimurus＝刺激、ＲはReaction＝反応）」という概念である。たとえば、刺激ランプが左右に一個ずつあり、左ランプには左ボタンを、右ランプには右ボタンを押すという場合はS―R整合性が高く、その逆の場合には低い。S―R整合性が高ければ反応時間は短く、S―R整合性が低ければ反応時間は長くなる。

この問題を、実際の「かわす」という動作との関連で検討してみよう。相手に対してマンツーマンの状況に置かれた人のとるべき動作は、「かわす」か「キャッチ」かのいずれかである。つまり、自分の右側へ相手が動いたのを見て自分は逆側である左側へ移動するのが「かわす」という動作であり、反対に自分も相手と同じ方角へ動くのが「キャッチ」である。バスケットボールを例にとれば、前者は相手のブロックをかわして攻め込むオフェンスの動きであり、後者は相手の進路を妨害するディフェンスの動きとなる。前者の動作はS―R整合性が低く、後者の動作はS―R整合性が高いことは言うまでもない。どちらの場合も二者択一反応であるから、反応時間はS―R整合性が高いほうが短くなる。そこで、理論的には、かわす動作の反応開始は、妨害する（相手をキャッチする）動作の反応開始よりも遅くなるという結論が導き出される。もちろん、実際の場合では、個々のプレーヤーの予測能力やダッシュ力など多くの要因が加わってくるため、現象としてははるかに複雑になるが、その基礎にはこのような反応の性質があるはずである。

さらに、反応時間に関しては、的に当てる、両手を同時に使うなど、要求される課題動作が複雑になると延長すること、また、予告信号から刺激までの予告期間が長くなるほど延長することなどもわかっている。

姿勢の安定――キーポイントは「予測的姿勢制御能力」だ！

安定感があって見る者に安心感を与え、美しさを感じさせる姿勢は「たくみ」だと言われる。姿勢とは、「任意の時間自分の意志で保持しうる、重力の方向に対する身体各部の相対的位置関係」であり、姿勢の安定とは物理学的に言えば、「重力や空気抵抗との合力が重心に作用するために必要な大きさの抗力の作用線が支持底面の中心付近を通過している」と定義することができる。立位姿勢の場合、支持底面は足によって構成されるが、臥位姿勢、坐位姿勢、倒立など特殊な場合は足以外の体部も支持底面を形成することは言うまでもない。そして、必要な大きさの抗力の作用線が支持底面内を通るようにするためには、身体各部の多数の骨格筋を協調的に活動させなければならない。外力の作用や筋活動の乱れによってこの抗力の作用線が支持底面を外れる、すなわち支持底面が必要な抗力を受けられる位置にないと、からだは重力によって回転しはじめ、今まで地面と接触していなかった体部が地面と接触する。これが転倒である。

たとえば、スキー滑走のように重心に常に加速度が加わっている場合、その加速度 α を生み出す力F（＝mα、mは質量）は重力、空気抵抗、雪面の抗力という三つの外力の合力である。スキー滑走中の姿勢保持のためには、この合力が斜面に平行で下向きに重心に作用するように、雪面から受ける抗力の大きさを調節しなければならない。つまり、「必要な大きさの雪面抗力」が支持底面内に作用するように足の位置を調節するということである。この抗力の作用点（＝荷重点）は支持底面の中にあればどこでもよいが、支持底面の中心に近ければ近いほど姿勢の安定度は大きくなる。うまく足の位置が調節できなかった場合には、足に加わる抗力は「必要な抗力」より大きすぎか小さすぎかのどちらかになり、他の二つの外力との合力の作用線が重心を通らなくなるので、重心の周りにモーメントが生じて重心を中心とした回転運動が起こり、やがて転倒することになる。

転倒を防ぐために、姿勢の安定を保つ能力を「バランス能力」という。このバランス能力は、「姿勢反射」とよばれる哺乳類に共通した生得的な反射機能と、姿勢を乱す外乱刺激の発現を素早く認知し、できるだけ早く意識的に外乱を克服する動作を行なう「随意反応」の能力、そして外乱刺激の発現を予測してあらかじめ姿勢が乱されないように構えをつくる「予測的姿勢制御能力」という三つの要素から構成されている。なかでも、「予測的姿勢制御能力」によって保たれた姿勢の安定は、たくみさをとくに強く印象づけるものである。

ふたたびスキー滑走の例をひけば、斜度が突然急になった場合、そのままではスキーとスキー靴は今までよりも大きな斜面平行下向きの加速度を得、身体重心は現在の速度を保持したまま元の方向へ進もうとするため、からだはとり残され、後ろに尻餅をついてしまう。そうならないためには、斜度が急になると同時に身体を前に乗り出し、新しい斜面平行下向きの加速度に見合った抗力の作用線を支持底面内に保たなければならない。ところが、斜度が変わったという外乱刺激をきっかけとして生じる反射や随意反応だけでは、刺激から筋活動発現までに時間がかかりすぎてしまい、姿勢の安定を保つことが難しい。そこで、斜度が変わる場所があらかじめわかれば、自分のスピードを考慮してからだを前方へ倒しながら斜度の変化地点を通過することによって、姿勢を乱さずにそこを乗り切ることができる。このように、姿勢そのものをその外乱によって乱されるであろうと推定される分だけ前もって逆方向に変化させておき、外乱によって生じる姿勢の乱れを力学的に帳消しにする方法を「予測性姿勢調節」とよぶことにする。

予測的姿勢制御能力には、これ以外にも、姿勢そのものは変えずに、刺激に先立って脳や脊髄の運動中枢の興奮性を調節しておき、外乱によって生じる反射や随意反応の強さを合目的的に増減するという機能もある。その場合、運動指令の受け手である脊髄の興奮性を全体的に高めておく機能と、課題動作の内容に応じて選択的な運動指令を脊髄へ送り込むための準備機構とが並行して働き、動作遂行時に生ずるであろう姿勢の乱れを最小限に抑え、課題動作の円滑な遂行を助けていると考えられる。

動きの繊細さ――「グレーディング能力」とは何か⁉

身体運動は、骨格筋の収縮という活動によって生じる。骨格筋は、多数の筋線維とよばれる細胞の集合であるが、図3に示すように筋線維は何本かがまとまって一本の運動神経（α運動ニューロン）につながっている。この一本のα運動ニューロンと、それらにつらなる（支配される）筋線維をまとめてモーターユニット（運動単位）とよぶ。一つのモーターユニットに含まれる骨格筋線維の数は、腓腹筋などのように下肢の強い筋力を発揮する筋では二千本にも達するが、外眼筋ではわずか五～六本であり、繊細な動きを必要とする筋になるほどその数は少なくなる。モーターユニット一本あたりの発揮できる筋力の大きさも、この骨格筋線維の数に比例しており、ネコの数値から試算すれば〇・四グラム（外眼筋）から一六〇グラム（腓腹筋）程度である。

そこで、仮に単一のモーターユニットを意のままにコントロールすることができるようになれば、きわめて細かい動作の微調整ができるはずである。実験データによると、モーターユニットの活動単位を、パルス音やスパイク波形の形で、聴覚や視覚を通してフィードバックするバイオフィードバック法という方法で訓練すると、単一のモーターユニットを分離して活動させることができるようになる。ただし、その場合でも、筋の種類によって違いがあり、手の指では容易にできるが下腿では難しく、また、上腕三頭筋（肘を伸ばす伸筋）は上腕二頭筋より難しい、といった実験結果がある。この難易度の違いから推測すると、単一モーターユニット分離コントロールができる筋はスキル（後述）に関係が深く、できない筋はむしろパワー（後述）に関係が深い

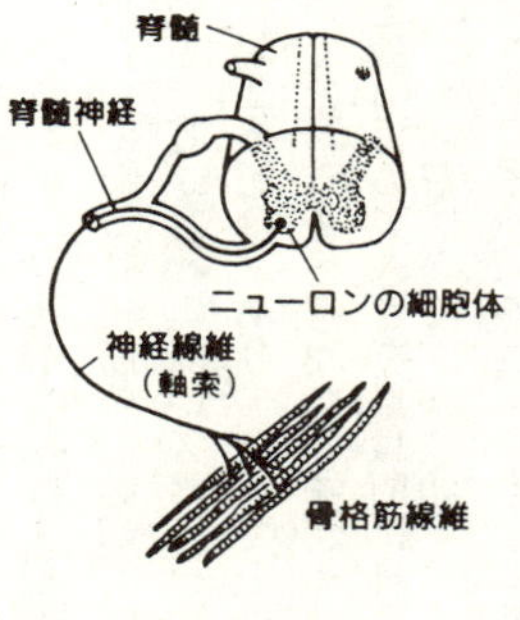

図3　モーターユニット
（運動単位）の模式図
（Basmajian、1967年より）

と考えられる。

このように、動きの繊細さとは、最終的には、一つひとつのモーターユニットないしその集合体である骨格筋の活動が、意志によってどこまで細かく調節しうるかという問題に行きつく。しかし、実際のスポーツの動作における繊細さは、多くの関節の動きが同時に複合して起こるわけであり、全体で一つとして意識される動作に対する調節の細かさが問題となることは言うまでもない。そこでは、運動の方向、運動の速さ、位置の変化量（変位）などの運動出力の大きさを意識的に自由自在に段階分けする、グレーディングの能力こそが問われることになる。

グレーディングとは、換言すれば、主観的出力強度というモノサシによって客観的出力強度を計ることである。たとえば、自分の垂直跳びの最大跳躍距離を一〇〇パーセントとして、三〇パーセントの距離を跳ぶつもり（主観的出力強度）で跳躍した際に、実際の跳躍距離（客観的出力強度）が何パーセントになっていたかを計ることで、このグレーディング能力の一端を知ることができる。一般に、主観的強度と客観的強度との間にはベキ関数関係（Stevensのベキ法則）が成り立つため、主観的出力の一定量の増加に対応する客観的出力の増加量は、出力レベルの大小によって異なる。跳躍距離や握力のグレーディングの場合は、出力レベルが大きくなるほど、努力感の一定量の増加に対応する客観的出力（距離や力）の増加量は小さくなるという傾向がある。つまり、発揮する力が大きくなるほど、一定量の力を増加させるための努力感の増加が大きくなる。いずれにせよ、人を「たくみだ」と唸らせるほどの繊細な動きができるためには、この主観的出力尺度というモノサシの精度が高く、小さな違いをはっきりと区別できるようになることが必要だろう。

動きの複雑さ——使う指の数が増えるにつれて、各指の力が減少する不思議

動きの複雑さに関しては、数本の指が同時に動作を行なおうとするとき(「数指同時動作」とよぶ)に、個々の指の機能は低下するという現象に基づいて、若干の考察を加えておきたい。

筆者は、特殊な握力測定装置を使って、被験者が握力を発揮している際に個々の指が発揮している筋力を測定し、その数値をそれぞれの指が単独で発揮しうる最大筋力と比較してみた。その結果、左右どの指も、握力発揮時の分担筋力のほうが一指単独筋力より小さいことが判明した。一本一本の指の力が四本合わさったものが握力であるはずなのに、なぜ四本同時に筋力を発揮すると、各指はそのもてる力を一〇〇パーセント発揮することができないのだろうか。しかも、一本よりも二本、二本よりも三本と、指の数が増えるにつれて、各指の力はだんだんと減少してゆくことも実験から明らかになった。

このことから、以下のような仮説が成り立つ。一本の指を動かそうとすると、その指の運動の主働筋を支配するα運動ニューロンに上位中枢から興奮性の運動指令が到達するのとほ

ほぼ同時に、その他の指の筋を支配するα運動ニューロンは周辺抑制を受ける（感覚系においてはすでに「周辺抑制」が存在することが確認されている）。これを筆者は「遠心性協同筋抑制」とよぶことにする。その結果、動かそうとする指と動かさない指との活動の差が明確になる。これは「運動系におけるコントラスト効果」ともいうべきものである。指の独立運動がこのような協同筋間の相互抑制によって起こるとすれば、さきほどの各指の筋力の段階的低下の問題もうまく説明がつく。つまり、二本の指が同時に働けば一本の指にはもう一本からの抑制が加わるだけですむが、三本が同時に働けばそれぞれの指には他の二本から抑制が加わり、筋力はその分だけ低下するというわけである。

こうした現象は、数指同時動作のときに起こるだけではない。両手で同時に最大努力で握力を発揮すると、それぞれの手の握力は、その手だけ単独で握力を発揮しているときに比べて低下する。これは、肘関節の等尺性屈曲力と伸展力についても同じことが言える。さらに、脳卒中によって大脳皮質運動野からの遠心性経路が遮断されている片麻痺患者においては、複数関節の不随意的な同時的連動現象が見られる。これらのことを考え合わせると、人間のからだには、一つの体部を働かせるときには、他の体部の活動を抑制する機能的周辺抑制機構がさまざまなかたちで存在していると見て間違いない。そのことによって初めてわれわれは、多数の関節の運動を、あるときは同時に、あるときは別々に組み合わせて、複雑な動作を行なうことができるのだと言えよう。

たくみな動作を行なうために必要な能力には、どんなものがあるのか!?

そろそろ紙幅もつきたので、この辺で、一応のまとめをしておきたいと思う。本稿の初めに述べたように、筆者は「たくみ」という言葉を、「行為者の能力ではなく、行為の結果を評価するための概念」であると規定する。それに対して、ある動作を「たくみだ」と評価させるために必要な能力を「スキル」とよぶ（スキルは英語のskillをそのまま音読したものである）。より正確には、スキルとは、身体が目的にかなった動きをするように身体諸機能を調節する随意的能力である。ただし、この場合の身体諸機能とは神経、節、感覚系などの体性機能であり、発汗、内分泌などの自立性機能は原則として含まない。

また、スキルはいわゆる体力と次のような関係にあると考えられる。体力――何らかの目的を果たすための身体活動を行なうために必要な能力――には、意志による能力と意志によらない能力がある。意志によらない能力は反射、自動運動などの神経系の性能や、体格、柔軟性などからなり、意志による能力は、エネルギーの発揮量を決める能力、すなわち筋力、持久力、スピードなどの俗に「パワー」とよばれる能力と、エネルギーの使い方を決める能力、すなわち「スキル」からなる。

本稿で述べてきたさまざまな動作（能力）をスキルとして捉え直してみれば、スキルは主に次の四つの要素によって構成されていることがわかる。

①状況把握能力（入力面の能力）――運動感覚による自分の身体運動の認知能力。静的視

覚による相手や自分の位置や物体の形に関する認知能力。動的視覚による相手や自分のボールの動きに関する認知能力。および相手やボールの動きに対する予測能力

②動きの正確さ（出力面の能力）――必要な技術動作にかなった体肢の動きができる（体肢のポジショニング能力）。状況に応じて力、または動きの強さの調節ができる（出力のグレーディング能力）。適切な時刻に適切な時間的配列に従った動作ができる（タイミング能力）。同じ状況では常に同じ動きができる（出力の再現能力）

③動きの素早さ（同上）――動作開始の素早さ。動作切換えの素早さ

④持続性（同上）――正確さと素早さの持続を含み、俗に「集中力」とよばれる能力に近い

最後に、制御工学の諸概念との関係において、たくみな動作の制御方式についての筆者の考えを述べておきたい。開始された随意運動は運動指令に定められたとおりに遂行されるが、その正しい遂行、つまり遂行と終了のためには「感覚情報」が不可欠であるとか、いや必ずしも必要ではないとかいった議論が、ここ何十年もの間ずっと続けられてきた。感覚情報を使わずに進行し終了する随意運動の例としては、ゴルフのスウィングや野球のバッティングなどのように、非常に速い動作がよく挙げられている。このような動作は、プログラム動作、オープンループ動作、フィードフォワード動作などといった名称でよばれている。それに対して、感覚情報を使って進行し終了する随意運動はフィードバック動作、クローズドループ動作などとよばれる（これらの言葉が、もともと制御工学の用語であることは言うまでもない）。

結論から言えば、「たくみな動作」の制御方式として、いずれか一つの制御方式だけをあてはめることは無意味である。本稿の「キャッチ」動作の項ですでに触れたように、バッターの打球をキャッチするという外野手の一連の動作のうちにさえ、クローズドループ動作（フィードバック動作）とプログラム動作（タイミング動作）は同居している。しかも、より詳しく見ると、当の外野手は、ボールの落下予想地点への走行、ボールを見ながらの位置の微調整、グラブを差し出す、といったそれぞれの動作に意識的な区切りをつけて行なっていると考えられる。つまり、動作と動作の間には必ず状況の確認と動作開始の決断が行なわれることになる。

こうして、クローズドループ制御動作は、さらにいくつかの確認によって区切られた分動作に分けられるから、結局人間の行動というものは、意識的確認から次の意識的確認までの間の身体運動を最小単位として構成されると考えることができるだろう。だとすれば、この最小単位の身体運動は、必然的に意識的確認を受けないオープンループ制御動作であるということになり、クローズドループ制御動作とは、すべてオープンループ制御動作が意識によってつなぎ合わされたものであると表現することもできるわけである。

いずれにせよ、人間は、感覚や予測、タイミングなどといった「スキル」や筋力、スピード、持久力という「パワー」を効果的に使い、工学モデルで言うクローズドループ制御、オープンループ制御、フィードフォワード制御など、いろいろなシステム制御方式を場合に応じて使い分けながら、目標達成に向かって「たくみな動作」を遂行してゆくと言えよう。

パワフルな動作を生むバイオメカニクス!

吉福康郎（中部大学教授）

よく知られていることだが、一つのスポーツ種目が得意な人はほかの種目も得意なことが多い。たとえば、野球選手はたいていゴルフもじょうずである。こういう人はスポーツに必要な体力（筋力やパワー）が優れているから、というのも事実だろう。しかしそれ以外に、人間のからだの構造や力学の法則から見た広い範囲のスポーツ種目に共通する合理的なからだの使い方を身につけている、ということも忘れてはならない。これからこの観点に立って、いろいろなスポーツに共通する基本動作をとらえて、もっとも効率のよいパワフルな動作について追究してみよう。

人間の身体構造とそれを活用する動きの特徴を覚えておこう!

「力」とは何を意味するのか？

スポーツを含む身体運動は、すべて力によって生じる。出せる力が大きいほど身体運動はすばやく行なえる。プロゴルファーの打つ球がよく飛ぶのは、スウィングの正確さもさることながら、一般のゴルファーよりも大きな力でクラブを加速できるため、インパクト時のヘッドの速度がきわめて大きいからである。とすれば「力」は大きいほどよいはずである。ところが、「もっと力を抜いて……」とか「力に頼ってはダメだ」のように「力」を否定的に見る表現も多い。

この食い違いの原因は「力」という語が曖昧に使われているからだろう。すなわち、動作中に感覚的に感じとった力と実際に運動のために使われた力学的な力が、混同されているのである。簡単な例として、鉄棒に両手、片手、指一本でぶら下がったとしよう。ぶら下がるのに必要な力学的な力はどの場合も自分の体重に等しい。一方、感覚的な力は後の場合ほど大きくなる。今後「力」という語は力学的な力の意味でだけ使うことにする。

ヒトの身体構造の特徴を知っておこう！

人体の最大の特徴は直立姿勢を保った完全二足歩行に適した構造をしていることである。このことからヒトのからだは、

表1　身体各部分の体重に対する質量比と体重60kgの場合の部分質量
（松井の表より改変）

部位	男子 質量比（%）	（計）	男子 部分質量（kg）	（計）	女子 質量比（%）	（計）	女子 部分質量（kg）	（計）
頭	4.4		2.6		3.7		2.2	
首	3.3		2.0		2.6		1.6	
胴	47.9		28.7		48.7		29.2	
上腕（両方）	5.3	8.3	3.2	5.0	5.1	7.7	3.1	4.7
前腕（両方）	3.0		1.8		2.6		1.6	
手（両方）	1.8		1.1		1.2		0.7	
大腿（両方）	20.0	30.7	12.0	18.4	22.3	33.0	13.4	19.8
下腿（両方）	10.7		6.4		10.7		6.4	
足（両方）	3.8		2.3		3.0		1.8	

①上体の運動の自由度が大きい
②重力の影響を大きく受けた構造をもつ
という特徴がある。

ヒトの上肢は体重を支える役目から完全に解放され、動きが自由になった。肩関節の可動性が大きく、手の指が発達し、自由自在に動く構造と機能をもっている。身体を動かす（具体的には筋を収縮させる）命令を出すのは大脳皮質の運動野という領域である。上肢が複雑に動けることに対応して、上肢、とくに指を動かす命令を出す部分は運動野のなかでも大きな領域を占めている。われわれがいろいろな運動をするとき、ともすれば意識が上肢、それも先端に近い部分に集中するのは、この部位が大脳の運動野のなかで大きな部分を占めるからだろう。

下肢は、全体重を支えるために上肢より長く太くできている。ヒトのからだを関節で切って分けたときの各部分の質量の体重比は、表1のようになる。上肢と下肢のうち筋（専門的には「筋肉」と言わず「筋」と言う）の少ない手と足を除いた部分を見ると、下肢の質量は上肢にくらべて男子で三・七倍、女子で四・三倍もある。仮にこれが上肢と下肢の筋の量の比率を表わすとすると、後で説明するように筋の発揮するパワーはその質量に比例するので、下肢は上肢の四倍前後のパワーを出せることになる。

運動中に下肢が意識にのぼることは比較的少ないが、ヒトの運動において下肢はもっとも重要なパワー源であることを忘れてはならない。

ヒトの運動におけるパワー移動の特徴

ヒトの運動は当然のことながら、ここまでに述べてきたような身体構造を反映している。すなわち、器用に動く上肢と力強い下肢である。

「歩く」「走る」と「跳ぶ」という動作では、言うまでもなく大部分のパワーは下肢から出る。上肢はそれ自体地面を蹴ったりするような直接のパワーは出さないが、全体のバランスをとり、下肢が大きなパワーを出しやすい体勢を保つ役目を果たしている。たとえば、ポケットに両手に入れたままの状態では上肢がこの役目をまったくなさないので、速く走ることも高く跳ぶこともできない。さらに、走るとき通常とは逆に上肢を下肢と同じ方向に振ると、上肢が積極的にバランスを崩す働きをするので、きわめて走りにくくなる。

「投げる」と「打つ」（ラケットなどを振る）という動作では、腰の回転の重要性が経験的によく知られている。腰の回転というと意識は腰に集中するが、腰が動くのはその土台である下肢がパワーを出して動くからである。腰とともに上体が回転し、胴体自体もパワーを出しながらねじりや屈伸を行なうので、上肢の付け根である肩が大きく動く。肩の動きに合わせてタイミングよく上肢を振ると、最終的にボールやラケットが加速されるわけである。すなわち、下肢から出たパワーが胴体から肩を通して上肢に伝わり、上肢は自分もパワーを出しながらからだ全体のパワーをボールやラケットに伝える、これらの動作で、上肢は補助的なパワーを出しながら、からだ全体のパワーを目的に合わせて「加工」しているわけである。上半身と下半身の動きのタイミングが大切なのは、今述べた身体内のパワーの移動がタイミングに大きく影響されるからである。

どんな状態が筋のパワーを最大にするのか？

筋は自分で力を出して縮み、脱力して伸びるというだけの機能をもつ。筋の収縮は骨格によって具体的な身体運動になる。骨格は二百個あまりの骨が関節でつながってできた、梃子《てこ》の集合体である。筋は少なくとも一つの関節をまたいで骨に付着し、その収縮によって関節の角度を変えて運動を起こす。

筋が全力で収縮したとき、その収縮力は横断面積に比例する。常識どおり太い筋ほど強いわけである。背筋力計を引っぱっているときのように筋の短縮速度がゼロの場合、横断面積

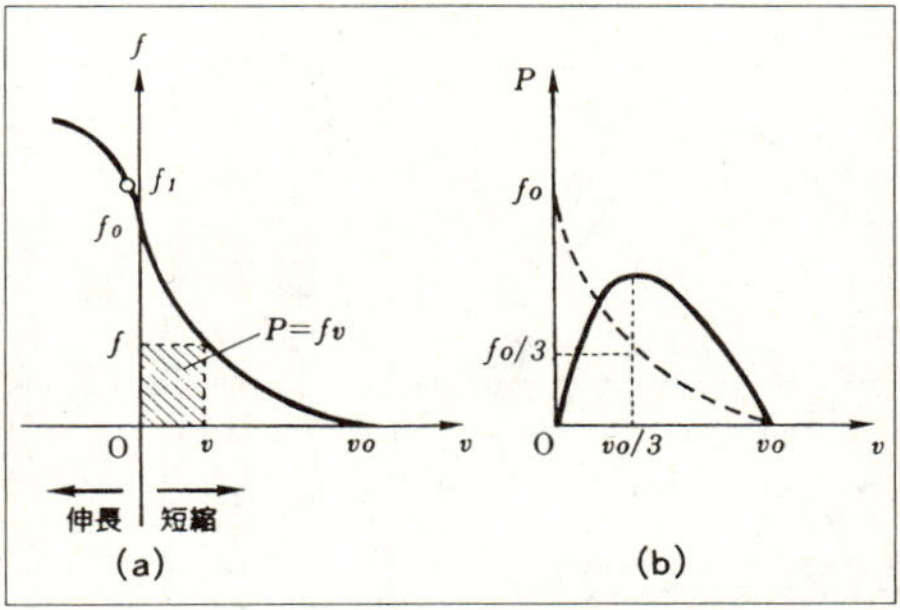

図1　筋肉の短縮速度と収縮力 (a)、パワー (b) の関係

一平方センチメートルあたり四〜八キログラムの収縮力が出る（図1のf_0に相当）。筋力トレーニングを積むと、たんに筋が太くなるだけでなく、この数値が一〇キログラムくらいまで向上する。

また、筋の収縮速度はその長さに比例する。筋の短縮に逆らう抵抗がゼロの場合、腱を除いた収縮要素（「肉」の部分）の長さが一〇センチメートルの筋なら秒速八センチメートル程度で短縮する（図1のv_0に相当）。

さて、実際の運動では筋は力（＝収縮力＝外部からの抵抗）を出しながら短縮する。短縮速度と収縮力の関係は図1(a)のようになる。自動車のエンジンに譬えるならば、短縮速度がエンジンの回転速度、収縮力がトルクに相当する。短縮速度がある限度（v_0）を超えると、収縮力がまったく出なくなる点はエンジンと同じである。エンジンと筋が違うのは、短縮速度が小さいほど大きな収縮力が発揮できること、また、無理に引き伸ばされるとき（エンジンでいうなら逆回転）、大きな力が出せることである。自分が跳び上がれるより高いところから跳び下りても無事着地できるのは、下肢の筋が引き伸ばされながら力を出すので、着地の大きな力にも耐えられるためである。

エンジンでは、

パワー＝回転速度×トルク

だったが、筋が短縮するときのパワーは、

パワー＝短縮速度×収縮力

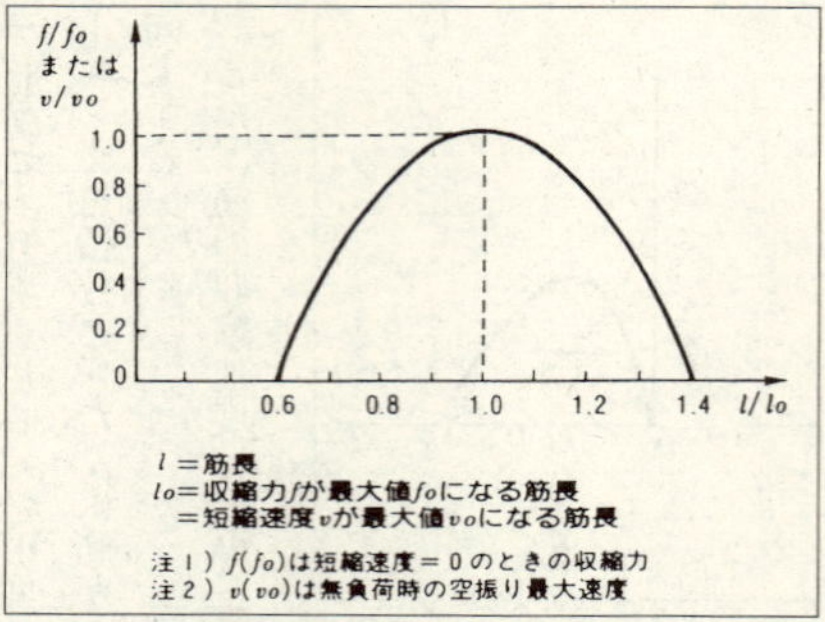

図2　筋長が変化したときの収縮力と短縮速度の変化

である。短縮速度とパワーの関係は図1(b)のようになる。

この図から、最大筋力f_0の三分の一の力（このときの短縮速度は最大短縮速度v_0の三分の一）で収縮するとき、筋は最大のパワーを発揮する。また、筋の短縮速度は長さに比例し、筋力は横断面積に比例することから、一つの筋が出せる最大のパワーはその体積（質量）に比例することが簡単な計算で導き出せる。常識どおり、大きなエンジン（筋）ほどパワーが大きいのである。

これ以外の性質として、筋は伸びきった、あるいは縮みきった状態では力が出ない点が挙げられる。力を出しやすい筋長というものがある。筋長と収縮力の関係は図2のようになる。

パワーを引き出す三つのポイント

これまで述べたことから、からだから大きなパワーを引き出すには、

①大きな筋を動員する
②最適の短縮速度を保つ
③最適の筋長を保つ

の三つがポイントである。

①の大きな筋とは、すでに述べたように下半身の筋である。下肢の筋のパワーは、腰を通して上体に伝わる。「へっぴり腰」というのは、下肢の筋が充分に働かない体勢である。大きな筋ほどパワーが出ることから、筋力トレーニングはどんなスポーツをする人にもお勧めしたい。筋力トレーニングはスピードが落ちる、と言う人がいるが、これは誤解である。また、筋の収縮力自体ではなく筋そのものを限界まで肥大させることを目的とするボディ・ビルと、重量を用いた一般のウエート・トレーニングを混同してはならない。多くのスポーツ種目のなかでも、重量挙げの選手の垂直跳びの記録はバレーボールや走り幅跳びの選手と肩を並べるし、三〇メートルダッシュでも短距離走の選手と互角である。ドーピングで競技選手としての資格を失ったカナダの短距離走者であるベン・ジョンソン選手は、筋力トレーニングの効果を上げようとするあまり薬物に頼ったわけである。

ついでながら、「力んだり」、「無理に力に頼ったり」すると、たとえば肘を曲げるべきと

きに肘を曲げる筋と伸ばす筋が同時に収縮して力を殺し合ってしまう。この場合、身体内部に生じた力学的な力も「感覚的な力」も大きいが、肘を曲げるための正味の力は小さくなる。逆に肘の「力を抜いた」とき、肘を曲げる筋だけが収縮して正味の力が大きくなるのである。あるいは後で述べるように、誤ったフォームをとると一部の筋に大きな負担がかかる割に、外部に所期の力が発生しない。「力む」とか「力に頼る」場合、たいていフォームが崩れているものである。

②の最適な短縮速度は、自動車の変速ギヤのイメージで考えればよい。卓球のラケットを振る動作を考えてみよう。主なパワー源は下肢である。腰が一定の回転速度で回ったとき、腕を伸ばしてラケットを回転の中心軸から離すほど、ラケットの速度は大きくなる。しかし、長い棒ほど振り回すのに力がいるのと同じで、あまり腕を伸ばすと（トップギヤ）下肢への負担が大きくなり、回転が遅くなるのでかえってパワーが減り（図1で、おそらく下肢の出すべき力が最適値のf_0／3より小さくなる）、スウィングが遅くなってしまう。逆に腕を胴体に引きつけすぎると（ローギヤ）、回転に必要な力が小さすぎて腰の回転が空回りに近くなり、やはりパワーが減り、スウィングはすばやいもののラケットの速度が上がらない。ラケットを体軸から適当な距離だけ離したとき、すばやさと速度を兼ね備えたスウィングになるのである。ただし適当な距離は各個人の筋力によって決まる。むやみに他人の真似をしてもダメである。また、遠くの球を無理に打ち返そうとして上体が前へ泳いだ体勢では、腰の回転とともに重い胴体を振り回すことになるので、すばやいスウィングはまったくできない。

③の筋長と収縮力の関係は、腕相撲に好例を見ることができる。上腕にある肘を曲げる筋は肘関節の角度が九〇度の付近でもっとも収縮力が大きいので、常に肘を直角付近に保てば有利である（もう一つの理由として、関節の構造と梃子比の関係からもこの角度が有利）。柔道の「十字固め」では肘（したがって肘の屈筋）を伸ばしきった状態になるので、肘を曲げる力がひじょうに小さく抵抗不能となる。自転車競技でサドルの高さが重要なのは、ペダリングに動員される下肢の筋の長さがこれに影響されるからである。

パワーを充分に出すためのからだの構え

パワーや力を有効に発揮するには、それに適した体勢がある。体勢が悪いと、弱い部位がネックになって強い筋の力やパワーが伝わらない。

図3(a)と(b)はどちらもバットを手で支えている図である。手がバットに加えるべき力はどちらもバットの重さに等しい。しかし経験的に明らかなように、図3(b)のほうがからだの負担が大きい。その理由は、図3(a)では力はまっすぐに伸びた上肢から胴体、下肢へと伝わるので、関節の角度を変えるための力（トルク＝回転力）は不要である。一方、図3(b)ではバットの重心がからだから離れているため、手首、肩、腰、足首の各関節にN_0とかN_1のトルクが必要となり、それぞれの関節を動かす筋が収縮しなければならないからである。

バットでなくもっと重い物体を支える場合、足首や腰は強いトルクを発揮できても手首と肩の関節はしかるべきトルクを出しきれない。仮に手首と肩が極端に強い人がいて、物体を図3(b)のように持ち上げることができるとしよう。しかしこの場合でも、物体とからだを合わせたときの重心が爪先の上方へくるので、全体の重みが爪先の先端にかかり、支えきれなくなる。物体がさらに重くなると、全体の重心が爪先より前方へ移動するので、力の強さとは無関係に前へ倒れてしまう。

これを一般化すると、手で外部に大きな力を伝えるときは、

①手をできるだけ自分のからだの中心近くに保つ

②下半身の強い力を利用している間は上肢を伸ばしたり、肘を体側につけるなどして強い力に耐えられるよう努める

の二点が重要である。①は、手にかかる力の作用線(力の方向を示す線)がからだの中心線付近を通るようにする、と言うこともできる。

重量挙げでは、バーベルのほぼ真上に自分の重心をもってくる。また、挙上動作の初め、いわゆる足腰の力でバーベルを引き上げる段階で上肢を完全に

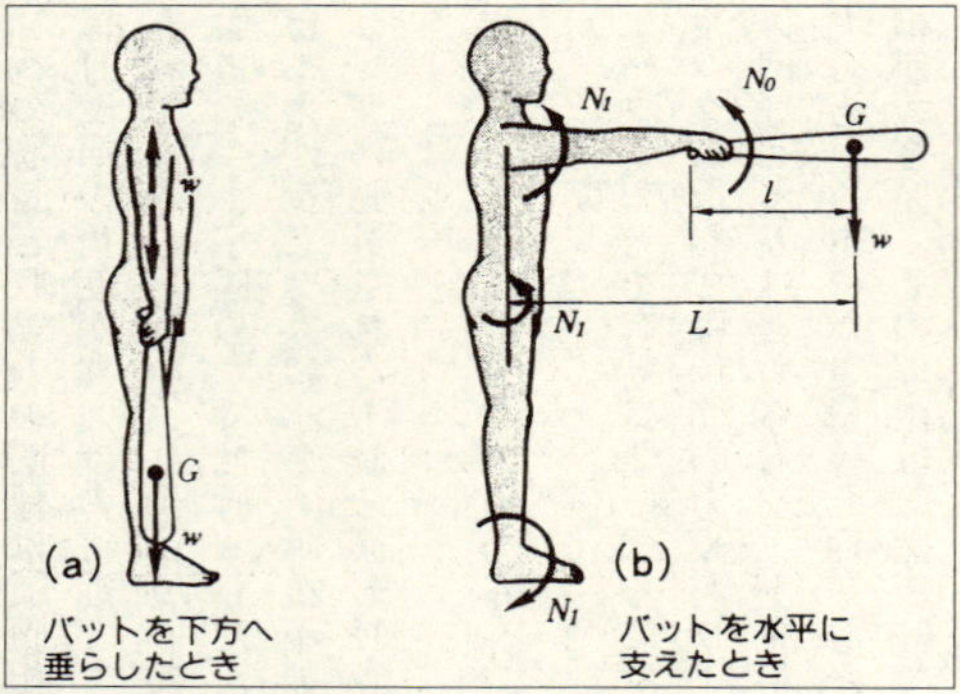

図3　静的な力の伝達

伸ばしている。ボートを漕ぐ動作も、前半下肢を伸ばしながらオールを引く段階では上肢は伸ばしっきりである。相撲や柔道、合気道や関節技を含む拳法でもこの二つの原則が技に生かされている。

空手で相手の前蹴りがボディを狙ってきたとしよう。蹴り足が充分伸びたタイミングを見計らってボディ直前に迫った蹴り足を手で引っかけ、腰の回転を利用して横へさばくと簡単に蹴りの向きを変えることができる。こちらの手は自分のからだに近く力を出しやすいのに対し、蹴り足はその反対だからである。うまくいくと、相手はバランスを崩し反撃が容易になる。手の力が足の力に勝ったように見えるが、実は下肢の力を手に伝えたのである。

実際にプレーに応用してみよう！

基礎編では身体構造に合わせた合理的な動きの原理と簡単な具体例を説明したが、実践編ではさらに各種のスポーツの基本的な動作について応用例を見ていこう。

強烈なパンチは下半身のパワーで繰り出される！

空手や各種の拳法、ボクシングの突きやパンチは、それぞれの流派における独特の理論に裏打ちされている。空手では「全身の力」あるいは「腰の力」を拳に集中させるし、中国拳法の突きは「発勁《はっけい》」という神秘的なパワーによって打ち出すため、拳が相手にほとんど触れた状態から突いても威力があるという。実際、筆者が行なった衝撃力測定の実験結果から、中国拳法の「ワンインチパンチ」に独特の威力のあることが明らかになった。

各種の突きやパンチのフォームを高速度撮影で分析したところ、次の事実が現われた。どの流派の突きやパンチも、上肢を加速するエネルギーのうち約三分の二が肩の動きを通して胴体から上肢に流れ込んでいた。「腰の力」も「発勁」も下肢の働きによる腰の回転、すなわち下肢の大きな筋が主なパワー源だったわけである。流派の理論の大きな食い違いとは裏腹に、どの流派も力学的には基本的に同じ原理を利用して拳を突き出していたのである。つまり、「ワンインチパンチ」も上肢からほとんどパワーを出さず、下半身のパワーによる力を上肢を通して目標に伝えていたことがわかった。

中国拳法には、「発勁」を重要視するあまり上半身を鍛えてはいけない、と主張する流派があるが、この考え方に筆者は疑問を感じる。というのは、普通の突き方ではパワーの約三分の一は上肢から出ている（筋の短縮速度は正：図1(b)で $v>0$ の範囲）。また、拳が目標に当たったとき大きな衝撃に耐えてからだの勢いを衝撃力として有効に目標に伝えるには、上肢の筋の強いことが必要だからである（図1(a)で $v=0$ または $v<0$ の範囲。$v>0$ のときより大きな力に耐えられる）。したがって中国拳法の場合でも、下半身の強さに応じて上半身を鍛えるべきだろう。

フォロースルーにはどんな役目があるのか？

ゴルフや野球のスウィングではインパクト後のフォロースルーの重要性がよく話題になる。結論を先に言うと、打球の飛び方はインパクトの瞬間に決まり、フォロースルーは無関係である。しかし、フォロースルーはスウィングのフォームの後半であり、前半からの流れで自然に決まるものである。したがって、フォロースルーがうまくいっていればインパクトまでの動作がうまくできた証拠になる。インパクト以前の動作は一般に意識にのぼりにくく、無理に意識するとかえって動作に悪影響を及ぼす。したがって、意識にのぼりやすいフォロースルーによって間接的にインパクト以前の動作をチェックするのである。

スウィング動作は、力まずに上肢をヌンチャクのように使え！

ブルース・リーのカンフー映画で一躍有名になった武器にヌンチャク（双節棍）がある。二本の棒を短い紐でつないだものである。一方の棒の端を持ってタイミングよく振ると、もう一方の棒の先端が高速で振り回される。二本の棒のつなぎ目には棒の間の角度を変化させるなんのパワー源もないのに、先のほうの棒は手元の棒より回転が速く角度が大きく変わる。その理由は、ヌンチャクがほぼ円運動をするために先端の棒に遠心力が作用するからである。もちろんパワーは手から手元側の棒へ、さらに紐を通して先のほうの棒へ供給されている。

テニスなどのラケットを使用する種目のスウィング動作も、ヌンチャクを振るのと似ている。ただし棒の数が三本に増える。たとえば肩をヌンチャクの握りの部分、肘関節は上腕と前腕のつなぎ目、手首は前腕とラケット（厳密には手を含む）のつなぎ目とみなす。肘と手首の関節を完全に脱力しても肩を回転させるタイミングさえよければ、もっとも先端の棒にあたるラケットが勢いよく振れるのである。図4はテニスのサーブ中の、肩を基準とした上肢とラケットの動きを示したものである。ヌンチャクと動きの様子が似ていることがよくわかる。

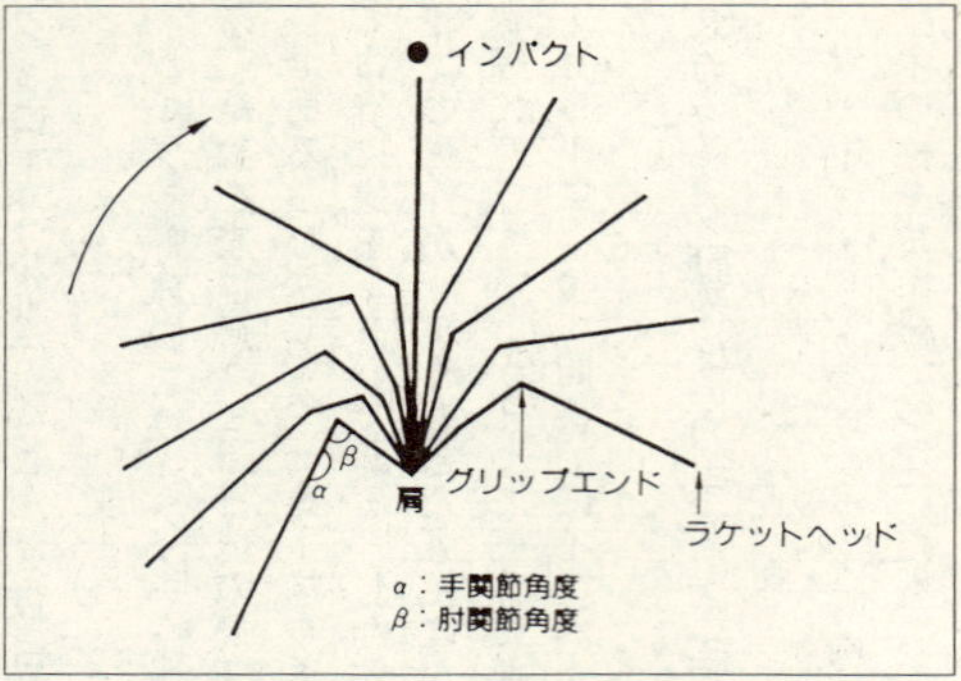

図4　テニスの上級者によるサーブ中の肩を基準とした上肢とラケットの線図（友末ほか、1983より）

図4で手首の関節の角度αが大きく変化しているので、一見、手首に強いトルクを発生させてラケットを振っているように見えるかもしれない。図5はテニスのオーバーハンド・サーブ中に手首を通してラケットにかかる力を解析した結果である。図5で回転パワーとは手首の関節にトルクを発生させたことによりラケットに伝わるパワー、並進パワーとは手首を完全に脱力した場合に手首自体の移動を通してラケットに伝わるパワーである。上段の熟練者は

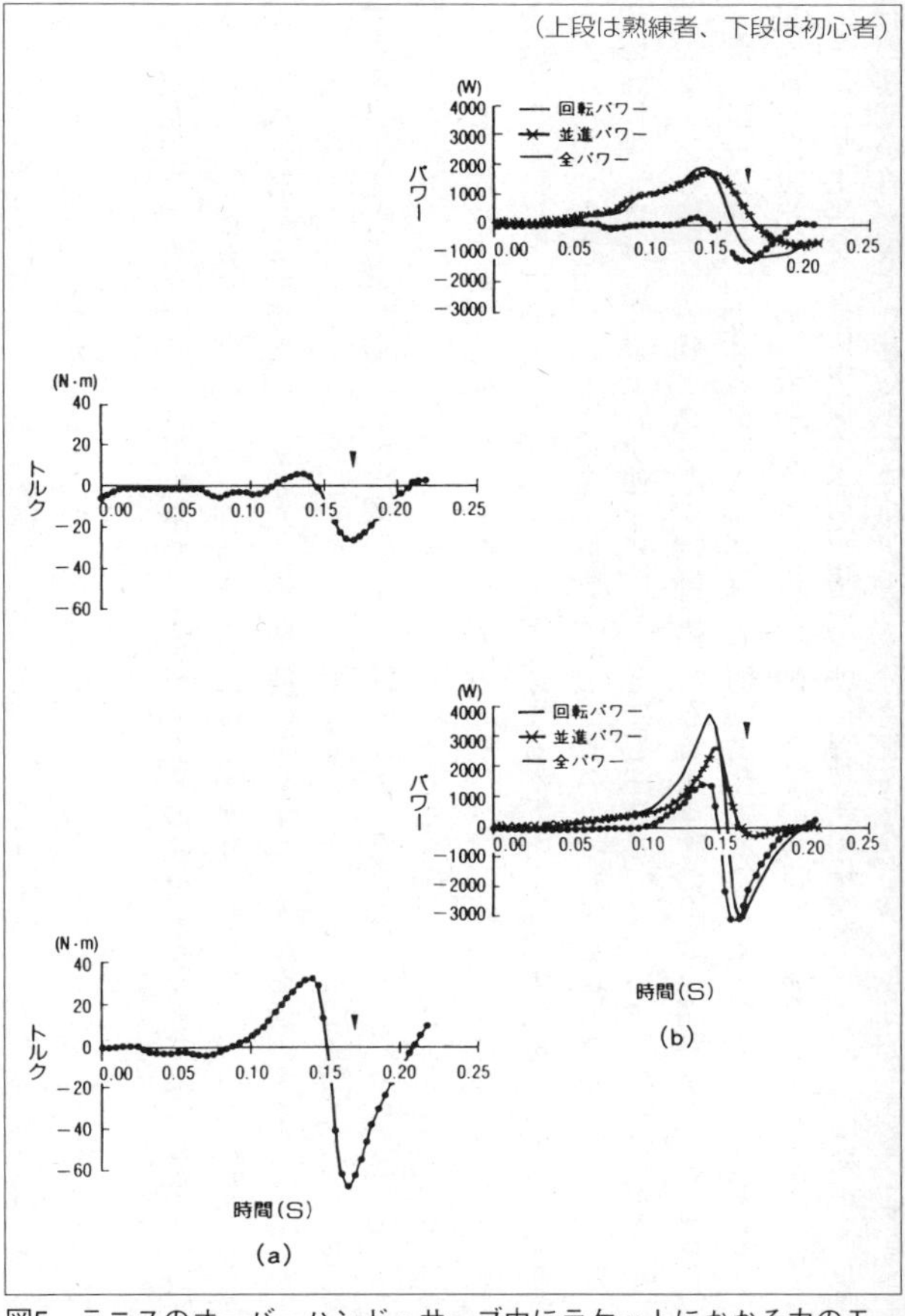

図5　テニスのオーバーハンド・サーブ中にラケットにかかる力のモーメントの変化（a）と、パワーの変化（b）（桜井ほか1986より）

手首をほぼ完全に脱力しているのに対し、下段の初心者はずいぶん手首の力に頼っている。すなわち上級者は上肢からよぶんな力を抜いて、ラケットを含む上肢全体を鞭のように振っていると解釈できる。

ただし、テニスをするのに下半身だけが重要で上肢の筋を鍛えなくてよいと考えるのは早計である。インパクト時に「面を作る」ためにはしっかりしたグリップ力が必要である。また、テニス肘などの障害の予防のためにも上肢のトレーニングをお勧めする。

下半身から上半身へ、からだを鞭のように使って投げる！

投げる動作は、基本的にラケットなどを振ったり、パンチのロングフックのように自分の上肢を振る動作と同じである。ラケットを加速するか、拳を加速するか、ボールを加速するかだけの違いである。図6(b)は腰の回転で上肢を振り回す様子をはっきりと示している。胴体の回転軸とほぼ直角に上肢が伸びていることにも注意してほしい。ちなみにゴルフのスウィングでも、腰の回転軸とクラブがほぼ垂直になるよう腰の動きを調整すべきである。

図7は投動作中の身体各部の水平速度の時間的変化である。全体の傾向を眺めると、まず足を前へ踏み出すため、最初に大きく爪先が動く。その後は膝、腰、肩、肘、手の順すなわち下半身→上半身、身体中枢→末梢の順に各部分の動きが移っていく。さらに細かく見ると、肘の速度が肩や腰より遅くなる時期がある。肘は前へ進みながらも肩から見ると後ろへ進ん

でいる。その後で肘は加速、肩は減速するので、肘が肩より速くなる。肩から見ると肘はいちど後ろへ引かれてから再び肩を追い越していく。同様に手の速度が肘より遅い時期がこれに続く。手と肘の動きの関係は、肘と肩の関係と同じである。よく見ると、膝と腰の動きにも同様の関係がある。これはちょうどほぼ全身が鞭のように動いた結果である（図6(a)）。

次に、鞭のような動きが力学的に合理的な理由を考えてみよう。

図6

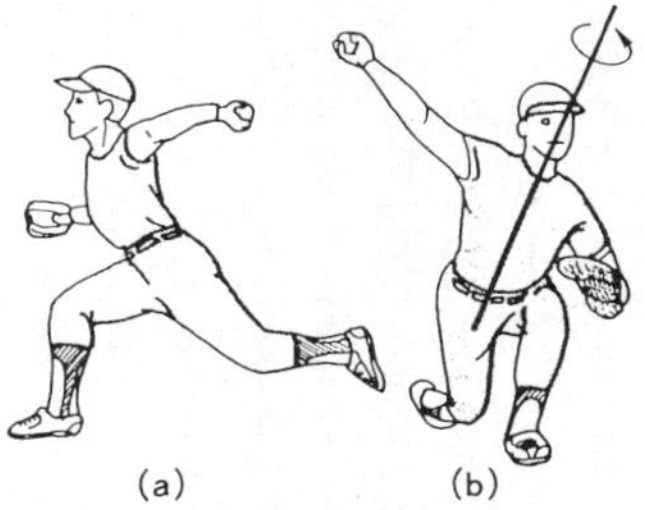

肘や手を後ろに残して、力をためた状態(a)から肘、手が急加速される(b)

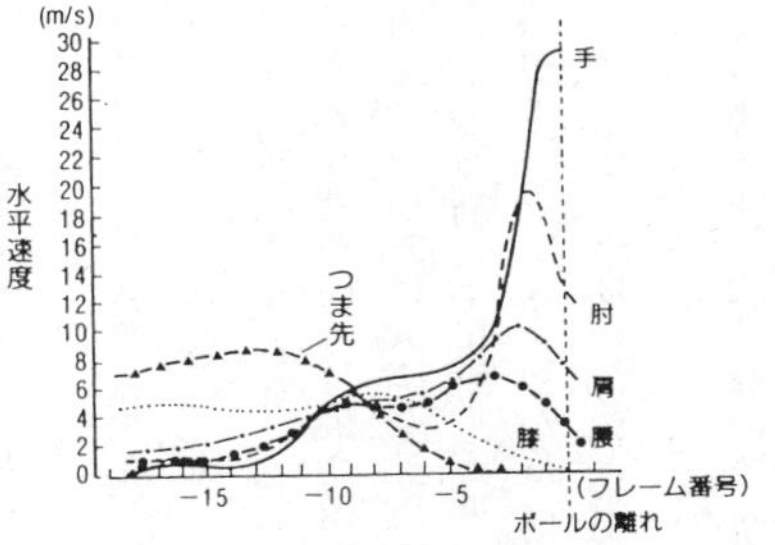

図7　投動作中の身体各部の水平速度の変化（豊島ら、1976）

第一の理由は、最大のパワーである下半身は重いので動作に時間がかかる。軽くて動きのすばやい上肢と同時に動きを開始したら、まるでタイミングが合わなくなる。したがって、重い下半身から先に動き始めなければならない。このことは肘と手首の関節の動きの関係にも言える。肘関節を伸ばすと肘から先をすべて加速することになるので時間がかかる。一方、手首のスナップは手とボールだけを加速すればよいので短時間しかかからない。手首のスナップは最後にもってくるので、手首が急加速されるのが投動作の最後のリリース直前になるのである。

第二の理由は、エネルギーの有効利用である。仮に先に述べた第一の理由にしたがって、動きに時間のかかる下半身から動き始めて全身が同時に最高速度に達するようにタイミングを合わせたとしよう。リリースの時点で手や前腕は大きな速度で動き、大きな運動エネルギーをもっている。その他の部分もかなりの運動エネルギーをもっている。こうなると結局、からだの発揮したエネルギーの大部分がボールではなくからだ自身を加速するために使われてしまう。図7の速度曲線の示すように、手の速度が最後に最高値に達するようタイミングを調整すれば、たとえばいちど大きくなった前腕のエネルギーもリリースまでには大部分がボールに伝わってしまう。結果として、ボールは大きなエネルギーを得て高速で飛んで行くわけである。

練習をつんでも、うまくなれない人に捧げる

上達するための心理学！

杉原　隆（東京学芸大学教授）

運動がじょうずにできるようになるためには、練習をしなければならないことは誰もが知っている事実である。人間を他の動物から区別する基本的特徴の一つであると言われる直立歩行でさえ、練習をしないとできないことは、インドで発見された狼に育てられた少女の記録を見れば明らかである。発見されたとき、少女は狼と同じ四つ脚歩行で狼と同じくらい機敏に動いた。しかし、二本足で立って歩くという運動はまったくできず、歩けるようになるまで数年間の練習を要したのである。

だからといって、練習さえすればいつも必ずうまくなるかといえばそうとは限らない。一生懸命練習しているのに少しもじょうずにならないという経験をもつ人は少なくないはずである。

このように、練習とじょうずになることは直接結びついているわけではない。それでは、両者の関係はどのようになっているのだろうか？　この問題に答えることは、運動のじょうず・へたは何によって決められるのか、すなわち、その規定要因は何か、またそれらの要因の間にはどのような関係があるのかを明らかにすることでもある。

じょうずさの三要素は、技能、体力、精神力！

図1はこの問題に答えるために人間の運動行動の構造を巨視的に示したものである。ごく簡単に説明しよう。いちばん上に書かれた運動パフォーマンスとは、運動がどのくらい「じょうず」に行なわれたかという、運動の成績・できばえのことである。もう少し具体的に言うと、運動パフォーマンスは運動の正確さや速さやフォームや安定性など、観察された運動の特徴を指す。いわゆる運動のじょうずさである。

運動のじょうずさは体力と運動技能という二つの性質の異なった能力によって支えられていると考えられている。ここで体力というのは、いわゆる行動体力のことで、最大筋力や瞬発力や持久力などを指している。体力と運動技能の基本的な違いは、体力が多くの運動のじょうずさを支えている共通性の高い能力であるのに対して、運動技能はそれぞれの運動においてその特殊性が高く、他の運動のじょうずさとはほとんど関係がないという点にある。たとえば、持久力はマラソンだけでなく、長い距離を泳いだり、スキーをしたり、ボートを漕

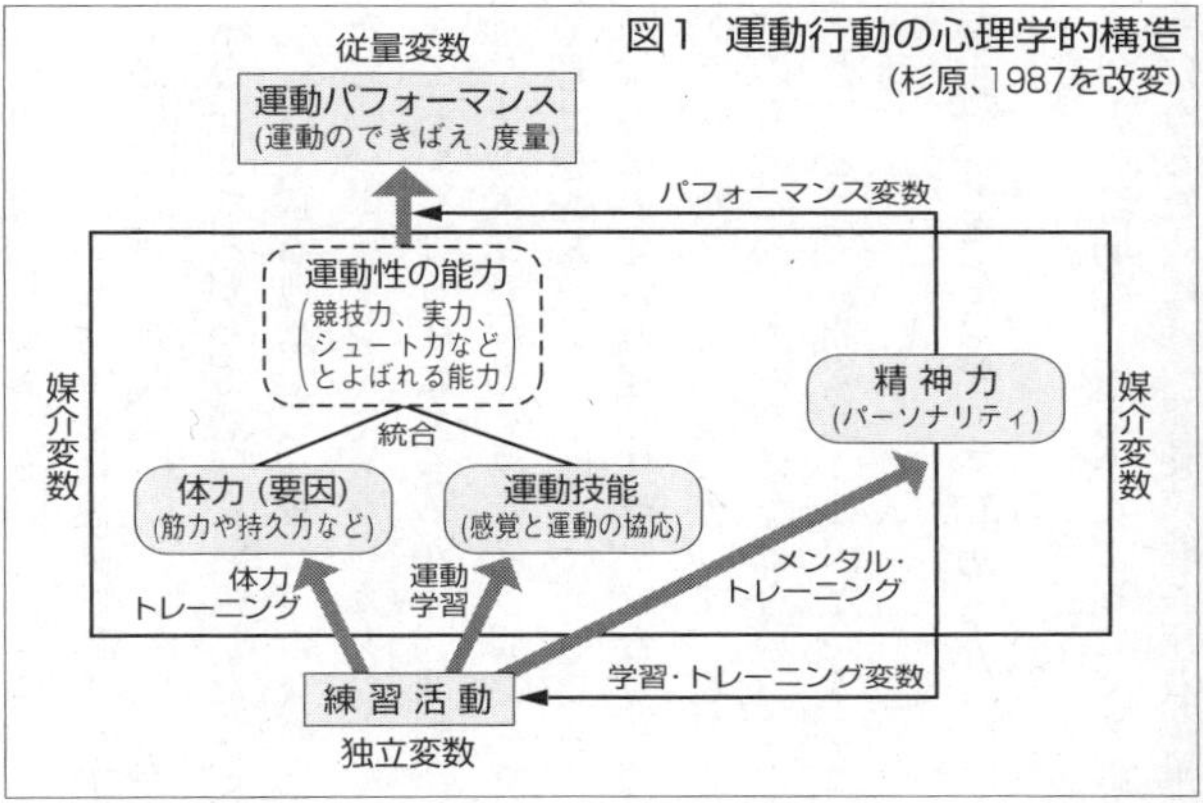

図1　運動行動の心理学的構造
(杉原、1987を改変)

いだり、サッカーやラグビーをするなど、ひじょうに多くの運動がどのくらいじょうずにできるかに関係している。また、それら多くの運動をすることによって、ある程度持久力を高めることもできる。しかし、マラソンをいくら練習しても、スキーがじょうずになることもなければ、スキーを練習してじょうずになればサッカーがじょうずになるといったことはないように、それぞれの運動はその運動を練習することによってのみじょうずになる。このように運動がじょうずになるには、その運動に独自性の高い能力である運動技能を高めることが不可欠である。また、年をとって体力が低下しても、体力の高かった若いときより運動がじょうずになることは稀ではない。このように、じょうずになることの中核は体力よりは運動技能にあると言える。そこで、以下では、運動技能について述べることになるが、じょうずになることに関係するもう一つの要因があるので、それを先に簡単に説明しておこう。

どのくらいじょうずに運動ができるかは、直接的には運動技能と体力という二種類の運動性能力によって決められる。しかし、スポーツをやった人なら誰でもわかるように、人前や試合などであがって過度に緊張したり、気分が乗らずやる気がないときなどは、ふだんじょうずにできる運動でもうまくできない。極端な場合には、最高の調子でプレーしてきたのに、ただ一つのイージーミスからガタガタと崩れてしまうことさえ少なくない。このように、どのくらいじょうずにできるかは、運動技能と体力だけでなく、運動をしているときの心理状態に大きく依存する。スポーツはメンタルだと言われるゆえんである。運動しているときの心理状態を最高のプレーができるようにコントロールする能力は、精神力とよばれている。精神力は、体力と運動技能を統合した運動性の能力をどのくらい発揮することができるかに影響するのである。したがって、精神力をいくら強化してもじょうずさを規定している能力そのものが向上するわけではない。この意味で、精神力はたしかに重要ではあるが、じょうずさにとっては間接的な要因ということになる。

運動技能をどうやって高めるか!?

以上の説明から明らかなように、スポーツ選手がじょうずに運動し優れた成績をあげるようになるためには、運動技能と体力と精神力を強化する必要がある。言い換えれば、練習は、

図2 フィードバック制御系の模式図

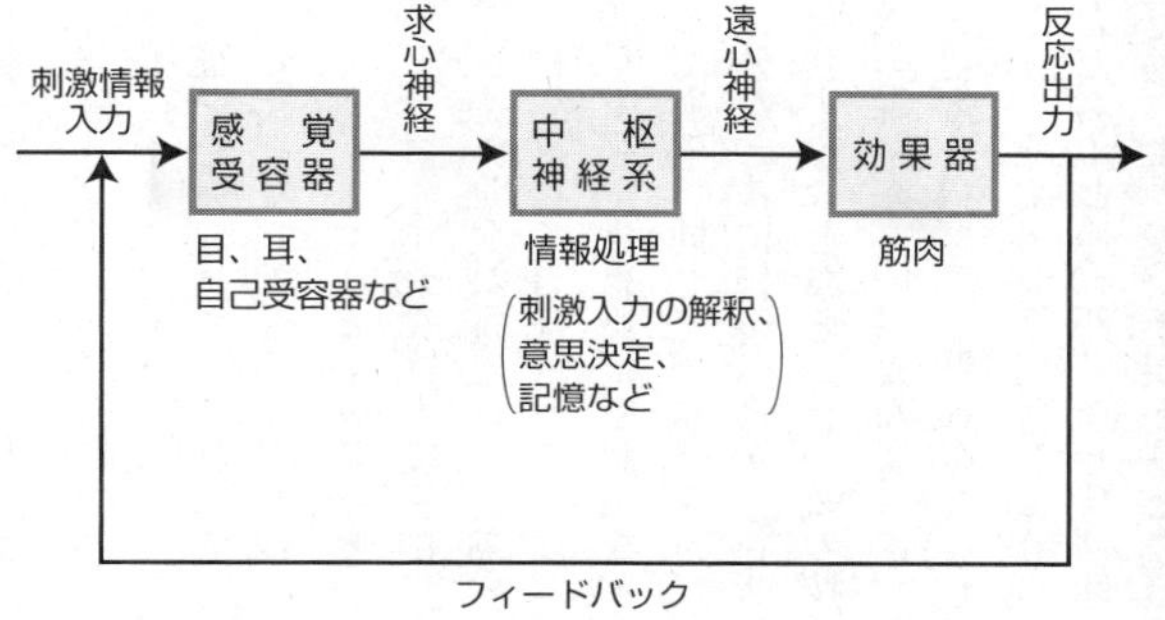

運動学習、体力トレーニング、メンタルトレーニングの三本柱で構成される必要がある。そして、先にも述べたように、三本柱のなかでも、じょうずになることの中核は運動技能の上達にある。それでは、運動技能とはどのような能力なのだろうか、また、どのようにして高められるのだろうか。

①運動技能の本質とは何か!?

スポーツで行なわれる運動には、たとえば速く走る・泳ぐとか正確に投げる・打つなどといったさまざまな目的（課題）がある。このような目的をじょうずに達成するには、環境から情報を取り入れ、それを手がかりとして運動をコントロールする必要がある。図2に、このような運動が遂行されるときの情報の流れを示した。テニスでボールを打つときのことを単純化して説明しよう。視覚によってボールを捕らえ、飛ぶ速さやコースを判断し、それに基づいてラケットを出すタイミングや位置などを決め、運動を実行することになる。

このとき、どんなボールにも同じようにラケットを振っていたのでは、ボールはラケットに当たらない。ボールの速さやコースの違いに応じて、ラケットを出すタイミングや位置など打球動作を合わせないとじょうずに打つことはできない。つまり、微妙なボールの速さやコースの違いを見分けて、それに応じて細かく打球動作を変えたときにのみ、じょうずに打つことができるのである。このように、運動技能とは、感覚を手がかりにしてどのくらい運動をうまくコントロールできるかという能力をいう。言い換えれば、手がかりとなる刺激の違いを感じ分け、それに応じて目的に合うように運動のしかたを変える（感覚と運動を協応させる）能力が運動技能なのである。

ここで注意しておきたいことは、感覚と運動を協応させる能力としての運動技能には、状況判断や予測や意思決定や記憶などの知的な働きがその重要な部分として含まれているということである。同じくテニスを例にとれば、相手の位置や打ってきたボールを手がかりにして、自分がどこに打つべきかを判断したり、ボールのコースを予測して素早くいい位置に移動したりすることなどがテニスの技能の中核になっているのである。

以上の説明から明らかなように、じょうずにできるかできないかは、感覚を手がかりにして状況判断や意思決定などを行ない、それに基づいて運動をどのくらいうまく調節することができるかという運動技能にかかっている。先に、運動技能はそれぞれの運動に特殊性の高い能力であると述べた。なぜ特殊性が高いのか、その答えはここにある。すなわち、それぞれの運動によって、手がかりとなる感覚の中身が違い、協応させる運動も違うからである。

②運動学習のメカニズム

個人が運動技能を獲得し向上させていく過程を運動学習という。すなわち、手がかりとなるちょっとした感覚の違いを感じ分け、それに応じて微妙に運動のやり方を変えられるようになっていく過程が運動学習なのである。それでは、運動学習はなぜ生起するのだろうか。そのメカニズムはどのようになっているのであろうか。

最近の運動学習理論では、フィードバックとよばれる働きが決定的に重要な役割を果たしていると考えられている。フィードバックとは、アメリカの数学者ウィーナーによって提唱されたサイバネティックス（通信と制御の科学）における基本概念の一つで、出力を入力の側へ戻す閉回路のことである。人間を二つのシステムと見なすと、フィードバックは図2に示されたように、遂行した運動の結果を再び感覚の側へ戻し、それを手がかりにして次の運動を調節する働きを指す。つまり、自分が行なっている運動（現状）を自分で感り取り、目標としている運動（規準）と比較して誤差を調べ（誤差検出）、誤差をなくすように運動を修正（誤差修正）する。この過程を何回も繰り返すことによって、しだいに目標とする運動がじょうずにできるようになっていくと考えるのである。

このような運動学習の仕組みを目を閉じて腕を水平に上げるという運動に即して説明したのが図3である。まず、腕を水平に上げるという目標が意識される。これは、水平に腕を上げたらこんな感じがするはずだという感覚を頭の中に活性化することにほかならない。そして、頭の中に思い浮かべた水平の感覚（内面化された目標・内的規準）と現在の腕の位置の感

図3　目を閉じて腕を水平に挙げる学習における
フィードバック制御の模式図（杉原、1982）

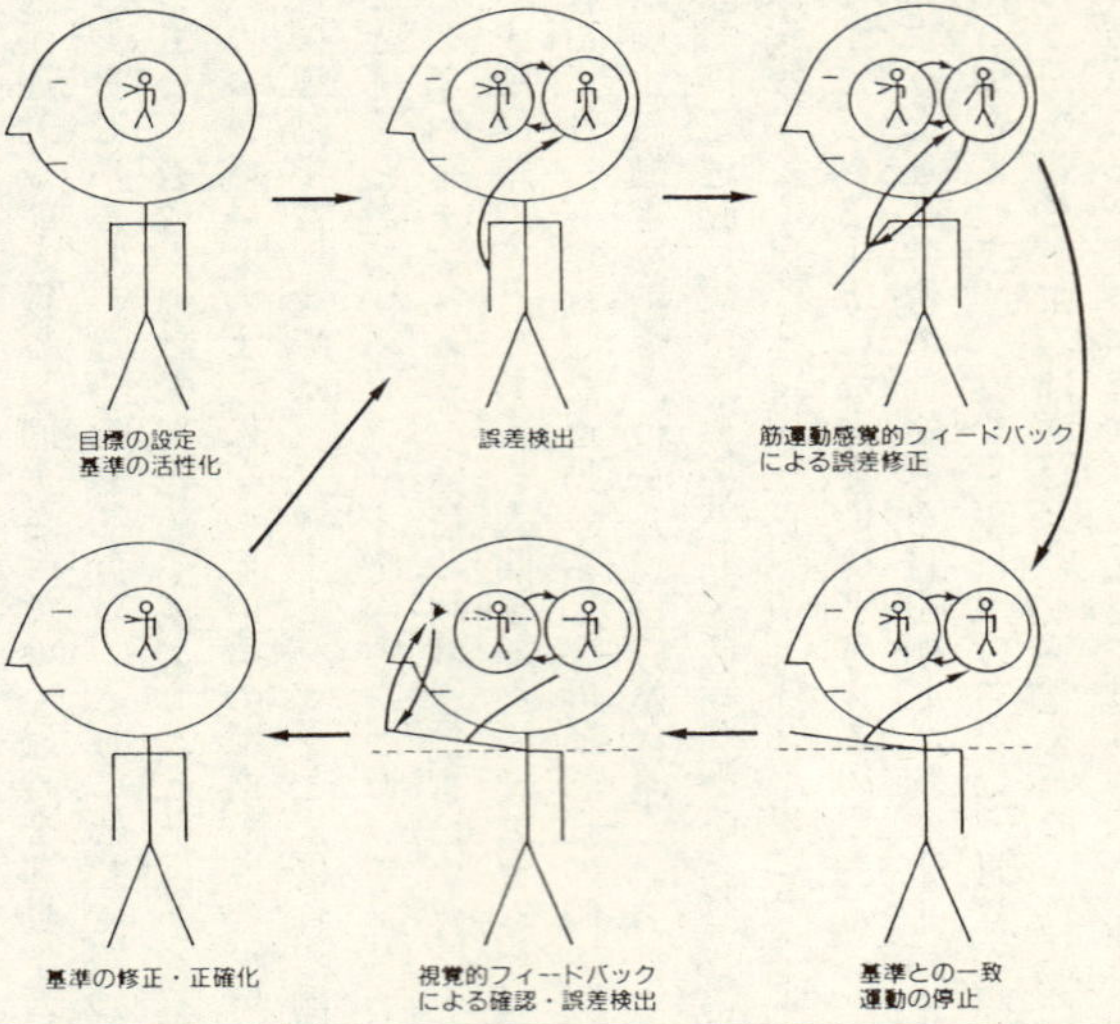

覚（現状）を比較して、腕の位置の感覚を内的規準に近づけるよう腕を動かす。腕を動かすことによって腕の位置の感覚が刻々と変わっていくが、それを絶えず内的基準と比較・照合することになる。この場合、手がかりとなるのは、腕を動かすことによって生じてくる腕の位置や動きなどの感覚である。これは、筋運動感覚的・同時的フィードバックとよばれる。腕の位置の感覚が内的基準と一致すると、腕が水平になったと判断され動きを止める。そして、目を開けて、水平の位置（視覚的・客観的基準）と腕の位置（現状）を比較して本当に水平になった

かどうか確かめる。この場合は運動はすでに終了しているので、視覚的・最終的フィードバックとよばれる。次に行なわれる運動はこれを手がかりにして、大きく挙げすぎていた場合はずっと低く、少し低すぎた場合は少し高くというように修正して行なわれる。

このとき注意しなければならないのは、最終的フィードバックにより内的基準（頭の中に思い浮かべられた腕を正しく水平に挙げたとき生じるであろう感覚・フィードバックの期待）が修正され、次の運動は修正された基準との比較により同時的フィードバックがなされるということである。このように、不正確で曖昧な内的基準がフィードバックを伴った練習により、しだいに明瞭で正確になるにつれて、腕は正確に水平に上げられるようになる。

以上のことは、運動学習には次に挙げる二種類のフィードバックが必要であることを示している。

ⓘ運動することによって生じる感覚的フィードバック
ⓘⓘ運動が引き起こした最終的な結果についてのフィードバック

事実、これらのフィードバックが取り除かれると、運動学習が起こらないことが実験的に確かめられている。

ⓘの「運動することによって生じる感覚的フィードバック」は、通常の場合は必ず生起する。そこで、運動によって生じる感覚的フィードバックを取り去るため求心神経を麻痺させたり、負傷して求心神経が遮断された人を対象に実験が行なわれている。その結果、このような場合、すでに充分学習されている運動は実行できるが、新しい運動を学習することはで

きないことが報告されている。

(ii)の「運動の結果についてのフィードバック」が不可欠なことを示す実験的証拠もたくさんある。一例を図4に示した。この実験はついたての向こうに置かれた同心円の的を狙ってボールを投げる学習である。ボールが落ちた位置についてのフィードバックが、同心円の得点で与えられる群、的を描いた図の上に示される群、まったく与えられない群が比較されている。グラフから明らかなように、フィードバックが導入されると急激に学習が生起しているが、フィードバックが与えられない群はまったく成績が向上していない。これらのことは、注意がそれて動きの感覚を意識できなかったり、運動の結果が確認できないと、学習がうまくいかないことを意味している。

図4　ボールの正確投げの学習と知識フィードバック（杉原、1976）

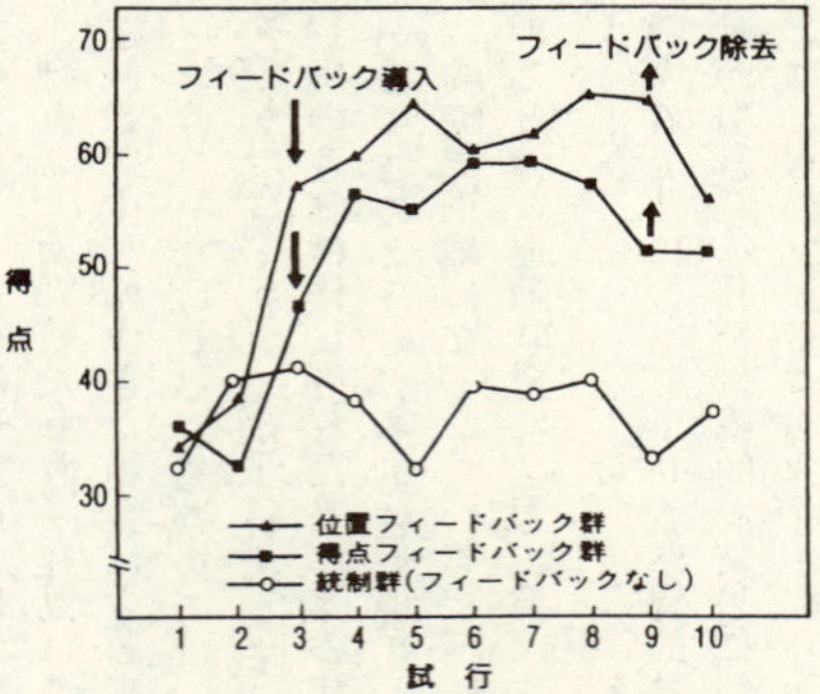

運動学習の三つの難題！

「運動学習はフィードバックを伴った練習の関数として生起する」というのが運動学習の法則である。言い換えれば、フィードバックがない状態ではいくら一生懸命練習してもじょうずにはならないということである。原則はこのように明確である。しかしながら、このことを具体的な個々のスポーツに当てはめる場合には多くの困難が生じる。その困難点は、大きく次の三つにまとめられるだろう。

①運動によって必要なフィードバックが異なる

運動技能はそれぞれの種目によって特殊性の高い能力であることは先に説明した。このことは、学習に必要なフィードバックがそれぞれ異なっていることを意味する。しかし、個々のスポーツに含まれるそれぞれの運動にどのようなフィードバックが必要かは、必ずしも明確にされていない。

②個人個人によって必要なフィードバックが異なる

同じ運動を学習していても、たとえば、ある人はボールとの距離の取り方についてのフィードバックが、ある人は打点についてのフィードバックが、ある人はテイクバックについてのフィードバックが、というように、必要なフィードバックは人によって必ずしも同じではない。個人に即してどのようなフィードバックが必要かを見抜くことはなかなか難しい。

③同じ個人でも必要なフィードバックは変化していく

学習が進むにつれて、必要なフィードバックは変わっていく。学習の進行とともに、どのようなフィードバックをどのような順序で与えてゆけばよいかが充分明らかにされていない。

早く効率的に「じょうず」になるための練習・指導方法の開発は、以上のような点を解明することにかかっている。

運動の練習・指導法

運動学習には先に述べたような多くの困難があるため、誰でも必ずじょうずになるといった万能薬的な練習・指導法はない。とくに、②で指摘した個人によって必要なフィードバックが異なるということは、効果的な練習・指導法は人によって必ずしも同じでないということを意味している。わかりやすく言えば、学習者と練習・指導法の間には相性があるのである。つまり、自分に合った練習方法を工法する必要があるということになる。

とはいうものの、多くの人に効果的であると考えられる一般的な練習・指導法もたくさん工法されてきた。先に述べた運動学習の理論と関連させながら、その主なものについて簡単に説明しておこう。

①目標としての動きを明確にする方法

フィードバックによる誤差検出・誤差修正がうまく働くには、目標が明確になっていなければならない。どのようにからだを動かせばよいのかという動きの目標は、従来、主として言葉による説明と実演によって行なわれてきた。しかしながら、言葉によって目標とする動きを客観的に説明するやり方は、一般に考えられているほど有効でないことが明らかになってきた。動きを言葉で説明するのなら、手足の動きや力の入れ具合などを客観的に説明するのではなく、その運動を実行したときに生じる感覚的フィードバックを思い浮かべられるような表現のほうが効果的であると考えられる。たとえば、走り幅跳びの踏み切り方について、「階段を駆けあがるような感じで踏み切りなさい」といったような、動きの感覚的なイメージを表わす言葉を工夫することが大切となる。

また、実演にも大きな限界がある。演技者の動きが速ければ、見てもよくわからない、見る角度によって見にくいとか見間違えるなどが起こりやすい。この問題を克服するために、ビデオの利用が考えられている。スローモーションで見せたり、同じ動きを違った角度から見せたり、止めて見せたり、誤った動きと対比して見せることによって、目標とする動きを明確にすることが可能である。

目標としての動きを明確にする有力な方法に、メンタルプラクティスがある。この方法は、実際にからだを動かすのではなく、頭の中で自分が運動している様子を想像することによって行なう練習法のことである。この練習は、図3で説明した内的基準（じょうずに運動したときに生じる感覚的なイメージ）を形成する働きをする。

このほかにも、誤った動きをさせないようにするために物理的に動きを制限する方法がある。このうちの一つは、指導者が手足を持って動かしてやる方法で、反応強制法とよばれている。もう一つは、たとえば図5に示したような器具を工夫して動きを制限する方法で、身体拘束法とよばれている。しかし、これらの方法の有効性については、大きな個人差がある。

②付加的フィードバックを与える方法

運動を行なうと、フィードバックとして利用可能な多くの刺激が生じる。それらのなかから必要な情報を選び出して注意を向け、誤差検出・修正を行なうことになる。しかし、何が今必要なフィードバックであるかは学習者にとってわからないことが多いし、たとえわかっていたとしても、感じ取りにくいことも少なくない。とくに、初心者の場合は、自分のからだの動きがどうなっているのか自分でよくわからないのが普通である。そこで、わかりやすい形で人工的に外からフィードバックを与えてやることが必要になる。これが付加的フィードバックといわれるものである。

付加的フィードバックの代表的なものは、指導者の言語指導と学習者の動きを写したビデオであ

図5　グルーブを用いたゴルフのスウィング練習

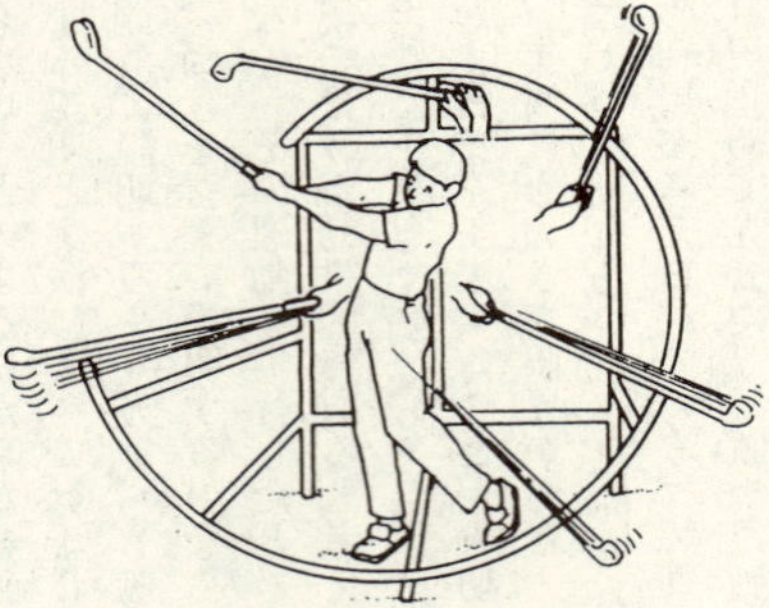

る。付加的フィードバックとしての言語は、目的とする動きと実際に行なわれた動きのどこがどう違うかを簡単明瞭に指摘する必要がある。

ビデオはただ見るだけでは効果は少ない。目標とする動きとどこが違っているのか対比して見て、そこを修正するようにすぐ実際に運動をし、それをまたビデオに撮って比較するといった使い方が有効である。

付加的フィードバックを与える方法については、このほかにもそれぞれのスポーツ技能についてさまざまなやり方が工夫されている。たとえば、スタートの練習で、スターティングブロックにフォースプレートを貼り付け、蹴る力の加わる様子を力―時間曲線にして表わし、一回一回それを見ながら練習をするなどである。また、運動しているときの筋電図をとり、余分な力を使わないよい動きの筋電図と比較しながら練習するといった、バイオフィードバックを利用した方法も考えられている。しかしながら、これらの方法についての実践的研究は少なく、有効に利用するための研究が今後期待される。

強くなる一方？の女たち

女は男の記録を破れるか⁉

福永哲夫（早稲田大学スポーツ科学学術院教授）

一般に、女性の身体は男性に比較して、脂肪が多く筋が少ない。また、女性は力やパワー、スピードに劣る。このような女性の生理的特性はスポーツや身体運動を実施するうえで、男性と異なる成績を生み出すことになる。したがって、スポーツ競技力向上や体力・健康づくりのトレーニングを実施する場合にも、身体の生理学的特性を考えたプログラムが必要になる。

そこで、身体運動を引き起こす生理学的メカニズムの性差について考えてみよう。

女性は男性の二倍の脂肪を有している！

図1　身体組成の男女差

（北川資料より福永作図）

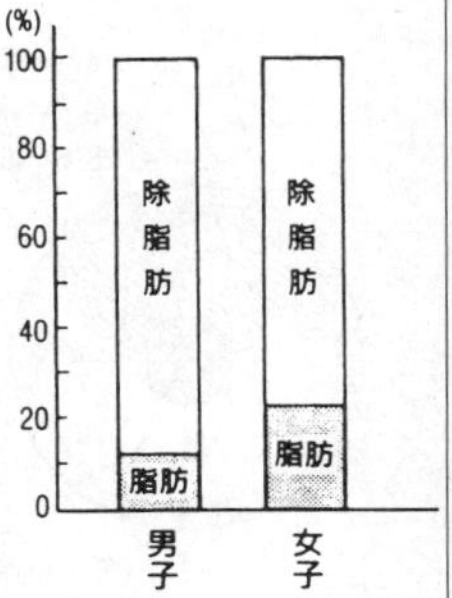

女子は男子に比較して脂肪が多く、除脂肪は少ない。

図2　発育に伴う体重と除脂肪体重との関係

（北川資料より福永作図）

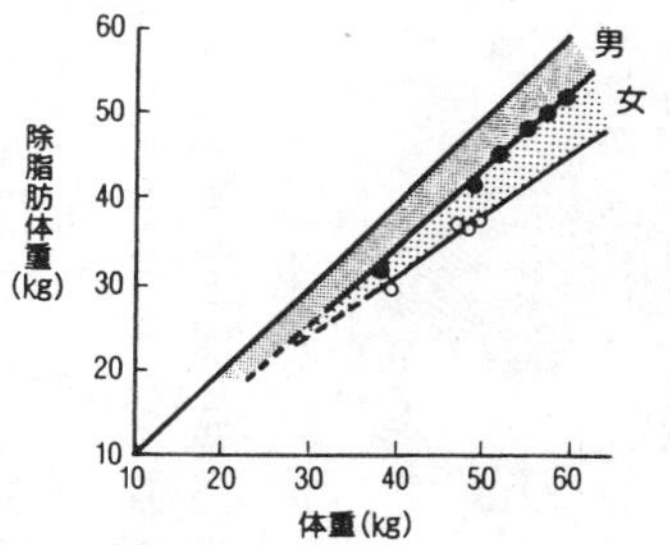

体重が約30kgまでは男女の身体組成は同じであるが，それ以上からは女子に脂肪の増大がみられる。

　身体は、筋、骨や脂肪などの組織によって構成されている。これらの組織の占める比率は身体の発揮する運動能力とのかかわりも強い。このような身体を構成する組織の比率を身体組成という。一般的には、脂肪と脂肪以外の組織（筋、骨、内臓等でこれらを総称して除脂肪という）に分けてそれぞれの量やその比率で表わす場合が多い。図1は体重のなかで脂肪の占める比率と、脂肪以外の組織（除脂肪組織）の占める比率について男女を比較したものである。男性の脂肪は約一三％であり、女性は二二％と、明らかに男性に比較して女性の脂肪の占める比率が多い。

　こうした身体組成の男女差は子どもの頃からすでに見られるものだろうか。図2は、子どもから大人までの体重の増加にともなう除脂肪体重（体重から脂肪量を差し引いた値）の変化を見たものである。体重が三〇キロ以上になると、女性は男性に比較して、同一体重でも除脂肪体重が少なく、脂肪が多くなる傾向が見られている。体重三〇キロというのは、年齢でいえば、ほぼ十歳頃である。つまり、十歳頃から女性は男性に比較して急激に脂肪量が増大する。

ところで腕や脚などの体肢は、主として筋、骨、皮下脂肪によって構成されている。図3は、超音波により成人男女の上腕の各組織の横断面積を見たものである。腕全体の太さは男女で大きな差は見られないが女性に皮下脂肪層が厚い様子がよくわかる。全体の太さに対する筋および皮下脂肪の占める比率を見ると、男性では、筋七六%、

図3　上腕部の組成にみられる男女差
（福永、1978）

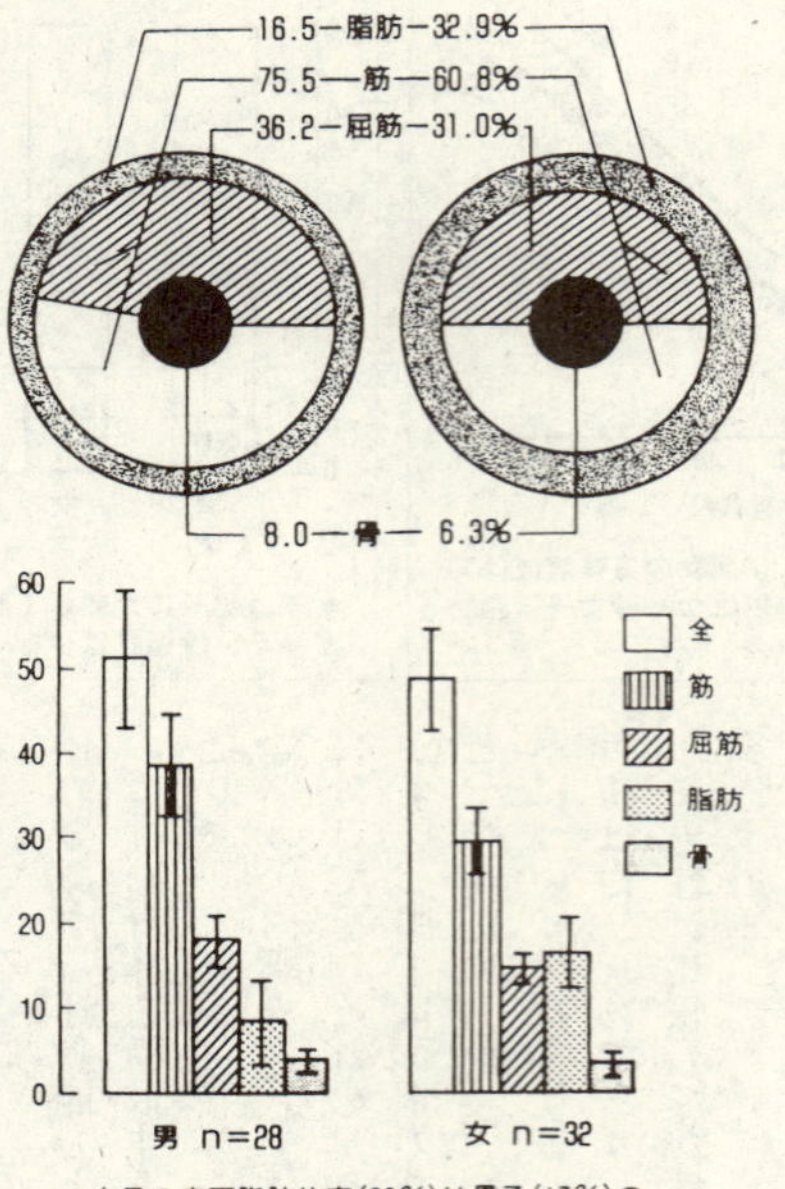

女子の皮下脂肪比率（33%）は男子（17%）の約2倍である。

皮下脂肪一七%であり、女性では、筋六一%、皮下脂肪三三%となる。つまり、組織の占める比率で見ると女性は男性の約二倍多い皮下脂肪を有していることになる。

男と女の筋線維自体に差はない！

筋は筋線維の集合体であり、筋力は各筋線維の収縮力の和として身体外部に発揮される。

筋線維には、力の発揮が強く素早いけれども力があまり持続しない筋（速筋線維）と、スピードも力もあまりないけれども長く持続できる筋（遅筋線維）との二種類がある。腕や脚などの筋はこれらの二種類の筋線維が交じり合って構成されている。それぞれの線維の数を数えて、全体のなかで遅筋線維あるいは速筋線維の比率を求めることができれば、その筋の力の発揮特性を推定できる。たとえば、速筋線維の多い人は筋力が強く、スピードも速く、高いパワーを発揮することができるが、持久力はあまりない。一方、遅筋線維の多い人は、筋力やパワーは低いが、持久力に優れている。

図4　男女の筋線維タイプの分布
(Saltin、1977)

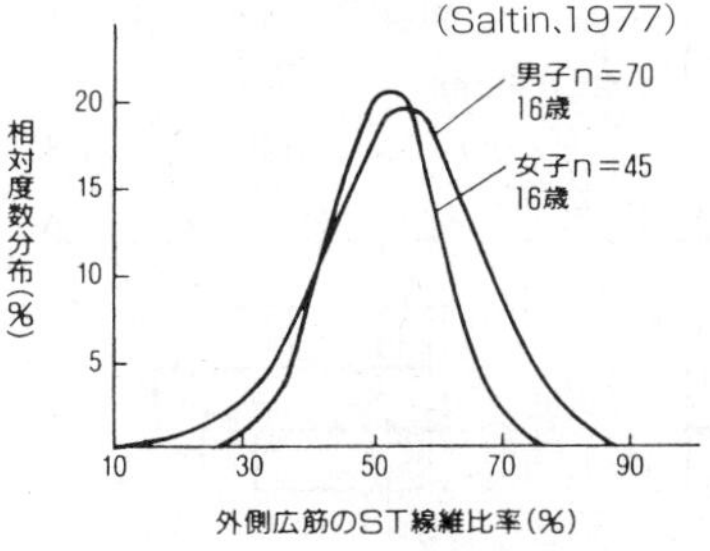

筋線維タイプにはほとんど男女差がみられない。

図5　ロサンゼルス・オリンピック日本代表選手の筋力
（黒田ら、1985より福永作図）

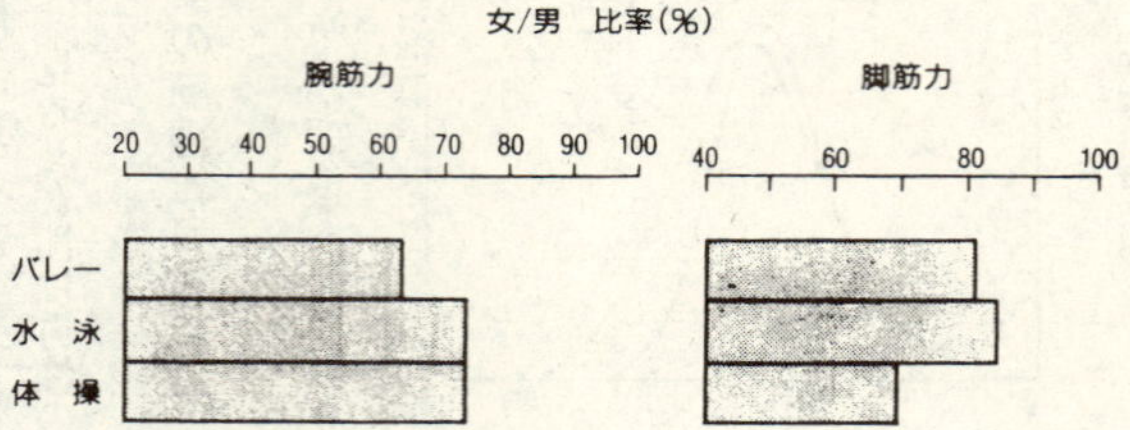

競技選手の筋力は、女子は男子の70～80％である。

男女間でこのような速筋線維と遅筋線維の比率に差があるのだろうか。図4は男女の筋線維比率についての分布を見たものである。男女ともにほぼ同じような分布が見られる。このことから、男女ともに筋線維組成には差はないものと思われる。

男女の筋力差はなぜ生じるのか？

一般の健康な成人男女について最大筋力を比較すると、握力や腕力では女性は男性のほぼ六〇～七〇％である。一流競技選手の場合はどうだろうか。図5はロサンゼルス・オリンピック（一九八四年）の日本代表選手の筋力の男女比を見たものである。競技種目により多少の差が見られるが、腕力では女性は男性の六〇～七〇％であり、脚力では七〇～八〇％を示している。

このような筋力の男女差は何によって生じるのだろうか。筋断面積と筋力との関係を見ると（図6）、男女ともに筋断面積の大きい人ほど筋力は強い傾向が見られ

図6　超音波による筋断面積と筋力との関係

(Fukunaga、1976)

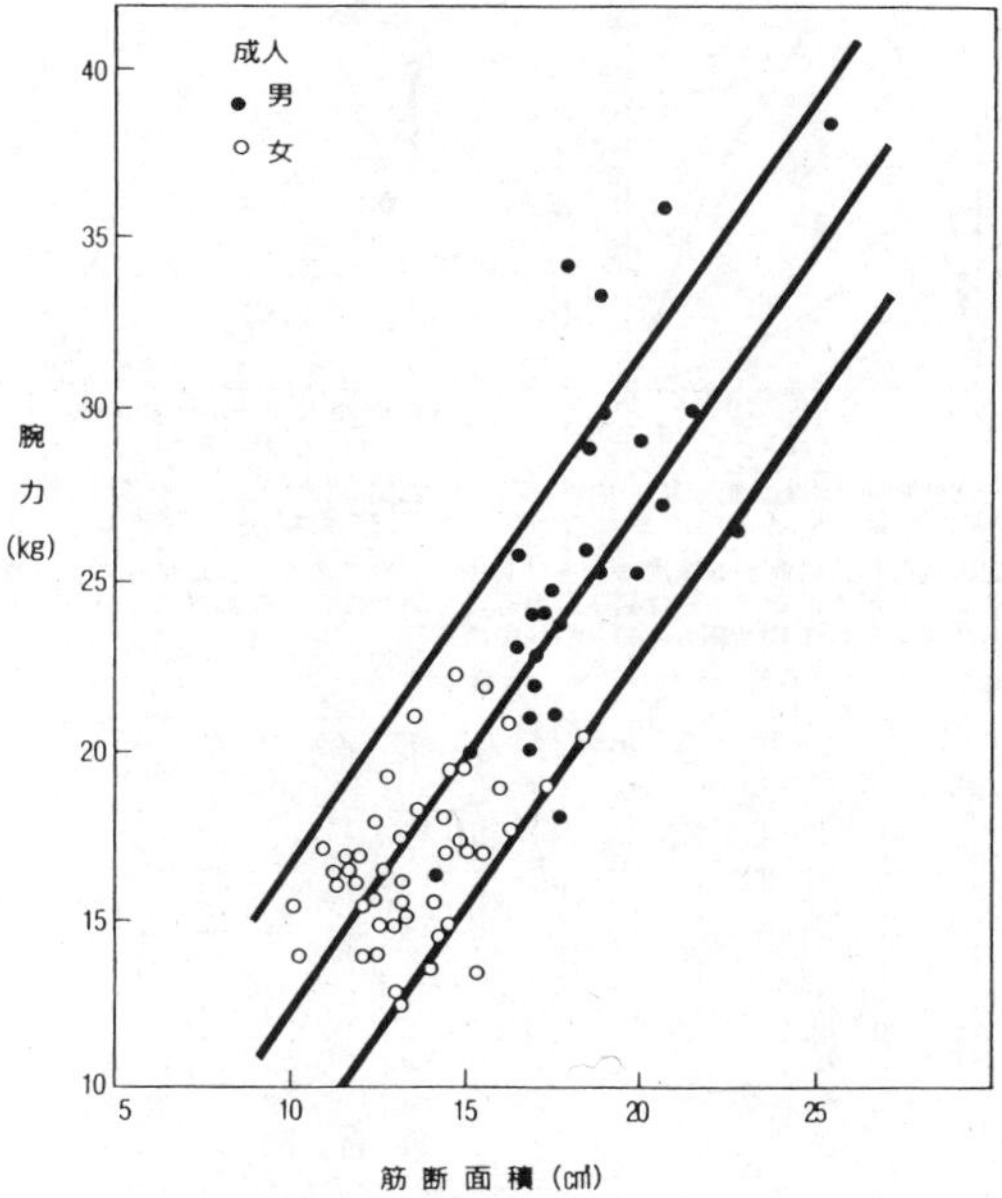

筋力の男女差は筋断面積の男女差によるものである。

る。そして、いずれもほぼ一本の直線の周りに値が分布する傾向が見られる。このことは、女性は男性に比較して筋力が低いが、それはほぼ筋断面積が少ないことによるものであると言えよう。

図7　肘屈曲筋に見られる筋パワーの男女差

（金子、1974）

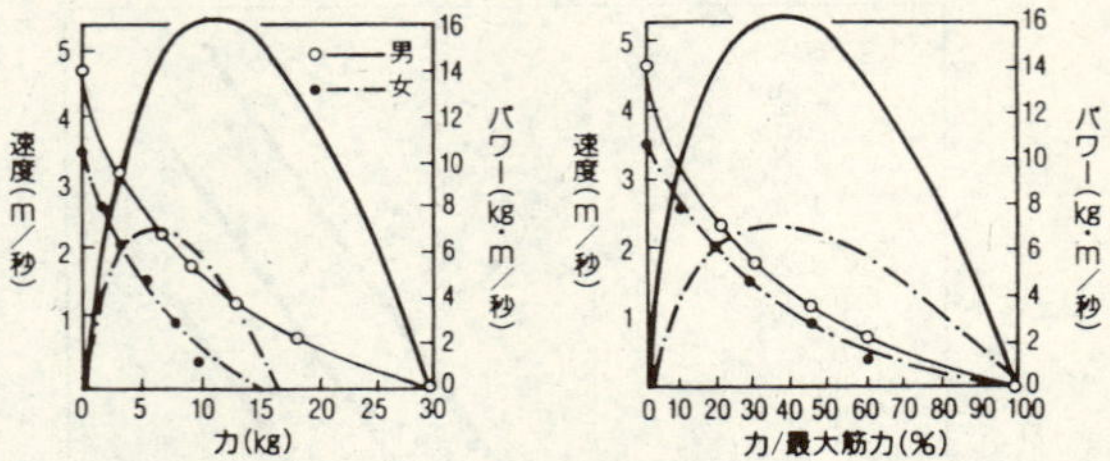

（a）カー速度関係（凹型）とカーパワー関係（凸型）の曲線

（b）左図における力（P）を等尺性筋力（Po）に対する比によって表現したもの

一定の負荷（力）に対する速度は女子は男子に比べて低く、したがって女子の発揮することができるパワーは男子の半分にも満たない。最大パワーが出現する負荷は男女ともに最大筋力の30～40％である。

女性の筋パワーは男性の四二％！

パワーは力とスピードとの積として表わされる。したがって、いくら力が強くても、スピードがなければパワーは大きくならないし、スピードが速くても、力がなければパワーは小さい。そのスピードと力との関係は図7のようになることが確かめられている。この実験は、各種の重さの異なる重量を最大努力で持ち上げたときの力と速度との関係を見たものである。図に見られるように、軽い負荷はより速い速度で持ち上げることができ、負荷が重くなるほどその速度は遅くなる傾向が見られる。そして、力と速度との積、すなわちパワーの変化を見ると、力あるいは速度のどちらかが0のとき、他方はそのときに最大であっても、パワーは0となる。

男女のパワーを比較すると、同じ力でもスピードは男性より女性が低い値を示している。また、図に見られるように、横軸を最大筋力に対する比率で示した場合には、絶対値で見られるほど同じ重量に対する速度に差は見られなくなるが、いずれも女性は男性より低い速度しか得られない。最大パワーが発揮されるのは最大筋力の三〇～四〇％であり、この傾向は男性でも女性でも同じである。パワーの絶対値では女性は男性の四二％である。

男女のスピードの差は筋の長さの差

スポーツをはじめ各種身体活動において、スピードを見るもっとも一般的な方法として短距離の走速度がある。短距離走速度は全身の移動速度を見るものとしては測定も簡単なためよく行なわれる。表1は成人男女について、五〇mと一〇〇mの平均速度を見たものである。男性の走速度を一〇〇％としたときの女性の走速度をパーセントで見ると、五〇mでは八一％であり、一〇〇mでは七〇％である。一方、全国高校選手権大会に出場する各県の代表選手について、一〇〇m走速度を測定し、男女比を算出すると、短距離選手では約九一％であり、バレーボール八六％、バドミントン八七％、卓球

表1　走速度の男女差

（福永、1985）

	50m走	100m走
男	6.7m/秒	7.1m/秒
女	5.4m/秒	5.0m/秒
男/女	81%	70%

八九％となり、全体九種目の競技について平均すると、女性の一〇〇m走速度は男性の約八八％となる。これは特別にスポーツを行なっていない人の男女比（七〇％）より高い値である。このことは、トレーニングすればスピードの男女差は小さくなることを示すものだろう。たとえば、一〇〇m競技の日本記録の男女差を見ると、女性は男性の約九〇％である。

ところで、筋の収縮速度の男女差はどのようなものだろうか。たとえば、肘関節を曲げる速度で見ると、最大速度では女性は男性の七五％であり、これは前述の走速度（一般人）の七〇％とほぼよく似た値である。一方、筋の収縮速度は筋の長さに比例することから、筋長一cmあたりの筋収縮速度で男女差を見ると、女性は男性の九八％となり、ほとんど差が見られない。このことは筋自体の収縮速度に見られる男女差は筋の長さによるものであり、筋長あたりでの収縮速度には男女差が見られないことを示すものであろう。

男女にスタミナの差はない!?

スタミナとは、いかに長時間運動を持続できるかを表わす言葉であり、持久力ともいわれるものである。持久力には、走、泳とか自転車とかのように全身にわたる数多くの筋群の収縮による全身持久力といわれるものと、腕や脚の局所の筋のみによる筋持久力といわれるものとがある。

マラソンなどに代表される全身持久力を決定するもっとも重要な生理学的機能として最大

酸素摂取量がある。これは体内へ取り込むことができる最大の酸素量を表わし、この最大酸素摂取量が多いことは呼吸循環器機能に優れていることを意味する。その男女差を見ると、一般の成人では一分間あたり男性約三リットル、女性約二リットルと、女性は男性の約六五％である。一般に、最大酸素摂取量は体重の重い人ほど高い値を示すので、持久力の指標として見るには単位体重あたりの最大酸素摂取量を用いる。その値を見ると、体重一kgあたり男性は約五〇ミリリットル／分であり、女性では四〇ミリリットル／分と、女性は男性の約八〇％となる。さらに、詳しく言えば、筋量の大小が酸素摂取量に直接影響することから、除脂肪体重あたりで見ると、女性は男性の約九〇％となる。このように、単位組織量あたりで比較すると、最大酸素摂取量の男女差は少なくなるようである。

筋持久力を見る方法としては、腕とか脚の筋収縮により一定負荷の重りを疲労困憊まで持ち上げることができる回数および、その持ち上げられる量（重量×回数、移動距離、仕事量）がある。仕事量の男女差を見ると、女性は男性の約六〇％である。しかし、その反復回数で見ると男女ともにほとんど同じになる。

筋持久力を決定する生理学的要因の一つに筋血流量がある。前腕の血流量の場合、女性は男性の約八〇％である。しかし、前腕の組織量あたりでの筋血流量を見ると、女性は男性の約九五％となり、ほとんど男女差は見られない。

このように、絶対量で見られた持久力の男女差は単位組織量あたりに換算すると、ほとんど性差が見られなくなる傾向がある。このことは、組織（筋）そのものの持久力に性差は存在しないことを示しているのかもしれない。

走速度曲線からわかる男女差

走速度（V）は、走距離が長くなればなるほど、また、走行時間（T）が長くなればなるほど低下する。図８は高校生の国体出場選手（一九八三年）について速度―時間関係を作成し、男女比較したものである。走速度V（m／秒）と時間T（秒）との関係を、

$$V=a+b\cdot\log T$$

で表わし、各選手について求めた回帰式を男女別にそれぞれ平均して求めると、この回帰式のaは最大走速度を表わす指標として、また、bは速度の低下率を表わす指標として考えることができる。種目別にaとbとの間の相関係数を求めるといずれの種目についても、男女ともに、〇・九以上の高い有意な負の相関関係が見られる。このことは、最大走速度が高いものほど速度低下率が大きいことを意味する。図９は種目別にaとbとの間の関係を見たものである。その結果、両者の間には

図8　走速度曲線の男女比較
（福永、1985）

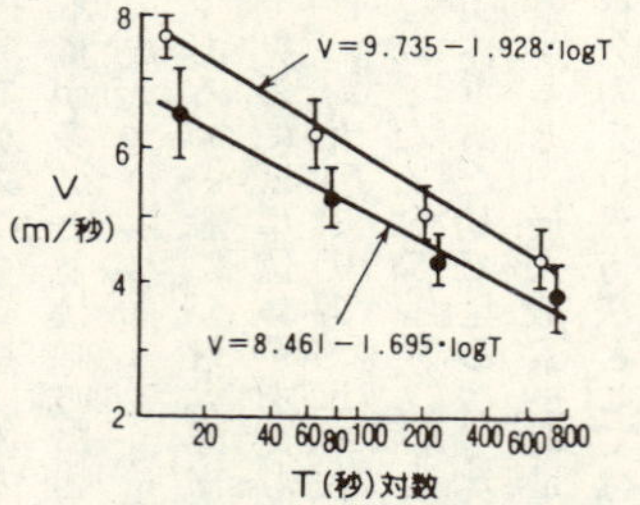

時間に伴う走速度の減少傾向は片対数で表わすとほぼ直線で示される。回帰直線の勾配に男女差はみられないが、速度の絶対値は女子が低い。

一％水準で有意な負の相関関係が見られた（男：r＝マイナス○・七二六、女：r＝マイナス○・八四三）。ここでも、最大走速度の高い競技選手ほど、速度減少率も高いことを表わしている。

全競技種目についての男女差を見ると、aは男子九・七三五に対し、女子は八・四六一と、女子は男子の八七％である。一方、bについては男女間で有意な差は見られなかった。このことは、女子は最大走速度では劣るものの、速度減少率では男子と差がないことを示すもの

図9　競技種目別、男女別にみた係数aとbとの関係
（福永、1985）

係数aは筋の量を表わし，係数bは筋の質を表わしていると考えられる。

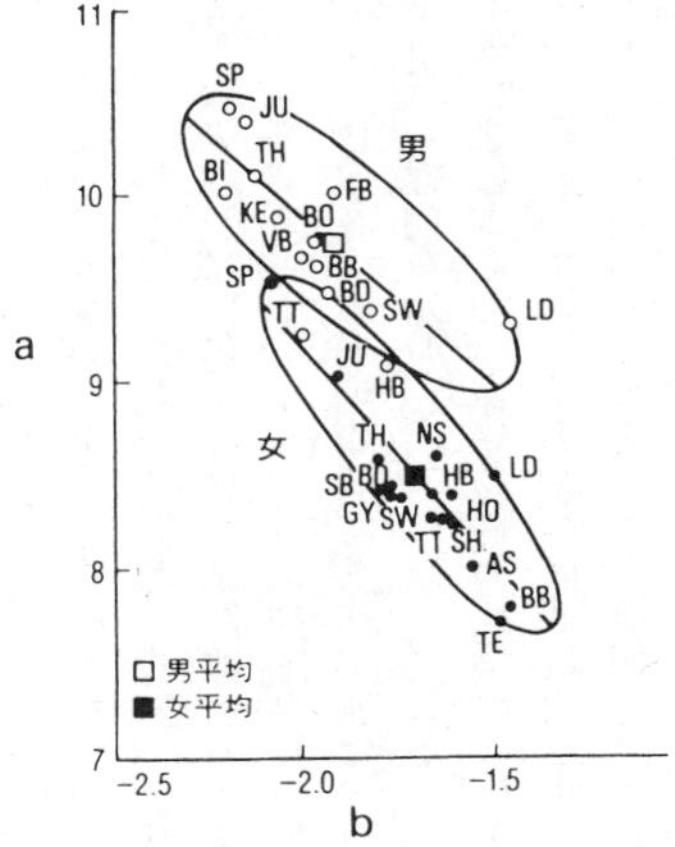

V＝a＋b・logT
（V：速度（m/秒），T：時間（秒），a,b：定数）
男：r＝−0.726，V＝6.540−1.631・logT
女：r＝−0.843，V＝4.541−2.289・logT
全体：r＝−0.859，V＝3.430−3.078・logT

SP：短距離
JU：跳躍
TH：投てき
BI：自転車
FB：サッカー
KE：剣道
VB：バレーボール
BO：ボート
BB：野球
BD：バドミントン
SW：水泳
HB：ハンドボール
LD：長距離
NS：ノルディックスキー
GY：体操
SB：ソフトボール
HO：ホッケー
TT：卓球
SH：新体操
AS：アルペンスキー
TE：テニス

である。

また、このような走速度曲線から各競技種目の特性を見ると、スピードはあるがその減少率も高い種目として、男女ともに陸上短距離、投擲《てき》、跳躍などがある。一方、スピードはないが、減少率も少ない種目は、男子では、長距離、ハンドボール、水泳などであり、女子ではバスケット、テニス、スキーアルペンおよび陸上長距離などである。サッカー選手はスピードに優れ、かつ、速度減少率も平均的であり、逆に、卓球選手は速度減少率は平均的であるが、スピードは低い傾向を示した。

これまでの研究結果によると、速筋線維の比率の多い者は初期パワーが高いが、その減少率も大きく、一方、遅筋線維の比率の多い人は最大パワーは低いが、その持続能力に優れていると言われている。このようなエネルギー発揮特性から推察すると、bの値の大小は筋線維タイプの差によって引き起こされているとも考えられる。また、パワーが筋力（金子、一九七三）により、筋力が筋量により（福永、一九七九）規定されることから、aの値の大小は筋量の男女差によって引き起こされていることが考えられる。そして、bの値に男女差が見られなかったことは、遅筋線維の比率に男女差はない（Saltin、一九七七）とする報告からも推察される。一方、女子のaが男子より低いことは女子の筋量が男子より少ない（北川、一九七七）ことに起因しているものと思われる。

女の走力は、男の九〇％以上にはなれない！

一般に女性は男性に比較して競技力は劣る。陸上競技の走種目について男性の記録を一〇〇％として女性の記録をパーセントで見ると、短距離種目から長距離種目まで、女性は男性の記録の約九〇％であると言えよう。また、水泳についても同様に男女差を見ると、女性は男性の約九〇％の記録を示している。

各県の国体代表選手について、各種目の選手を対象に測定された走速度について男女差を見てみよう。一〇〇m走では、陸上短距離およびハンドボールが九一％と高く、もっとも低いのは投擲の八五％だった。四〇〇m走では、卓球が一〇一％と男女差がまったく見られず、一方、水泳、投擲、跳躍等は七八％だった。一〇〇〇m走および三〇〇〇m走についても四〇〇m走および三〇〇〇m走についても四〇〇m走とよく似た傾向を示した。

全種目の男女比の平均から見ると、走速度はいずれの距離についてもほとんど差がなく、女性の速度は男性の八六〜八八％だった。これまでに報告されている特別にスポーツを実施していない人（十七歳）を対象にした資料では五〇m走では女性は男性の約八五％であり（飯塚、一九七五）、また、五分間走では約七七％（猪飼、一九六九）である。

以上から考えると、走速度の男女比は特別にトレーニングしていない人では七五〜八五％であり、専門的トレーニングを積むにしたがってその差は少なくなるが、それでも、女性は男性の九〇％以上には接近することができないと言えよう。

一流選手は、なぜ大舞台に強いのか?

阿江美恵子（東京女子体育大学教授）

スポーツの試合場面で私たちは緊張して自分を失い、自分が何をしたかまったく思い出せないことがある。スポーツ場面以外の講演、目上の人の前に出たとき、大勢の前で発表するとき、試験などでも同様の現象が見られ、私たちはこれを「あがり」(stage-flight, audience anxiety)とよんでいる。

では実際、あがったときにはどのような状況になるのだろうか。市村操一は次の五つの徴候を見出している。

①「のどがつまったような感じがする」、「唾液がねばねばしてくる」などの自律神経系の緊張

②「注意が散漫になる」、「落ち着こうとして、かえってあせる」などの心的緊張力の低下

③「手足が思うように動かなくなる」、「不必要な動作に力が入りすぎる」などの運動技能の混乱
④「失敗しないかと気になる」などの不安感情
⑤「相手がいやに落ち着いているように見える」、「劣等感に悩まされる」などの劣等感情

つまり、心理面だけでなく、生理面でもいつもと違う状態になるのである。

ところが、誰でもあがるというわけでもない。あがりやすい人とあがりにくい人がいて、これは技能の高い低いにあまり関係ない。あがりやすい人とは、情緒的に不安定な傾向が強く、しかも思考的に内向であり、神経質なことが多い。しかし、オリンピックなどのひじょうに大きな大会や、周囲の期待が大きいとき、試合の経験が乏しくて自信がないときなどには、日頃あがらない人でもあがるのである。

こう考えてみると、いつもあがるタイプの人だけがあがるというわけではなく、あがりにくい人でも状況によってはあがるので、あがりの問題は多くの人びとの共通の悩みでもある。

エリート競技者たちに共通する精神力とは？

大舞台ですばらしい成績を収めるスポーツ選手は、それぞれのやり方であがりと闘っている。

ポーター＆フォスターは著書の中で、一九八四年のロサンゼルス・オリンピックの前に、

多くのアメリカのエリート競技者にインタビューした結果をまとめている。

エリート競技者は、

・自己や自分の身体能力についてしっかりした信念をもっていた
・試合中は完璧に集中していた
・試合の数週間前からイメージを描いて、試合を想定していた
・技能、作戦などを改善するために、失敗を充分に分析していた
・敗北はすぐ忘れ、次の試合ではエネルギーに溢れて挑戦した
・一回や二回敗れても、敗北者と思い込むことはなかった

などの強い精神力を共通にもっていたのである。

従来、このような力は、自然にもたらされる、または試合の流れのなかでいつのまにか入り込む受け身的な心理状態であると考えられ、エリート競技者と一般選手を区別する特性のように思われてきた。

実際にメンタル・トレーニングをやってみよう！

精神力の中身が明確になれば、それをトレーニングして自分のものにしてしまおうという発想がでてきても不思議ではない。それがメンタル・トレーニングである。

現在考案されているトレーニング内容は、

①リラックスすること
②イメージを描いて心理的なコンディショニングをすること
の二つが中心となっている。

リラクセーションが必要なことは、あがりが緊張によって生じることからも当然である。リラックスするためには、呼吸法や、筋肉の解緊の方法を学ぶことが必要である。そのためには、自己リラクセーション法（催眠弛緩法、自律訓練法、漸進的リラクセーション法、呼吸調整法、握手弛緩法など）があるので、それらを参考にしてほしい。

次に、耳馴れない「イメージを描く」ということについて説明しよう。この言葉自体にはなじみのない人が多いと思うが、実はこのイメージ法が、メンタル・トレーニングの中心と言ってもよい。

❶イメージを描く

競技や試合場面で必要とされる心理的な技術は次の四つである。
①情動のコントロール
②イメージ
③注意集中
④ストレスマネージメント
これらは互いに独立したものではない。イメージを描いて、それぞれの技術を身につけるのである。イメージで試合場面を描き、その状態で情動のコントロールをしたり、注意を集

中したり、ストレス場面をわざとイメージして、それに対応するトレーニングをする。また、最高の技能を発揮している状態をイメージとして描くという練習も大切である。

元来、トレーニングにイメージを用いる方法は、身体の練習を行なわず、運動のイメージを描いて技能の練習を行なう運動練習法だった。さまざまな運動のイメージを描くことで、さまざまな形の皮膚電気反射（GSR）が現われることが明らかにされている。イメージを描くという中枢機能における過程《プロセス》が、末梢の器管にも変化を生じさせるのである。こうしたメカニズムを経て、こんどは運動感覚が中枢へとフィードバックされ、それがイメージの効果を生じさせると考えられている。

冷静に自分の感情をコントロールしている自分や、大観衆の前で堂々とプレイしている自分や、自信に溢れてプレイしている自分をイメージするということは、心理的なコンディショニングの意味あいが濃い。あがりなどの解消方法として、この視点が近年では重視されている。こちらの場合は、心の中に描いた自分のイメージが、自分の現実をつくり出すという自己概念の考えに基づいている。

自己概念というのは臨床心理学で用いられている用語で、自分がどのように感じ、考えているか、ということだが、いちどできあがると頑強で、人間はその自己概念を壊さないような行動の選択をするようになるという。

たとえば、「へただ、へただ」と言われ続けた人は、自分でも「へたな人」と思い込んでしまい、じょうずにできそうなことでも、へたにプレイし、失敗を繰り返し、自分の自己概念が壊れないようにする。その反対に、自分は勝利者や完璧な競技者だという自己概念をもっていれば、これはまた、それを壊さないようにすばらしいパフォーマンスを発揮するというのである。

したがって、メンタル・トレーニングでは、自己概念をいかに「勝利者」、「優秀なパフォーマンス」の方向に変換させるかということが重要なポイントになってくる。変換のプロセスはこれから述べるが、「大勢の前で話すときは、人という字を三回手のひらに書いて飲み込むとあがらない」と自己暗示をかける方法と基本的には似ている。

❷理想的なパフォーマンスを思い描いて、自信に溢れた自分へ変身する

精神力の強い選手というのは無意識のうちに強い心の状態をつくりあげている。しかし、初心者は技術の基本をマスターして初めてスポーツの成果を上げることができるように、意識的に自分の感情をコントロールしなければ、弱い精神力は改善されないのである。

そこで、以下のプロセスが考案されている。

①自分の問題点の発見
②自分の目標を明確にする（技能の改善の目標、試合での目標、心理面での目標など）
③目標を具体化するためのステップを分析する
④目標を達成している自分をイメージに描く（映像化：visualization）。それを紙に書いたり、テープに録音しておく
⑤毎日時間を決めて、最高の自分（④でつくりあげたもの）をイメージする

心理的コンディショニングでは、イメージを描くことで、集中力を高めたり、不安や身体の緊張を和らげたり、行なうべき動作を暗示したりするのである。イメージを描く練習をしながら、キーワードを決めて、いつもそのキーワードを聞くと特定のイメージが現われるという方法も使用できる。プレイの最中ではなく、毎日時間を決めてトレーニングすることがここでは必要となる。描かれたイメージは、できるだけ自分の目標に近い動きであり、臨場感のある具体的なものであることが大切である。そして、不安な感情とか、失敗したパフォーマンスは決して描いてはいけない。理想的なイメージを描くためには、悪いイメージを良いイメージに変えるという作業が必要である。

たとえば、「うまくいかなかったらどうしよう」は「結果はどうであれ、ベストをつくすんだ」と考える。「プレッシャーを感じてしまう」は「プレッシャーは自分がつくりだすものだ」へ。「今日勝てないと、チャンスは二度と回ってこない」は「今日ベストが出せなくても、人生の終わりというわけではない」へ。「大観衆が私を見ている」は「観衆の前で試合することが楽しく、彼らの応援をうれしく思う」へ変換することができる。

このようにして、否定的な考えを肯定的な自己概念に変えるのである。新しい考えは初めは本当とは思えないし、おもはゆくも感じられるだろう。しかし、よく考えてみると以前の自己概念も他人から与えられたものであったかもしれない。それを信じていたのだから、新しい自分を肯定する言葉も信じることができるはずだ。信じればそれが現実となる日も近いのである。自己暗示といったのは、まさにこのことを意味している。

❸トレーニングをどのくらいの期間行なったらよいか?

メンタル・トレーニングはどれくらい行なえば効果があるのだろうか。ソウル・オリンピック出場選手のうち、実力を発揮した者で、平均百日くらいトレーニングを行なっていたという報告がある。また、ポーターらのプログラムでは、二〜三週間ごとのミーティングで六カ月というものを一トレーニングサイクルとしている(個人の実際のトレーニング量はもっと頻繁と思われる)。

これらのことから、大きな大会を目指して初めてメンタル・トレーニングを開始する人は、三〜六カ月前からこの訓練を行なう必要がある。そしてトレーニング法を体得したのちは、試合に向けて、トレーニングプログラムを日常的に実践することが大切である。目標が変われば、トレーニング内容も変化するというのは、身体トレーニングとまったく同じである。

東洋的思想とメンタル・トレーニング

メンタル・トレーニング法をまとめた本を読み通してみると、必ずヨガとか瞑想とか、あげくには太極拳まで紹介されている。どうもメンタル・トレーニングは東洋の考え方から発しているらしい。心身一如、禅といった心とからだを一つに考える発想は、私たち東洋人にはなじみ深く、先哲は欧米人よりある意味では昔から心とからだの問題に関心をもっていたと考えてよい。しかし、どうもスポーツにおける現実は逆のようである。むしろ欧米の研究者からその点を指摘されることが多いからだ。ある意味では、欧米からメンタル・トレーニングを逆輸入するより、昔から日本人の好んでいた禅を練習のなかに取り入れるだけで、充分なメンタル・トレーニングになると言うこともできるだろう（プロ野球の選手などもときどき行なっている）。そう考えれば、メンタル・トレーニングは難しいことではない。

はたして日本選手はほんとうに精神力が弱いのか？

一九九〇年に北京で行なわれたアジア大会惨敗の反省会では、選手にここぞというときの頑張りや意欲が見られなかった、というコーチの指摘が相次いだ。コーチの目から見れば、選手たちはまさに精神力が足りなかった。

スポーツ心理学から見れば、なぜコーチはそれを見抜けずに、精神力を鍛えるトレーニングをしなかったのか、コーチにだって責任の多くがあると思う。ＪＯＣのスポーツ科学委員会の勧めにもかかわらず、メンタル・トレーニングを一生懸命行なったのは、ほんの少数の種目の選手だったし、メンタル・トレーニングすら知らないコーチもいるし、トレーニングしようという気のないコーチが大半である。となると、選手の精神力がなかったからというのは、ほんとうは勝てなかったことへの言いわけにすぎないのではないだろうか。

コーチこそメンタル・トレーニングを学ぶべきだ！

スポーツでは、コーチと選手の関係を無視することができない。本来、「精神力の弱い」選手は、自分の力で自分の心を鍛えるべきである。しかし、優れた技能を示す選手は、たいていコーチの監視下に置かれ、トレーニングを強制され(ていると多くの選手は思っている)、「精神力」が弱ければ、それもトレーニングされることになるのである。

メンタル・トレーニングではスポーツに対する信念や目的意識が、選手の中で意識化されることが重要である。自らの行なっているスポーツにはっきりした信念をもたずに、メンタル・トレーニングの効果を上げることはできない。これは選手の育成に関しての提言でもある。コーチに言われたとおりに練習をこなして技能を高めても、試合は自ら判断して行動しなければならない。どう試合するかは、選手自らが長い時間をかけて、自分の中にそのイメージを育んでいくしかないのである。そのために、スポーツを行なう意味とか、目的を明確にする心のトレーニングが必要なのである。それを指導するのがコーチであり、コーチに必要なのは、それがメンタル・トレーニングであるという認識である。

名選手が必ずしも名コーチにはなれない、というのは言い古された言葉である。コーチになるためにはそれなりのセンスと勉強が必要だ。ぜひコーチの方々も、メンタル・トレーニングを本格的に学んでほしいと願っている。

PART 2
スポーツとからだの最新理論

体力を問い直す!

青木　高（健康・体力づくり事業財団）

体力をめぐる二つの捉え方

自分の体力を知ろうというとき、まず考慮しなければならないのは、何のための体力かということである。私たちが従来考えてきた体力は、たとえばマラソンを完走するとか、重い物を持ち上げるといったように、尋常な人にはできないことを遂行できる能力のことを指してきた場合が多い。このような体力は、国体やオリンピックを目指す人にとってはたいへんに重要な能力である。この能力を「競技に関する体力」という。

ところが、多くの人にとっては、国体やオリンピックは見るものであっても参加するものではない。したがって競技に関する体力とはあまり関係のない存在なのである。私たちにとって重要なのは元気で毎日を送り、長寿を全うできる能力である。この能力を「健康に関する体力」と言い表わすことができる。体力とひとくちに言っても、実は二つの意味があることになる。この二つの違いを明確にせず、さらに、健康と体力を同意語として使用している場合が多い。

たしかに、不健康な人は体力もない場合が多いし、体力があると健康な人だと思われがちである。このように、健康と体力は相互依存の関係にあることは否定できない。このため、実際に行なわれている体力測定では競技に関する体力を試している場合が大多数であり、この成績と健康状態を同一と把握しがちである。ここに誤解の生じる原因がある。健康だと思っているのに体力測定の結果は〝劣っている〟と出たり、体力測定の成績が良いと健康だと思いこんだりする。体力測定の善し悪しが健康の善し悪しだとすれば、マラソン選手は風邪をひかないしガンにもかからないことになってしまう。「競技に関する体力」と「健康に関する体力」が混在しているのである。この誤解を解くのが図1である。

競技に関する体力と健康に関する体力は近い関係にあるものの、構成要素が若干異なる。もう一つの大きな違いは、そのレベルである。競技に関する体力では、どの要素も高ければ高いほど良い。だが、健康に関する体力では必ずしもそうとは言えない。たとえば、持久力の測定には最大酸素摂取量が用いられるが、その能力の高い人ほど細菌感染に弱いとの説もある。また、筋力は発揮できる力が高いほど、障害の危険性が高くなる。一流の競技者が怪我で泣いている事例を耳にするのが何よりの証拠である。少々の怪我どころか、状況によっては命さえ賭けて勝負に挑むのが競技である。ところが、一般の人びとが怪我で職場を休んでいたのでは仕事にならない。毎日元気で働くことこそが必要なのである。元気で働き続け、定年後の人生も有意義に送り、まさに〝朽ち木の倒れる〟ごとくに一生を終えることがもっとも望まれる人生なのである。そのために必要な体力と、たとえからだが傷ついても金メダルを目指す体力のレベルとは当然、異ならなければおかしい。体力を測定する種目も基準も別途につくられるべきなのである。

図1　競技と健康に関連した体力構成要素

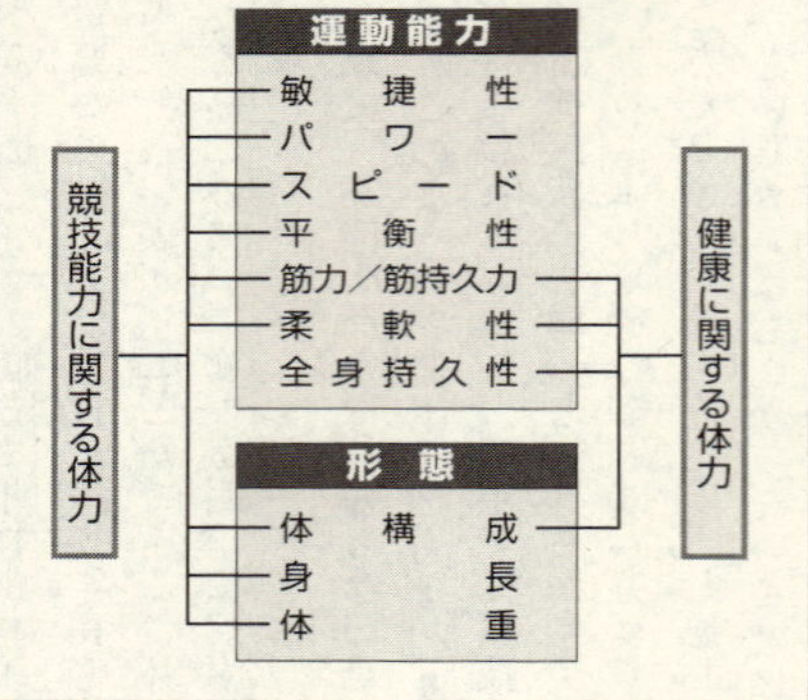

体力の構成要素とその必要性

図1に示したように、一般の人にとっての体力の構成要素は、持久力、筋力、柔軟性、そして体組成の四つである。これらがなぜ必要なのかを以下に記してみよう。

①持久力

持久力は一般的には、スタミナとして捉えられている。この能力は、ある状態を維持し続けたり、ある動作を連続して続ける能力のことである。連続して続けることができなくなると、疲労におちいる。したがって、持久力とは「疲労に耐える能力」と言ってもよい。

持久力は筋肉と心肺の二つの能力に分けることが多いが、たいていこの両者は相伴っている。筋肉の持久力は高いが、心肺のそれは劣るということや、その逆の例は少ない。現代社会において必要とされている持久力は、流行語で言えば、エアロビックな能力のことである。

エアロビックについては、すでに記述されているので詳述しないが、簡単に言えば大気中の酸素を必要とするエネルギーの産出過程が優れていることである。この産出能力が高いと持久力があるとされ、その判定基準には、「最大酸素摂取量」が用いられる。マラソン選手のそれは八〇ミリリットル／キログラムにも達するが、正常な男子でだいたい四〇ミリリットル／キログラム、女子で三〇ミリリットル／キログラムとなっている。

この能力と循環器疾患との関係は、相当に研究が進み、きわめて相関が強いとされ、エアロビックが循環器疾患の予防に有効なことを証明している。

また、エアロビックは脂肪の減少にも効果的である。簡単な例で言えば、エアロビック能力の高いマラソン選手に太った人はいない。この種の運動が脂肪を燃料にするからである。逆に言えば、野球やゴルフのように太った選手の多いスポーツ種目はエアロビックな運動になっていないことになる。

②筋力

筋力とは、「筋肉が収縮・伸展することによって外部に働きかける力」のことである。この意味で筋力を捉えると、筋力はなくてはならない存在ということがわかる。外部に働きかけるのだから、いっさいの行動が筋力に支えられていることになる。口を動かすこと、足を前に出すこと、手を上げることといったすべての一挙一動が筋肉の収縮・伸展によってなされているわけである。

筋肉は三百種、六百五十個あるが、その一つひとつがエンジンを搭載しているようなものである。そのエンジンがどれだけ効率的に稼働できるかによって筋肉の性能の善し悪しが決定される。筋肉が稼働するには、アデノシン三燐酸（ATP）が不可欠である。この化合物を筋肉に供給するには、三つのシステムが働く。第一は、筋肉中に貯蔵されているATPを利用する方法で、このシステムだと酸素を必要としないので、「無酸素性」（アネロビック）とよばれている。ただし、ATPが筋肉中に含まれている量は少ないので、ほんの数秒しか続かず、短距離走とか重量挙げといった短い時間内に大きなパワーを発揮する運動に適する。このときの最大パワーは約一三キロカロリー／キログラム／秒である。

第二の方法も無酸素性であるが、筋肉細胞に内蔵されたグリコーゲンを利用する。この方法だと、疲労物質である乳酸を形成する。乳酸が筋量の〇・三％相当量になると、筋肉は収縮不能におちいるので、せいぜい四十秒しか続かない。このときの最大パワーは約七キロカロリー／キログラム／秒である。

第三の方法が、いわゆる筋持久力とよばれるもので、酸素を利用するので「有酸素性」（エアロビック）ということになる。この方法だと、ATPが再合成されるし、燃料となる炭水化物と脂肪は体内にふんだんに蓄えられているので、ほとんど無限にエネルギーが提供される。ただし、このときのパワーは約三・六キロカロリー／キログラム／秒と小さい。

これらの三つのエネルギー産出が効率良く、かつ効果的に機能するには、血液中に酸素が充分にあるか、活動性毛細血管の発達がなされているか、組織呼吸が円滑に行なわれるか、代謝の機構が整えられているか、疲労物質の排泄機構が機能しているか、といった複雑な生理的システムが遅滞なく機能していることが重要な要素となる。

③柔軟性

柔軟性は今まで、どちらかといえばあまり重視されてこなかった体力要素である。体力測定の際に、たいした努力を必要としないで測定できてしまうという側面のゆえかもしれない。それはさておき、柔軟性は「一つの関節あるいは一連の関節の可動範囲」と定義されている。しかし、最近、問題になってきている柔軟性の欠如は、関節の可動範囲と同時に「筋肉および腱自体の伸展性」の低下である。

このように、ひとくちに柔軟性と言っても分類すれば関節の構造上から見た可動性と筋肉・腱の伸展性の二つがある。もちろん、実際には両者が嚙み合って機能することは言うまでもない。

筋肉・腱の伸展性が云々されるようになったのは、精神の緊張と筋肉の固縮との相関関係に対する関心が強まったからである。現代社会は、精神的ストレスを高進させているが、これに伴って肩凝り、腰痛、筋肉の痺れといった筋肉に支障をきたすさまざまな不定愁訴に現代人は悩まされている。その原因の一つとして筋肉の固縮が注目されるようになったわけである。ストレッチングが注目を集めたのは、その意味で当然のことと言えよう。開発者のデ・ブリーズ博士は、リラックスの方法としてストレッチングを位置づけている。筋肉の凝りを解きほぐすことによって心のしこりも解きほぐそうというわけである。

その一方で、過度の柔らかさを警戒する動きが見られる。関節の可動範囲が柔軟性を規定する大きな要素であることに間違いはないが、この範囲が広いということは関節が弛緩しているとみなすこともできるわけである。換言すれば、関節が外れやすいことになる。また、過伸展がかえって筋肉の繊維を痛めてしまうことも証明され、柔らかければ柔らかいほど良いとする見方が訂正されつつある。

④体組成

人体の主要な成分は、皮膚、筋肉、骨、内臓諸器管、そして脂肪である。脂肪を除いた重さを「除脂肪体重」とよんでいる。この除脂肪体重と脂肪の重さを合わせたのが体重になるわけである。したがって、たんに体重が多いから脂肪も多いということにはならない。除脂肪体重の多い人は体重も重くなるが、だからといって肥満とは言えない。逆に体重が少なくても脂肪の占める割合が多ければ、肥満となる。従来の〝単位身長あたりの体重が著しく重いこと〟を肥満とする考え方と違う点に留意する必要がある。ブローカー指数とかケトレー指数といったように、身長と体重の関連で肥満を扱う方法は、体脂肪量に着目していないことになる。

肥満とは「体内に脂肪が過剰に蓄積した状態」である。体重に占める体脂肪の割合が、体脂肪率である。%ｆａｔで表わしている。体脂肪率は、二十〜二十五歳だと平均して（理想的というわけではない）男で一五%、女で二七%と言われている。体脂肪率は、加齢とともに増加する傾向にある。肥満者は各種の成人病にかかりやすくなるし、肥満者が短命との疫学的調査結果もあるので、肥満は健康の敵にされている。さらに肥満は病気との認識が一般化されたこともあって、誰もが肥満を気にするようになっている。

かといって脂肪がまったくないのも問題で男は三%、女は一二%を切ると、神経系、生殖器管などの生理的機能に悪影響を与えるとされている。また、脂肪は貯蔵型熱源として、なくてはならない存在である。

要するに脂肪のつきすぎが問題なのである。では、どの程度の体脂肪率を肥満とみなすのか。現在のところ、体脂肪率が男で二〇%、女で三〇%を超えると肥満ということになっている。

体力を自己診断してみる！

体力には「競技に関連した体力」と「健康に関連した体力」の二つがあり、一般の人にとっては後者が重要であると述べた。そして、健康に関連した体力の構成要素を持久力、筋力、柔軟性、体組成の四つとした。では、活力あふれる毎日を送るためには、どれだけの体力があればよいのだろうか。

前述のように、健康に関連した体力は、あればあるほど良いというわけではない。だが、体力がなくてもよいというわけでもない。やや大げさかもしれないが、現代社会を逞しく生きぬいてゆく体力を誰もが有することが、資源のない国に暮らしている民族の生き残ってゆく唯一の道だとも考えられる。そこで、〝これだけは必要だ〟という、いわば「必要最低限の体力」を自己診断する方法を筆者の考えで記してみよう。なお、これから紹介するテストは、いずれもできたか、できなかったかを問うものである。できなかった人は、必要最低限の体力がないと判定できる。

十五分間、早足で歩けるか（持久力）

ヒトとして生きてゆくうえで、まず第一に必要な体力は「歩く」ことだろう。最近、〝ウォーキング〟と称して、歩くことが勧められている。スポーツ世論調査で、参加率がもっとも高いのは「歩く」である。

以下に示す要領で十五分間、連続して歩き続けられるか、である。

①両腕を「く」の字に軽く曲げ、リズミカルに振る

②下腿を前方に振り出すようにして踵から着地する

③後ろ足で強くキックする
④顎を締め、上体をまっすぐにする
上記の四点を実行すると、いわゆる〝早足〟になる。早足を十五分間続けるのが、このテストのポイントである。

〈注意〉歩いている最中に、めまい、頭痛、胸痛、吐き気、呼吸困難、足のもつれ等があったらただちに中止する。

〈評価〉十五分間、早足で歩き続けられれば合格。どんな理由であれ、十五分間歩けなかったら不合格。

自分の体重を支持できるか（筋力）

筋力で重要な部位は「抗重力筋」とよばれる太もも、腹背といった直立姿勢を支持している筋力群である。この部位が弱体化することは、ヒトとしての存在を危うくしかねない。三種目のテストを紹介する。全部できて当たり前なのだが、さてどうだろうか。
Ⓐ腹筋のテスト
図を参照して欲しいが、腹部の筋力をチェックする方法である。仰向けに寝て、首の後ろに両方の手の平を当てる。両膝は揃えて九〇度に曲げる。踵は床につけておく。この姿勢から上体を起き上げることができるか否か。

Ⓐ腹筋のテスト

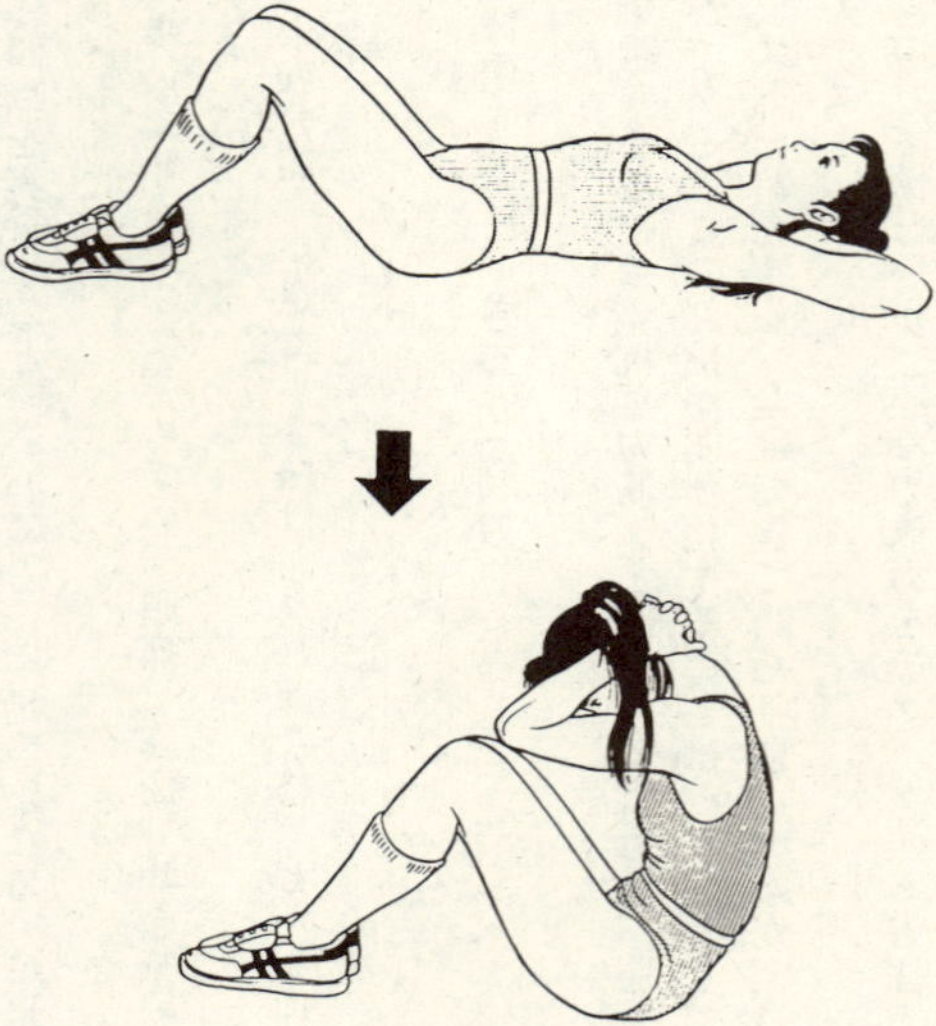

〈注意〉反動を使わないように。踵の支持なしで実施する。顎を引き、背中を曲げて起き上がる。

〈評価〉上体が床面に対して直角になるまで起き上がれれば合格。そうでなければ不合格。

Ⓑ背筋のテスト

テストを受ける者は側臥の姿勢になる。上体、腰、足が一直線になっているかどうかを確認する。両手は胸の前で組む。パートナーが側臥した人の足首を跨いで、お尻と両手でテストを受ける者の足首と膝を支える。この姿勢から、上体をゆっくりと真上に床か

Ⓑ背筋のテスト

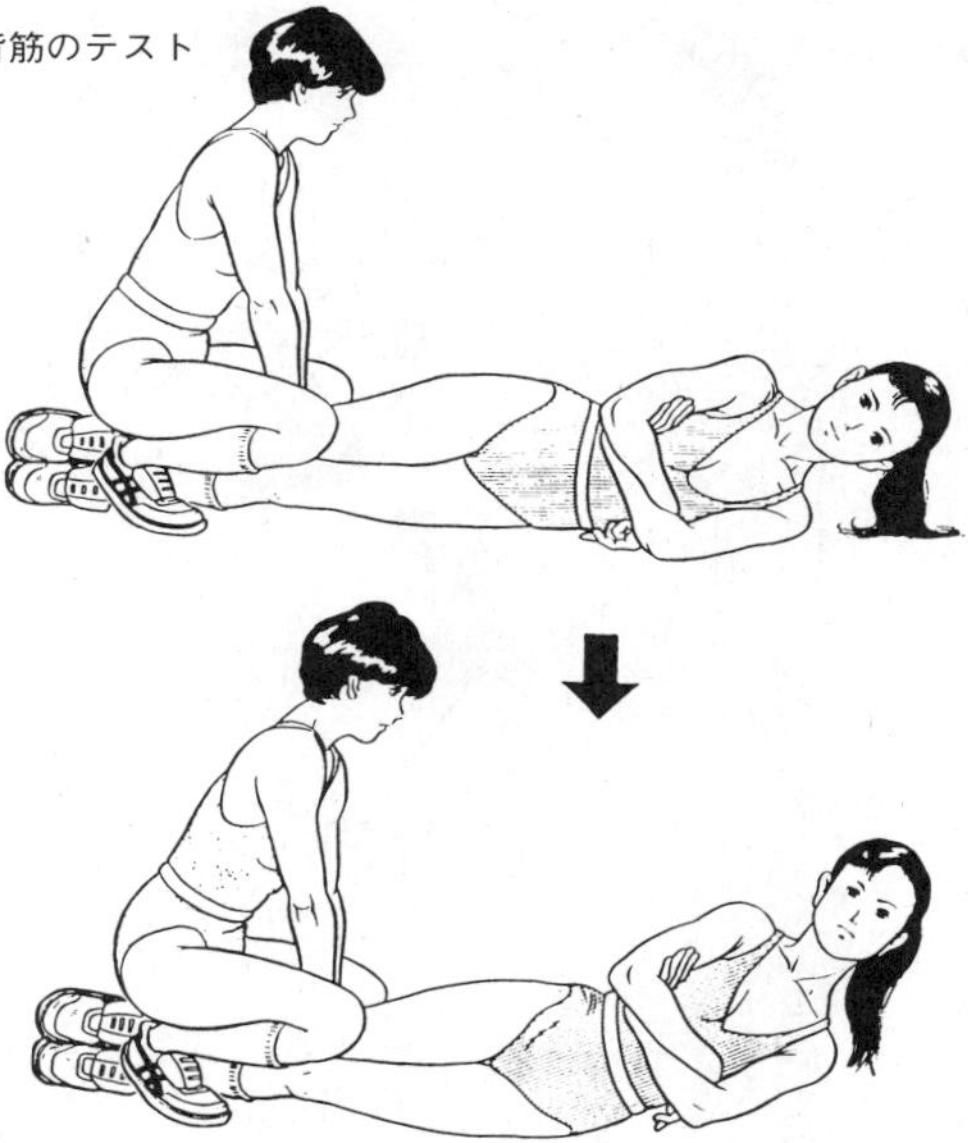

ら一〇センチほど起こしてその状態を十秒間維持できるかどうかをチェックする。

〈注意〉上体を起こすとき、一気に起き上がらないこと。また、上体を前屈みにして起き上がらないこと。

〈評価〉十秒間維持できれば合格。そうでなければ不合格。

Ⓒ脚筋のテスト
まず直立姿勢になる。その姿勢から片脚支持の姿勢になる。両手は腰に当ててもよいし、左右に広げてもよい。自分の好みの方法でバランスを取ればよい。この姿勢から、支持脚を下ろしてゆく。男は踵が床につくまで下ろし、そ

Ⓒ脚筋のテスト

こから元の姿勢に戻す。女は膝が九〇度になるまで曲げ、元の姿勢に戻す。もう一方の脚でも行なう。

〈注意〉支持脚でないほうの脚を床につけないこと。

〈評価〉男も女も指示された方法で下ろし、戻すという一連の行動を左右の脚でスムーズにできれば合格。そうでなければ不合格。

しなやかな筋肉か(伸展性)

加齢により、筋肉は伸展性を失ってゆく。固縮した筋肉は脆《もろ》くなり、身体を支えることすらできなくなる。高齢社会を迎えるうえで筋肉の伸展性は重要な要素である。

さて、ここでチェックするのは、

肩、腰、アキレス腱の三点。肩凝り、腰痛、捻挫という症状に現代人が悩んでいるからである。

Ⓓ肩

パートナーがテストを受ける人の後ろで立ち膝姿勢になり、相手の手首を軽く握る。肩幅より広げないようにする。そして、パートナーは相手の反応を見ながら手首を握ったまま除々に上げてゆく。相手が痛みを訴えたら、そこで止める。そのとき、相手の腕が床面と平行になっているかどうかを確認する。

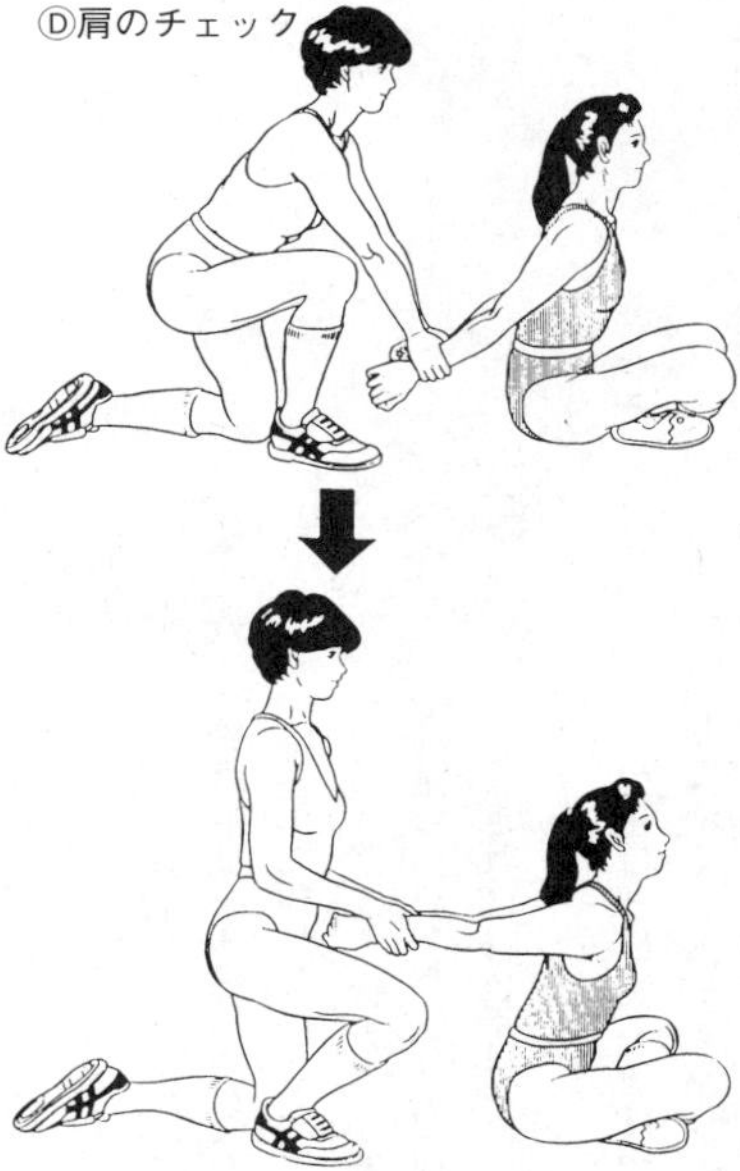
Ⓓ肩のチェック

〈注意〉腕を上げる際の幅が肩幅より広がらないように。また、上げる際、肘を曲げないように。一気に持ち上げないこと。

〈評価〉持ち上げた腕と床面とが平行になっていれば合格。腕が平行でなく、床面に近ければ不合格。

Ⓔ腰

Ⓔ腰のチェック

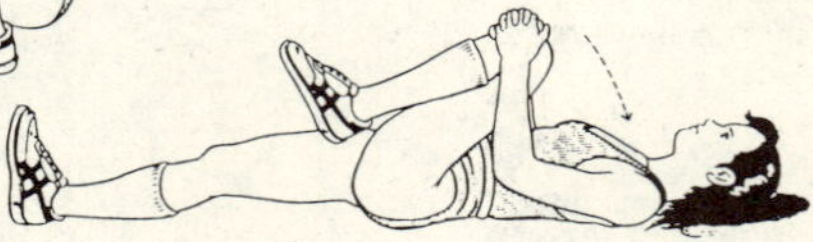

Ⓕアキレス腱のチェック

仰向けの姿勢になる。その姿勢から一方の脚の膝を軽く折り、その膝を両手で握る。握った膝を手前に引き、膝が胸につくかどうかをチェックする。もう一方の脚も同じ要領で行なう。

〈注意〉折っていないほうの脚はまっすぐに伸ばしておく。顔を上げたり、背中を反らせないこと。

〈評価〉折ったほうの脚が胸につけることが両脚ともにできれば合格。そうでなければ不合格。

Ⓕアキレス腱

肩幅ほどに脚を広げて立つ。その姿勢から腰を下ろしてゆく。ペチャ座りの要領である。両脚の踵がお尻につくまで、姿勢を維持できるかどうかをチェックする。

〈注意〉両方の踵が平行になっているように。

〈評価〉踵をお尻につけようとすると、からだが後ろに倒れてしまう人は不合格。踵がお尻についてもからだを保てる人は合格。

おなかの肉がだぶついていないか(体組成)

肥満になると、どうしてもからだの移動が面倒になり、動きたくなくなる。しかし、食べるほうは変わらない。こうして肥満がいっそう悪化してしまう。そこで、まず肥満度をチェックすることから肥満解消に取り組むことが勧められる。

チェックの方法は簡単で、モノサシを用意して、お腹をつまんでみればよい。図に、その方法を示したが、オヘソの横五センチほどの部位を〝縦〟につまむ。つまむとつまんだ部位が凹むので、その上一センチほどのところの横幅を測定する。この幅が男で二センチ、女で三センチを超えると肥満ということになる。各々、体脂肪率二〇%、三〇%にほぼ相当するからである。

肥満度チェック

体力を最新科学で測定する!

体力の自己診断法を紹介した。この方法による測定は一つの目安を示すことにほかならない。体力を正確に測定するには機器を用いて専門の指導者による測定が重要である。近年では、フィットネス・クラブが随所にでき、機器を用いた測定が必ずしも特殊なものではなくなっている。そこで、どんな方法が良いのかを最後に紹介しておこう。

持久力の測定方法

持久力の指標としては「最大酸素摂取量」が用いられる。その理由を以下に記す。肺では、単位時間内に出入りする空気の量が多く、肺胞から毛細血管に拡散する酸素の割合が高いほうが、また心臓と筋肉では、送り出される血液の量が多く、酸素の供給率が高いほうが、全身に多量の酸素と血液が送られることになる。このため、酸素を摂取することのできる最大値である最大酸素摂取量が持久力のもっとも科学的な尺度として用いられる。この測定には直接法と間接法の二つがある。

〈直接法〉

最大酸素摂取量を測定するには、被験者に少なくとも五分間は連続して運動させ、疲労困憊に追い込んで（オールアウト）、そのときの最大酸素摂取量を測定する。たとえば、一五〇〇メートルを走らせ最後の一〇〇メートルのラストスパートの直後に測定する。呼気をタグラスバッグに集めて計量・分析するわけである。ところが、被験者はバッグを担いで走らなければならないし、屋外では測定上の問題も発生する。そこで、最近では、屋内で固定式自転車を漕がせるか、トレッドミルとよばれる固定式走路で走らせる方法がとられている。

自転車の場合にはペダルを漕ぐ抵抗を強くすること、トレッドミルの場合には走路のスピードを上げることによって負荷を漸増し、被験者がもうダメという状態にまで追い込むわけである。問題はこのオールアウトの判定である。被験者の主観に頼っていると本当にオールアウトになったかどうか疑問が残る。そこで、運動開始から四分は経過していること、血中乳酸濃度が八ミリグラム／デシリットル以上といった条件を設定してオールアウトを客観的に判定している。

固定式自転車のほうが廉価なうえに持ち運びが容易だが、上体が動かないので運動中の筋量がトレッドミル上を走るのと比べて少なくなるので、後者のほうが測定値は一〇〜二〇％高く出る。また、被験者に水泳を定期的に行なわせ、スイムミルという測定機とトレッドミルで最大酸素摂取量を計ってみたところ、スイムミルでは向上が見られたが、トレッドミルでは変化が見られないという報告がある。同じようにランナーをトレッドミルと自転車で比較すると自転車の測定値のほうが劣る傾向にある。こうした結果はトレーニング効果の特異性として注目されるようになってきている。持久力を測定する際には、こうした点を頭に入れておいたほうがよいだろう。

〈間接法〉

直接法による測定では被験者をオールアウトまで追い込む必要がある。ところが、一般の人、とくに運動経験がほとんどない人に、このような無理な要求を押しつけるわけにはいかないし、場合によっては生命の危険さえ生じることもある。そこでオールアウトしない程度の運動をさせることで最大酸素摂取量を推定させる方法が採用されている。

図に示したのは、酸素摂取量と心拍数との相関である。酸素摂取量と心拍数はオールアウトまで直線関係を示している。

また、最高心拍数は〈二二〇から個人の年齢を引く〉という数式で表わせるし、運動強度と酸素摂取量の関係は常に一定であるとみなせるので、オールアウトまで被験者を追い込むことなしに最大酸素摂取量を推定できるのではないかという考え方である。

図2　心拍数と酸素摂取量との関係
（オストランドとライミング、1954）

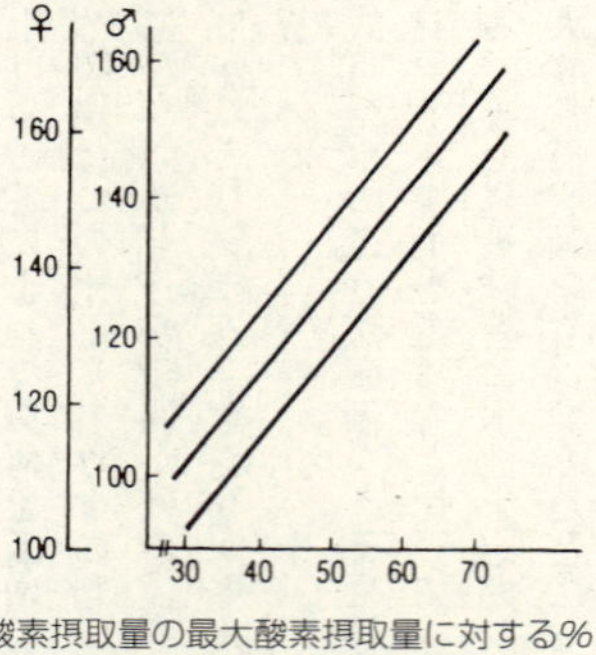

この方法はいくつかあるが、代表的なものを二、三紹介しておこう。

①オストランド法

もっとも古典的な方法であるが、現在でもよく用いられている。図2にあるように心拍数と最大酸素摂取量は直線関係があるので、心拍数だけを測定すれば酸素摂取量の最大酸素摂取量に対するパーセントが推定できる。計算を簡略化するためノモグラフが用いられている。

②pwc一七〇の変法
自転車エルゴメーターを用いる。心拍数がおよそ毎分一二〇、一四〇、一六〇になるような強度で四~六分ずつ自転車を漕ぎ、心拍数と作業率（キログラムメートル／分）とを直線回帰し、その式から一七〇拍／分のときの作業率をもとめてphysical working capacityとして持久力を推定する。
③目標心拍数設定法
（最高心拍数－安静時心拍数）×〇・八五＋安静時心拍数
の式よりもとめた数値を目標心拍数とし、そこに至るまで四分ずつ三段階の負荷で運動させる。目標心拍数に達した時間から最大酸素摂取量を推定する。自転車エルゴメーターを用いる。

筋力の測定方法

筋力の測定は、筋の収縮状態によって大きく二つの場合に分けられる。一つは筋肉が力を発揮しているのに、短縮しない場合である。たとえば、重い物をかかえているときがそうである。関節の動きも見られない。もう一つは、力を発揮すると筋肉の短縮が起こり、同時に関節の動きが伴う場合である。もう少し細かく、その辺の事情を説明しよう。
①等尺性筋収縮

力を発揮する対象物が固定されていたり、重すぎて移動不可能だったりすると、筋は収縮しているけれども短縮は起こらない。したがって関節の動きも見られない。壁を押すとか、重量物を支えるのが代表的な運動である。

しかし、筋が発揮できる力は収縮速度がゼロのときにもっとも大きくなるので、筋力の最大値は等尺性収縮時に現われるとみなされている。

この筋収縮の測定の代表は、握力の測定である。握力計を力いっぱいに握り締めた経験は誰でも一度や二度はあるはずである。最近の方法としては、「徒手筋力計」と呼称される測定器を用いての測定が行なわれている。圧縮型のストレンジゲージによって力量を計測する。たとえば、腹筋を測定する場合には、被験者を伏臥させ、胸部に徒手筋力計を当てる。被験者が最大努力で固定された筋力計を押し上げることによって筋力がキログラムで示される。

②等張性収縮

力を発揮する対象物が最大筋力より小さければ、関節を動かすことが可能になり、筋の短縮も起きる。筋が短縮すると、筋は張力を発揮する。この張力は負荷の重さと等しい。一〇キログラムの重さの物を片手に持ち、関節の可動範囲を変えても常に負荷の重さと等しい張力が発揮されていることになる。バーベルを用いての運動は代表と言える。スクワットで何キログラム、プレスで何キログラムといった方法で筋力を測定することもある。何キログラムの重さの物を持ち上げることができるかで筋力を測定するわけであるから、もっとも原始的な測定法と言える。

③等速性収縮

等速性収縮という考えは、近年になって新たに提案された概念である。通常、筋肉は短縮時の力を増せば収縮速度は増大し、減らせば減少する。この原理を応用して、短縮時の力の増減に相当する抵抗を即座にフィードバックさせれば筋肉は一定の速度で収縮するはずだとし、この測定を可能にする機械が開発された。発揮される筋力の変化と無関係に、筋肉が一定のスピードで収縮を行なう。このような筋肉の収縮形式を等速性収縮という。

この機械を利用すると、関節の可動範囲の全域にわたって連続して、任意の収縮速度において発揮しうる筋力を測定することが可能になる。いわば、ほとんどすべての動的筋力を測定できる機械を作ってしまったわけである。まさに最新科学による筋力の測定である。ただし、この機械は高額で一部の大学とか研究所に設置されているだけである。また、測定機械が最近になって導入されたため、データ数が少なく、全国平均を出すまでに至っていない。

柔軟性の測定方法

柔軟性を調べることは運動・スポーツ科学の立場より医療の立場からの関心が強かった。というのは、整形外科あるいはリハビリテーションの分野において、関節の可動範囲をテストすることの重要性が見出されていたからである。

したがって、動作中の柔軟性より、臨床的な静的な柔軟性を測定することに関心がもたれた。被験者を固定し、その関節が動く範囲を測定しようとしたわけである。ゴニオメーターとよばれる分度計、あるいはフレッキシオメーターとよばれる角度計測器が開発されている。また、近年ではX線フィルムを用いて被験者を側面から撮影して前屈の角度を測定する方法も発表されている。

これらの方法はいずれも、関節の可動性を測定するものであるが、日本と外国では同じ関節の可動性を測定する方法に違いがある。日本の場合は、立位体前屈とか伏臥上体起こしといったように複数の関節が参加しての可動性に重点をおいているのに対し、外国ではある一部分、局所的な関節の可動性を追究しようとしている。

どちらの測定法であれ、妥当性、客観性、再現性を満足させる測定法が見出されていないのが現実である。

一方、筋肉の放電に注目して筋肉の興奮状態を観察する方法が現代科学の力を利用して試みられている。十年ほど前から、ストレッチングという柔軟性を高める方法が一般化されつつあるが、従来の方法では、反動を使ってグイグイ押すのが柔軟体操と考えられてきたのに対し、ストレッチングは逆で、筋肉が最大に伸展される手前で止め、その状態を三十～四十秒維持することに特徴がある。

この反動と維持の違いが筋放電の違いにも現われる。それぞれの運動時に高感度の筋電増幅器を用いて主働筋の筋電図で測定してみると、反動をつけた場合には高振幅の筋放電が現われる。しかし、痛まない状態を維持しているストレッチングの場合は、筋放電がほとんど現われない。前者が興奮、後者が安静を示していることになる。

この興奮は、ある力が筋肉に加わると筋は張力を発揮して、それ以上の力に対応しようとする。いわば一種の防御反応を示す（伸張反射）。この反応は、筋活動電位の時間平均値（m—EMG）で証明される。すなわち、反動をつけると時間平均値が長くなる。また、筋肉には一定の負荷が継続して加わると弛緩する粘性があるとの報告もある。

現状では、この辺までのことしか柔軟性についてわかっていない。今後は筋放電を利用した筋肉の伸展性についての研究が進められることだろう。

体組成の測定方法

脂肪の測定については、次に示すようにいくつかの方法がある。

①水中体重法
②カリウム四〇法
③体水分量測定法
④皮脂厚の測定法
⑤X線CTスキャン法
⑥MNR画像法
⑦インピーダンス法

⑧脂肪溶解性ガス注入法

⑨超音波法

身体組織のなかでもっとも簡単に脂肪を測定できるのは、皮下脂肪である。一般には〝キャリパー〟とよばれる測定器で計るが、この方法には限界がある。しょせん、皮膚の下の脂肪を計っているにすぎない。脂肪は皮下につくだけではないからである。むしろ問題なのは内臓脂肪である。内臓の外にも内にも脂肪は付着する。キャリパーでは、これらの脂肪を測定できない。では、どうすればよいか。

近年、試みられている方法はX線やMNR画像であるが、前者は脂肪を測定するたびにX線を浴びるという問題がある。後者は高額で一般化しにくいという問題が残る。それでは、どんな方法があるか。少し高額ではあるが、今後の改良によっては普及しやすい方法として取り上げられつつあるのが「超音波法」である。

この方法には二つの方法がある。すなわち、反射法と透過法である。反射法は超音波を一定の方向に放射することによって、脂肪、筋肉、骨といった各組織の密度の違いから、異なる反射が返ってくることを利用している。透過法は異なる各組織に超音波が通り抜ける際の減退度の違いにより組織を識別しようという方法である。

現在、用いられている方法は反射法である。これにも二つの方法があり、Aモード、Bモードがある。Aモードの場合は、反射波が画面上では上下の振れとして現われる。この振れを正しく判定することが難しく再現性に問題があるうえに、組織の状態を画像化できない。

これに対して、Bモードは、Aモードで振れとして現われた部分を輝度変調方式により明るさとして表現させ、組織の断面図を画像処理できる。このため、組織の形状を画面上で認識できることになる。皮膚、脂肪、骨、内臓が明るさの違いにより素人が見ても慣れれば判別できる程度まで明瞭に画面に映像化される。

この測定器は、最近では各組織の厚さを自動処理してプリントアウトできるように改良されたので、測定器の当て方さえマスターすれば速やかに被験者の体組成をその場で示すことができる。価格が百万円と高額であるが、普及するにつれて入手しやすい価格に落ち着くだろう。

スポーツ愛好者の常識になりつつある

「最大酸素摂取量」って何だ？

小林寛道（東京大学大学院教授）

体力は、人間の生命活動をささえるもっとも基本的なベースとなるものであり、生命力そのものの存在と深いかかわりをもっていると言える。同時に体力は、成長、発達、老化という人間の加齢にともなうプロセスの中で、健康状態の維持・増進や、日常生活行動、および運動・スポーツにかかわる身体活動をささえる基礎となっているものでもある。

子どもの成長・発達にともなって体力は増加し、青年期にピークをむかえ、老化の進行とともに低下し、やがて老衰に至るという自然なサイクルが幾世代を通して繰り返されてきた。しかし、これまでの時代では、戦乱、災害、事故、飢餓、伝染病といった要素によって、必ずしも一個人の生命体としての自然なサイクルがまっとうされず、途中で断絶させられることもあり、平均寿命も人間の生命体としての本来の寿命より短いものだったと言える。今日では、人びとが長生きとなり、人間の生命体としての活動に関して、より深い洞察と理解の幅が広がってきたと言うことができる。

体力への関心は、老化予防を含む健康の維持・増進とスポーツ活動における基礎的能力の向上、さらに、身体形状やプロポーションを含めたからだの状態そのものに対する関心の高まりなど、多岐にわたっていると言える。体力の向上への努力は、より良い心身の状態にありたいとする欲求の現われと捉えることができよう。

なぜ最大酸素摂取量に注目するのか⁉

体力は通常「行動体力」と「防衛体力」に分けて論じられることが多い。池上晴夫（筑波大）によれば、行動体力の内容には、①行動を起こす能力としての筋力、筋パワー、②行動を持続する能力としての筋持久力、全身持久力、③行動を調節する能力として、平衡性、敏捷性、巧緻性、柔軟性、などが含まれている。

一方、防衛体力は、①物理化学的ストレス、②生物的ストレス、③生理的ストレス、④精神的ストレス、など各種のストレスに対する抵抗力であると捉えられている。

体力とは、これらの要素をすべて包括した概念であると言ってよい。

しかし、その各要素については、比較的、運動・スポーツのパフォーマンスに関連が深いものと、健康という要素により深くかかわっているものとがある。

健康と運動とのかかわりは、現代社会における運動不足病とも言える体調不良状態が一般に多く認められるようになり、急速に関心が高まってきた。

心臓病が死因の第一位を占めるアメリカ合衆国では、心臓病が過食による肥満と運動不足の二大要因によって誘発されるということから、食生活習慣の改善とともに、運動を行なうことによって、過剰な蓄積エネルギーを消費することが広く国民に推奨された。

一九六八年、エアロビクス運動の提唱者であるケネス・クーパーは、『エアロビクス』と題する本を出版し、爆発的な支持を集めるに至った。この本の中で彼は、運動によって消費されるエネルギーをカロリーに換算し、それを得点化することによって、一連の運動プログラムを提供している。

運動プログラムを実施する前や、実施したことによる効果判定として、クーパーは十二分間走を用いることがよいとした。

なぜなら、十二分間走の走距離と最大酸素摂取量との間には、密接な相関関係が認められるからである。つまり、十二分間走の走距離が長いほど最大酸素摂取量が大きいということになる。クーパーは、体力の水準を最大酸素摂取量によって判定する方法として、間接的に最大酸素摂取量の大きさを反映する十二分間走という手段を採用したわけである。

最大酸素摂取量は、呼吸循環機能を表わす指標として、運動生理学の分野では重要視されてきている。最大酸素摂取量は全身持久性の能力を表わすものであるが、同時に体力から見た健康度を表わす指標にも用いられるようになり、スポーツ選手ばかりでなく、一般人にとっても身近なものになってきている。では、最大酸素摂取量とは何かをもう少し詳しく捉えてみることにする。

最大酸素摂取量とは何か⁉

持久的運動を行なうには、筋の活動を持続させるために酸素が必要である。酸素は、基本的に人間の生命機構を維持するのに必要なものであり、その最低必要量は基礎代謝量として表わされる。代謝量は、酸素一リットルが約四・九カロリーの熱量を発生することから換算される。安静時には安静時代謝量、運動時には運動時代謝量とよばれるが、運動時の代謝は酸素摂取量によって表わされることが多い。

運動が激しくなればなるほど、体内の酸素需要は高まる。運動強度と酸素摂取量との関係を見ると、運動強度が高まるにつれて酸素摂取量もほぼ比例的に増大する。しかし、体内への酸素の摂取量には各個人によっておのずと限界がある。その人にとって、体内へ酸素を取り入れることができる最大限界が最大酸素摂取量（Maximum Oxygen Intake:$\dot{V}O_2max$）である。

最大酸素摂取量は一分間あたり何リットルの酸素を体内に摂取できるかということで、リットル／分の単位で表わされる。この値が大きければ大きいほど呼吸循環機能が優れており、とくに持久力体力に優れているということになる。

酸素の運搬は血液中のヘモグロビンによって行なわれる。肺でのガス交換の際に、ヘモグロビンは酸素を取り込んで酸化ヘモグロビンになり、動脈血として心臓から全身へ運ばれる。その後、末梢組織で酸素を遊離すると、静脈血となって再び心臓を経由して肺へと向かう。

安静時には動脈血一デシリットルに酸素は約二〇ミリリットル含まれているが、末梢でのガス交換を終えた静脈血には約一五ミリリットルの酸素が含まれている。運動時には、動脈血の酸素含有量は変わらないが、静脈血の酸素含有量は安静時より少なくなる。動脈血の酸素含有量と、末梢でのガス交換を終えて心臓に帰還してくる静脈血の中に残されている酸素含有量を比較し、その差を動静脈酸素較差とよんでいる。

末梢の毛細血管がよく発達しており、また、酸素を取り入れてエネルギーを発生する酵素の働きが優れている場合には、より多くの酸素を組織内に取り込むことができる。すなわち、末梢でのガス交換の結果が、動静脈酸素較差として現われてくるわけである。安静時の動静脈酸素較差は五ミリリットル／デシリットル程度であるが、最大運動時の動静脈酸素較差は、一五ミリリットル／デシリットル程度になり、より持久的トレーニングがなされた人では一八ミリリットル／デシリットルまでの差となることがある。

血液を送り出す作用をする器官が心臓である。心臓が一分間に全身に送り出すことができる血液量を心拍出量という。心拍出量は、安静時一分間に五～七リットル程度であり、激しい運動時には、二五～三〇リットル程度にもなるが、個人による差も大きい。

心拍出量は、一回拍出量と心拍数との積によって表わされる。

心拍出量＝一回拍出量×心拍数……………………………………①

一回拍出量とは、一回の拍動で左心室から送り出される血液の量であり、心拍数はその回数である。心拍出量が一分間あたりの量として表わされることから、心拍数も一分間あたりの数として表わされる。

心臓から送り出された血液の中から末梢で使用された酸素量、すなわち酸素摂取量は次の式によって表わされる。

酸素摂取量＝心拍出量×動静脈酸素較差……………………………②

心拍出量の部分を①式におきかえれば、

酸素摂取量＝一回拍出量×心拍数×動静脈酸素較差

となる。

すなわち、最大酸素摂取量とは、一回拍出量、心拍数、動静脈酸素較差の積によって表わされる。酸素摂取量が、心臓の働きや末梢組織の働きと密接に関連しているのは、こうした理由からである。最大酸素摂取量とは、これら三つの働きが総合的に発揮されたときの最大値を意味している。

最大酸素摂取量の算出方法

ところで、実際に最大酸素摂取量を測定しようとする場合に、心拍出量や動脈血と静脈血の酸素含有量を調べることは容易ではない。心拍出量を測定するには特殊な装置が必要であり、血液を心臓に近い血管から採取するためにカテーテルを血管内に深く挿入したかたちで最大限界までの運動を行なわなければならない。それゆえ、最大酸素摂取量を測定する場合には、呼吸代謝による方法を用いることが一般的である。

外界から体内への酸素の取り込みは肺呼吸によって行なわれる。運動中に肺に取り込まれた空気の量、すなわち肺換気量を調べるとともに、吸気と呼気における酸素と二酸化炭素の濃度差をもとめることによって酸素摂取量が算出される。

肺換気量＝一回換気量×呼吸数

酸素摂取量＝肺換気量×（吸気の O_2％－呼気の O_2％）

新鮮な空気中には、酸素二〇・九三％、二酸化炭素〇・〇三％、窒素七九％、ならびにその他の希ガス類が含まれている。この新鮮な空気を吸気として体内に入れたとき、呼気として吐き出される息の内容は、酸素一六〜一八％、二酸化炭素三〜四％、窒素七九％となっている。すなわち、吸気と呼気の酸素濃度の差は二〜四％程度となっているわけである。

肺換気量は、安静時に七リットル／分程度であるが、運動時には七〇〜一八〇リットル／分程度になる。今、体重六〇キログラムの人が最大努力の持久的運動をしたとき、肺換気量は一〇〇リットル／分、吸気と呼気の酸素濃度の差が三％であったとすると、この人の最大酸素摂取量は三・〇リットル／分、体重あたり最大酸素摂取量は五〇ミリリットル／キログラム／分となる。これが二十歳男子の最大酸素摂取量として、ほぼ平均的な値である。

実際の最大酸素摂取量の算出には、気圧、温度、窒素補正（呼気と吸気の窒素濃度が正しくなるための補正）など、やや複雑な手順が必要であるが、原理的には、このような内容である。

最大酸素摂取量はどんな要因によって決まるのか？

最大酸素摂取量の大きさを規定する要因には、さまざまなものがある。

たとえば、①肺のガス交換機能に関して肺換気量、肺血流量、肺拡散容量、換気血流比、シャント、②心臓のポンプ機能に関して、心拍出量、一回拍出量、心拍数、③末梢器官・筋の酸素利用能力に関して、毛細血管の発達（毛細血管密度）、呼吸酵素、ミオグロビン、筋の組成（赤筋、白筋の比率）などが挙げられる。

これらの要素は、持久的能力が高い人や、持久的トレーニングを行なっている人では高い水準にあると言うことができる。

持久的トレーニングを行なうことによって、これらの要素のうちいくつかの点で改善が見られるようになる。したがって、最大酸素摂取量はこうした種々の要因を総合的に表わした体力の指標であると言える。

ところで最大酸素摂取量の大きさを限界づける因子については、古くから運動生理学者の興味の対象となり、研究が進められてきた。その結果今日では、心拍出量がもっとも主要な要因であるとされている。

持久的トレーニングによって、最大酸素摂取量を増大させることが可能である。持久的トレーニングによる最大酸素摂取量の増大の割合は、その人の体力の初期レベルが高いか低いかによって異なり、初期レベルの低い人ほど増大の割合が大きい。この初期レベルの改善は、持久的トレーニングを開始すると、およそ六週間程度で生じるが、その後の最大酸素摂取量の増大は、せいぜい三〇～四〇％にとどまることになる。その人に生来そなわった最大限界に近くなると、トレーニングを持続しても、もはや増大は見られなくなる。最大酸素摂取量の最大限界は、おおよそ遺伝的要因によって決定されると言われる。そして、成人では、持久的トレーニングを持続しても、最大酸素摂取量は加齢とともに低下してゆく傾向からまぬがれることはできない。

最大酸素摂取量の増大がもはや見られなくなった段階に達した後でも、運動中の酸素利用効率はトレーニングによってひじょうに高まるようになり、持久的能力は、さらに向上するようになる。長距離・マラソン選手では、こうした酸素利用効率がきわめて高い。

酸素の利用効率の改善には、末梢（筋）の中で生じる変化の影響が大きくかかわっている。具体的には、毛細血管密度の向上、酸素利用酵素を多く含むミトコンドリアの容積の拡大や数の増加、チトクロム系呼吸酵素の活性化、ミオグロビンの増加などが関係する。

最大酸素摂取量を正確に測定する二つの方法

最大酸素摂取量の測定方法には、直接法と間接法とがある。

直接法とは、トレッドミル（無限軌道走行坂）を用いた坂道歩行やランニング、または自転車エルゴメーターのペダリングによって、最大運動を数分間持続したときに呼吸代謝からもとめる方法である。

最大酸素摂取量の値を正確に知るためには、直接法による測定が好ましい。しかし、実際には呼気ガス分析器など測定装置を必要とすること、および最大酸素摂取量を測定することにともなう危険性を考慮したりする理由により、最大に至らない運動を行なったときの心拍数の変化から最大酸素摂取量を間接的に推定する方法が普及している。

こうした、心拍数を指標にした間接法が用いられる生理学的背景は、次のようなものである。

運動中の酸素摂取量は、一回拍出量と心拍数と動静脈酸素較差の積として表わされることは、前述したとおりである。このうち、一回拍出量は、運動強度の増加にともなって増加するが、やがてほぼ一回の値で頭打ちになる。最大酸素摂取量の五〇％を超える運動負荷では、一回拍出量は一定値を示すようになるので、数式的には、一つの定数としての性格を帯びてくる。また、動静脈酸素較差の変化は、それぞれの人にとってある範囲の変化にとどまると考えると、運動強度にともなう変化は心拍数がもっとも敏感である。

安静時の一般人の心拍数は一分間に五五～七〇拍／分の範囲内にあるが、運動中には運動負荷にともなって上昇し、最高心拍数に達する。最高心拍数は若者では高く、高齢者では低い傾向があり、トレーニングをした人としない人ではあまり変わらない。最高心拍数は、便宜的に〔二二〇拍／分－年齢（歳）〕という簡便式で表わされる場合が多いが、個人差も大きい。

トレッドミルや自転車エルゴメーターを用いて運動負荷を徐々に強めていった場合、運動中の心拍数は酸素摂取量とほぼ直線関係を保って増加する様子を示す。ただし、最大運動の限界付近では、酸素摂取量が頭打ちになるにもかかわらず、心拍数がさらに上昇する場合がしばしば見られる。

しかし、最大限界以外の部分では、運動中の心拍数は酸素摂取量と直線関係を示すと言うことができる。

この関係を利用して、中程度の運動負荷に対する心拍数から最大酸素摂取量を推定する方法が、間接法である。

また、運動中心拍数の水準から、その運動が最大酸素摂取量の何パーセントに相当する負荷であるかを推定する方法もある（図1）。

図1　心拍数の水準から、最大酸素摂取量に対する割合をもとめる模式図

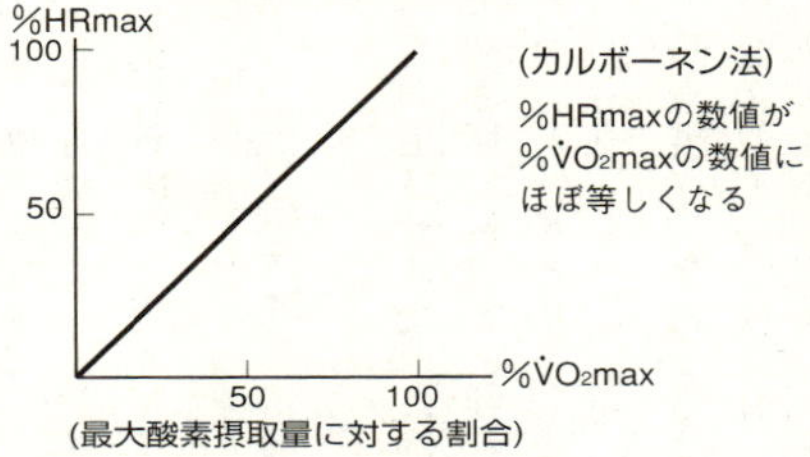

［%HRmaxは、最高心拍数に対する割合、ただし、次の式によって算出

$$\%HRmax=\frac{運動中心拍数-安静時心拍数}{最高心拍数-安静時心拍数}\times 100$$
］

これは次のような式によって算出する。

$$\%HR\ max=\frac{運動中心拍数-安静時心拍数}{最高心拍数-安静時心拍数}\times 100$$

（%HR max：最高心拍数に対する割合）

そして、この%HR maxの値が、最大酸素摂取量に対する割合（$\dot{V}O_2$max）の値とほぼ等しくなっている。すなわち、七〇%HR maxの運動を行なっている場合、その運動は七〇%$\dot{V}O_2$maxの運動負荷となっているという意味である。この方法は、カルボーネン法とよばれている。最高心拍数は、〔二二〇－年齢〕の式によってもとめ、実際の運動中の心拍数は、触診や心拍メーターなどに

よってもとめるのである。

こうした方法によって、体力向上に効果的な運動強度の設定や運動中の身体への負荷水準を客観的に捉えることができる。

どうやったら最大酸素摂取量を大きくできるのか？

体力を向上させるためにはどの程度の運動負荷で、何時間、週何回行なえばよいか、といった事柄は運動処方と言われ、これまで数多くの実験研究が積み重ねられてきた。

体力向上の目安として、最大酸素摂取量を向上させるような運動刺激を得るということが挙げられる。

最大酸素摂取量を向上させるためには、運動は持久的なものである必要があり、最大酸素摂取量の六五〜七〇％負荷（六五〜七〇％$\dot{V}O_2max$）の運動を一回十五〜二十分間、週三回行なうことが効果的であるとされている。

ただし、これは普通の成人を対象としたものであり、スポーツ選手は、最大酸素摂取量の七五〜八〇％負荷の運動を行なう必要がある。

また、婦人を対象として、最大酸素摂取量の五〇％負荷の運動を週三回、一時間継続することによって、最大酸素摂取量の向上が見られたという報告（進藤）もある。したがって、軽い負荷ならば長時間、中程度の負荷ならば十五〜二十分という運動内容が持久的体力を向上させることに効果的であるということになる。

持久的運動としては、ジョギング、サイクリング、速歩などが代表的である。ジョギングブーム華やかなりし頃、アメリカのジャッキー・ソーレンセンは、ジョギングのような単調な運動ではなく、リズムに乗ったダンス形式の運動で持久的体力を向上させることができないか、と考えた。これがエアロビック・ダンスの始まりである。

初期のエアロビック・ダンスは、ジョギングと同様な運動負荷を得ることを目ざしていた。リズムに乗った動きのなかでいかに大きな運動量を上げるかという思慮から、その動きは激しく、繰り返しの多いものにならざるをえなかった。これは、エアロビック・ダンスがアメリカの目ざす肥満と心臓病予防対策の国策と一致して、ジョギングと同様の市民権を得るにはどうしても通らなければならない道すじではあった。

しかし、運動が激しすぎることによる弊害も生じるようになり、より広汎な人びとにも実行できるようなロウインパクト（低負荷）の運動プログラムも工夫されるに至った。このことにより、踊りとビートのきいたリズム、およびファッション性とを兼ねそなえた健康運動として広く世の中に受け入れられ、エアロビクスと言えば、ほとんどの人がエアロビック・ダンスを連想するようにまでなったのである。

図2　筋収縮エネルギー発生過程の簡略図

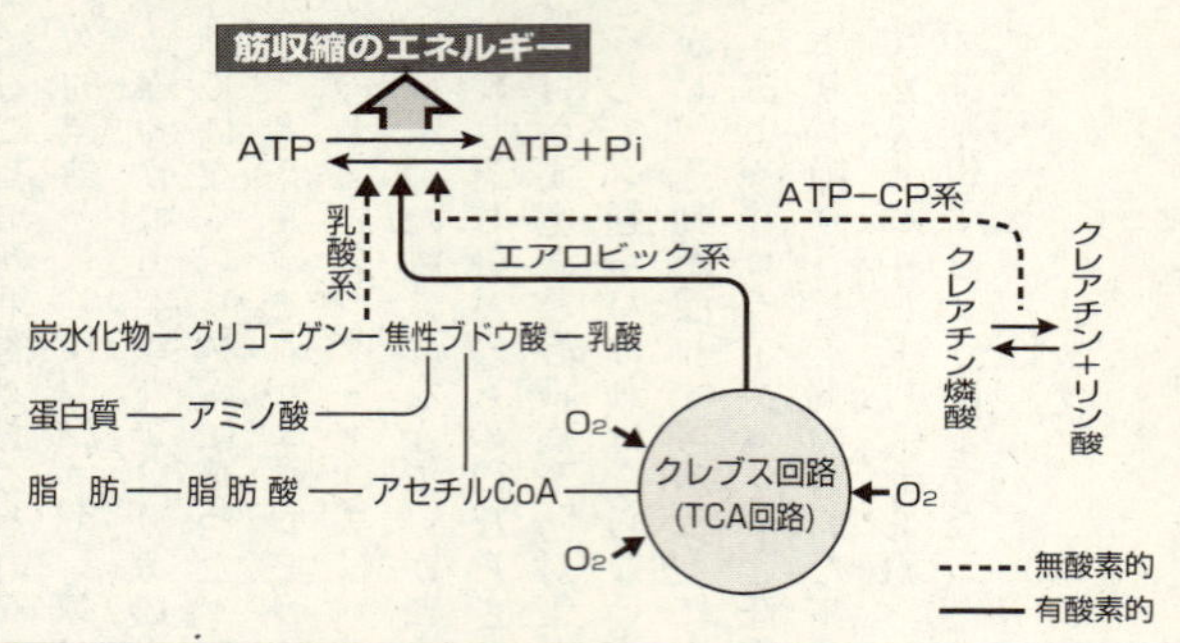

エアロビック運動にはどんな効果があるのか

エアロビクス（aerobics）は、アネロビクス（anaerobics）と対称する言葉である。

エアロビクスとは有酸素的運動であり、アネロビクスとは無酸素的運動である。人間のスポーツ活動にとって、両者はきわめて密接な関係にあり、双方にたいせつな要素であると言える。

エアロビクスという言葉が、肥満と心臓病予防に関連して普及したという背景がある以上、ここでどうしても脂肪代謝について論及しておく必要があるだろう。

われわれの身体のエネルギー源となる三大栄養素とは、炭水化物、脂肪、タンパク質である。これに無機質とビタミンを加えたものが五大栄養素である。これらの栄養素がバランスよく摂取されることが、健康な身体を築く基本である。

ところで、運動と関連して栄養素は次のように利用される（図2参照）。

運動は、筋の収縮によって行なわれるものであるが、筋収縮の直接的エネルギーはアデノシン三燐酸（ATP）がアデノシン二燐酸（ADP）とリン酸（P・i）に分解される際に生じるエネルギーである。

ATP⇅ADP＋P・i

筋収縮を持続的に行なうためには、ADPからATPへの再合成、およびATPそのものの補給が必要である。

ADPからATPへの再合成はもっとも重要な反応であるが、このためのエネルギー供給過程には三つの系路がある。一つはエアロビック（有酸素）系、他の二つはATP―CP系と乳酸系である。ATP―CP系と乳酸系は、酸素の介入なしにエネルギーを供給できることからアネロビック（無酸素）系とよばれている。

炭水化物はグリコーゲンに分解され、さらに焦性ブドウ糖（ピルビン酸）に分解される。このとき、酸素の介入がなければ、乳酸が生成されるかたちでエネルギーを供給することができる。一方、酸素の介入があれば、アセチル助酵素A（アセチルCoA）を経てクレブス回路（TCA回路）に入り、回路を一巡するなかで、多くのエネルギーを供給することができる。

一方、脂肪は脂肪酸に分解されアセチルCoAを経て、クレブス回路に入り、有酸素的な分解が進行してエネルギーを供給する。

タンパク質は、運動中に直接的なエネルギーとなることは少ない。

これらのエネルギー供給過程には、それぞれ運動強度に合わせた働き方がある。

ひじょうに短時間（七秒以内）の激しい運動では、主としてＡＴＰ—ＣＰ系が働く。この系はクレアチン燐酸がクレアチンとリン酸に分解するときに発生するエネルギーをＡＴＰの再合成に利用する。

三十秒から一分間程度持続する激しい運動では、乳酸系のエネルギー供給が主役となる。

そして、三分以上持続する運動ではエアロビック系が主体となる。持久的運動がエアロビック運動と言われるのはこのためである。

ところで、短時間の激しい運動では脂肪が燃焼されることはない。脂肪は、エアロビック系によってのみエネルギーとして利用されるからである。

短時間の激しい運動では、グリコーゲンの無酸素的な分解により、乳酸が生成される。乳酸が、ある一定水準に達すると、筋は収縮できなくなる。また、乳酸は疲労物質として筋の活動を抑制するため、持久的運動の場合にも、運動遂行の抑制効果として働くようになる。

長時間持続する運動の場合は、乳酸は生成されても、運動中に除去されるが、生成が除去能力を上回るようになると、血液中に乳酸が急速に蓄積されるようになる。生成と除去能力のバランスが崩れて乳酸が急速に蓄積しはじめる臨界点が、無酸素的作業閾値（Anaerobic Threshold：AT）、または乳酸性作業閾値（ＬＴ）とよばれるもので、血液中の乳酸濃度が四ミリモルの付近である。

持久的運動を行なった場合、よくトレーニングしている長距離・マラソン選手では、脂肪を有効に燃焼させ、炭水化物を燃焼させる割合が相対的に少ない。しかし、一般人では、炭水化物をエネルギー源として利用し、脂肪を燃焼させる能力が低い。このため疲労物質としての乳酸も生成されやすい。

持久的トレーニングを続けてゆくことによって、徐々に脂肪利用の割合が増加してゆく。このことが持久的トレーニングの大きな効果の一つである。

また、一般人の場合でも、低運動負荷で長時間にわたって運動を持続してゆくと、脂肪燃焼の割合が増加してゆく。

脂肪を運動によって燃焼させるためには、有酸素的運動を長時間持続することが必要なのである。このことがエアロビック運動が肥満防止や肥満対策に有効とされる理由である。

これらのことから、エアロビック運動では、①最大酸素摂取量の維持・増大、②運動中の酸素利用効率の高進、③脂肪代謝の促進、といった三つが柱となっているということができよう。

一流ランナーの最大酸素摂取量

最大酸素摂取量はトレーニングによって高められるが、トレーニングを中止すれば短期間のうちに低下してくる。したがって高い水準の最大酸素摂取量を維持するためには、トレーニングの継続が必要である。

最大酸素摂取量の大きさは、長距離・マラソン選手にとって、競技成績に影響を与える要素としてきわめて重要である。これまで多くの研究者によって、長距離走成績と体重あたり最大酸素摂取量との間にr＝〇・八〇〜〇・九一の高い相関関係があることが報告されている。

わが国男子一流マラソンランナーであった中山竹通と瀬古利彦、宗茂、宗猛選手たちの体重あたり最大酸素摂取量は、七八〜八二ミリリットル／キログラム／分である。これらの値は、他の世界一流選手の値とほぼ同水準である。体重あたり量だけを取り上げると、小柄で体重が少ない選手では相対的に高い値となりやすい。

体重あたり最大酸素摂取量がもっとも大きかったのは、メキシコオリンピック二位の君原選手で八四・四ミリリットル／キログラム／分、メキシコ、ミュンヘンオリンピック代表の宇佐美選手が八三ミリリットル／キログラム／分である。前記の選手の値が七八〜八二ミリリットル／キログラム／分とやや小さい感じがするのは、身体が大きく、より筋肉質の身体がマラソンランナーにとって必要になってきたためであろう。

近年のマラソンレースにおける先頭争いでは、レースの駆け引きが巧妙となり、途中でのスパートや激しいスピード変化が行なわれるなど、レースの内容が多様化、複雑化している。したがって、マラソン選手の体力的要素について見ても、必ずしも、従来長距離選手に必要な体力要素として考えられていた持久的だけでは充分ではなく、ダッシュ力や緩急のスピード変化に対応できる総合的な体力が重要視されるようになっている。

実際のマラソンでは、最大酸素摂取量の七五〜八五％水準でレースが行なわれているが、この点については個人差が大きいようである。

しかし、近年のスピードマラソンでは、最大酸素摂取量の上限が人間としてのほぼ限界に達しているので、いかに最大酸素摂取量に近い水準の酸素摂取量を維持しながら、効率のよい走り方ができるか、ということが課題になっている。ちなみに、一般の健康マラソンでは、走行中の酸素摂取水準は、最大酸素摂取量の四五〜六〇％である。

日本陸上競技連盟では、一九九〇年から、長距離・マラソン選手の本格的な高地トレーニングを開始した。これには陸連科学部のスタッフも参加し、医学、生理学、栄養学、心理学の面から、選手のコンディションづくりとトレーニング効果の向上に向けて組織的活動が行なわれている。高地トレーニングの主たる目標も酸素利用効率の改善にあると言ってよい。

年齢とともに最大酸素摂取量はどう推移するのか？

最大酸素摂取量は、思春期発育期に急激に増大し、二十〜二十五歳でピークに達する。ピークの高さは、持久的トレーニングの有無、および遺伝的資質に影響されることについては先述した。

図３　個人別にみた最大酸素摂取量の年齢的推移（追跡的調査による）
（小林）

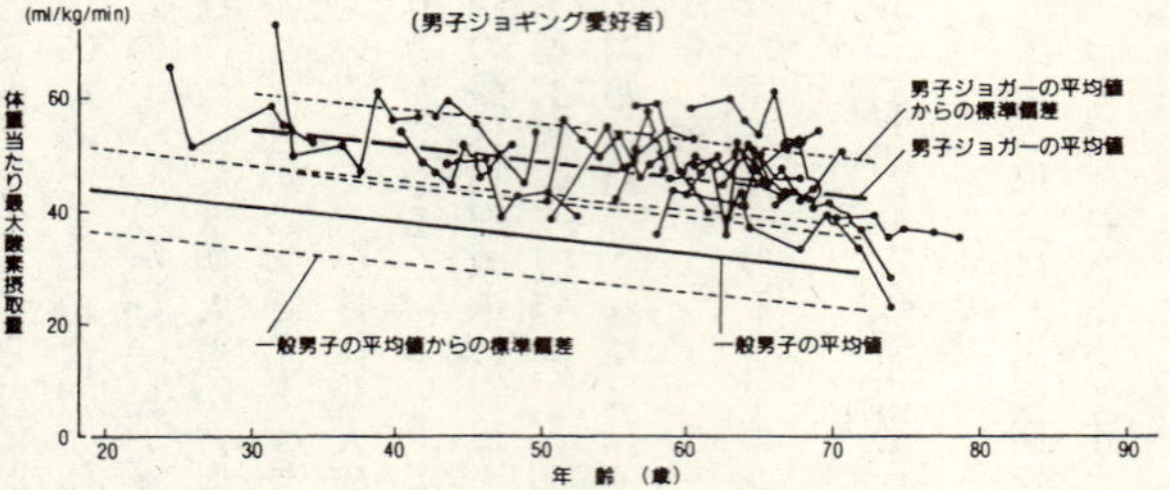

最大酸素摂取量は、三十五歳以後では年齢にともなって低下していく傾向が見られる。一般的傾向として、日常的に運動を実施している人びとと運動をしていない一般人とでは最大酸素摂取量の大きさに差があるが、年齢にともなう低下の割合にはあまり差が見られない。持久的な身体トレーニングを行なっても、行なわなくても、年齢にともなって最大酸素摂取量が低下する様子は、世界各国の資料においてほぼ同程度であると言ってよい。しかし、最大酸素摂取量の個人的推移を追跡測定によって捉えてみると、年齢による変化の様子はまちまちで、年齢の要因よりもむしろ日常の運動実施の影響が大きいことがわかる。しかし、六十五歳以上の年齢層について見れば、それまでと同じような運動頻度を保っていても、年齢にともなう低下が生じるようになる（図３）。

走運動のような激しい運動では、六十五歳以上になると、それまでの運動強度や運動量を維持することができなくなり、強度も量も減少を余儀なくさせられる。その原因は、主として疲労回復が遅れるようになるためである。それは酵素活性の低下と密接に関連している。

マスターズ陸上競技大会に優秀な成績をおさめている四十六歳から八十歳の日本人長距離ランナー二十二名の呼吸循環機能の調査報告は、年齢別の体重当たり最大酸素摂取量について、四十歳代六三・八ミリリットル／キログラム／分、五十歳代五七・六ミリリットル／キログラム／分、六十歳代五一・〇ミリリットル／キログラム／分、七十～八十歳代四六・八ミリリットル／キログラム／分という値を示している（樋口、一九八七年の報告）。

各年齢別の最高値を見ると、六十歳代五六・四ミリリットル／キログラム／分、七十歳代四九・八ミリリットル／キログラム／分、八十歳代四八・二ミリリットル／キログラム／分となっており、これらの値は二十歳代の一般男子の平均値四五ミリリットル／キログラム／分に比較して七～二五％大きな値である。

八十六歳でフルマラソンを完走した人の最大酸素摂取量

一般人の健康増進プログラムを考える場合には、トレーナビリティを考慮する必要がある。トレーナビリティとは、トレーニングの可能性の範囲のことである。若い人のトレーナビリティは大きく、加齢とともにトレーナビリティは小さくなる。

トレーナビリティの大きい人にとっては、激しいスポーツを行ない、おおいにからだを鍛えることが望ましい。その方法は、スポーツトレーニングとして最高能力を目ざすものでよい。しかし、トレーナビリティが小さくなってくる中・高年者や低体力者では、いわゆる健康増進プログラムを意図した身体トレーニングであることが重要な意味をもつようになる。健康増進のプログラムとしては、必ずしも高い心拍数で激しい運動を行なうものである必要はない。軽い負荷の運動を持続することで、運動の効果を充分に得ることができるからである。

トレーニングを積んでも、最大酸素摂取量の増大は少なく、値そのものが小さいからといって悲観する必要はない。

たとえば、わが国の九十三歳まで現役ジョガーであったZ氏の最大酸素摂取量は、八十九歳時に一・五四リットル／分、体重あたり量二三・三ミリリットル／キログラム／分であり、九十歳時の値はそれぞれ一・四四リットル／分、二一・〇ミリリットル／キログラム／分だった。これは決して大きな値ではない。

Z氏は、八十六歳時にホノルル・マラソン（四二・一九五キロメートル）を八時間三十八分で完走している。Z氏の例に見られるように、ゆっくりと長い距離を走る場合には、最大酸素摂取量が必ずしも高い値である必要はないようである。Z氏は九十歳時で、なお毎日五～八キロメートルのジョギングを行ない、週一回ずつ、卓球教室と体操教室に通っておられた。

最大酸素摂取量を向上させることはたいせつだが、酸素利用の効率を高め、自己がもつ能力を有効に生かすことによって、超高齢者も健康で活動的な生き方ができることをZ氏のデータは物語ってくれている。

意外に知らない
筋肉のメカニズム

宮崎義憲（東京学芸大学教授）

筋がどのようにして収縮するかという、筋収縮のメカニズムについては、次のように大きく三つの観点から考えることができる。

①筋の微細構造から見た筋収縮のメカニズム

骨格筋はその標本を顕微鏡でのぞくと、図1のように、明るく見える部分（I帯）と暗く見える部分（A帯）が交互に並んで、規則正しい横紋を形成している。また、I帯の中央部はZ膜によって区分され、A帯を占める太いほうの細糸をミオシンフィラメント、I帯を占める細いほうの細糸をアクチンフィラメントとよんでいる。

筋収縮の命令が筋線維に到達すると、筋小胞体内にあるCa（カルシウム）イオンが放出され、それがアクチンフィラメントとミオシンフィラメントの活性を高め、アクチンフィラメ

図1　骨格筋の微細構造の模式図

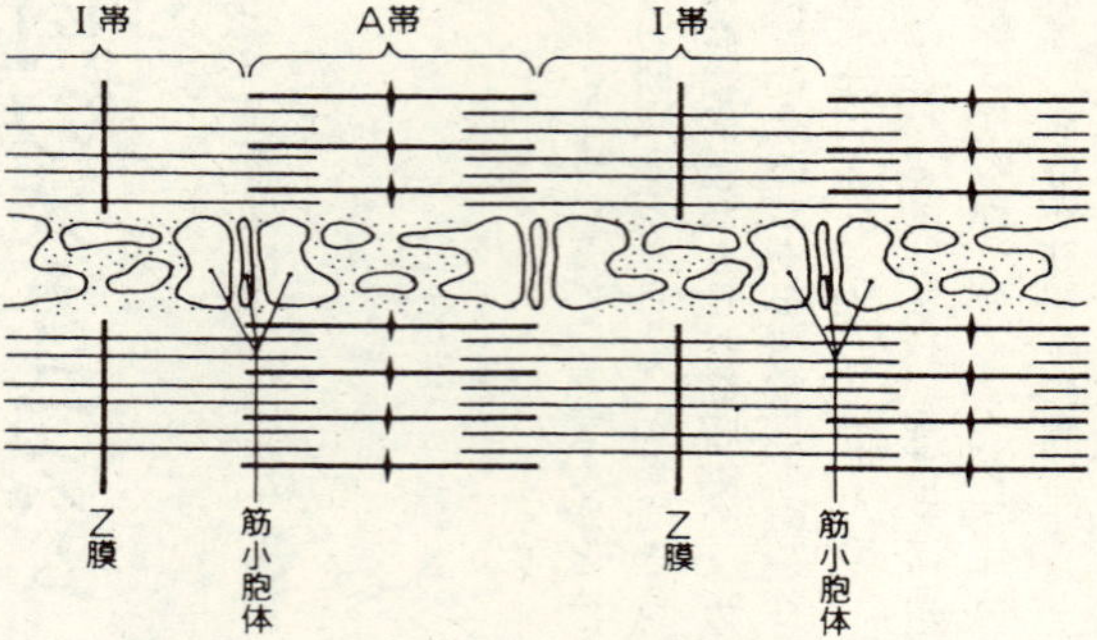

ントはミオシンフィラメントの間に滑り込むように引き寄せられる。その結果、Z膜とZ膜との間が短縮しようとし、筋の収縮が起こる。このようなフィラメントの滑り込みによる筋収縮のメカニズムは、ハックスレーの滑走説とよばれている。

②電気的現象から見た筋収縮のメカニズム

微小電極を筋肉内に挿入し、筋細胞の内側と外側との電位差を測定すると、弛緩した筋では、その筋細胞の内側は外側に対して負の値となる。これは筋細胞の内側は細胞膜の通過性の高いK（カリウム）イオンが多く、負に帯電し、逆に細胞の外側は、膜の通過性の低いNa（ナトリウム）イオンが多く、正に帯電しているためである。

筋にある一定以上の強さの収縮命令が到達すると、筋細胞膜の透過性が高まり、正に帯電したNaイオンは細胞内に流入し、逆に負に帯電したKイオンは細胞外に流出する。このような筋細胞膜の内側と外側とにおける極性の逆転現象は脱分極とよばれ、そのときに筋の収縮が起こる。このような筋の電気現象を活動電位として記録したのが、筋電図である。

③エネルギー代謝から見た筋収縮のメカニズム

筋の収縮は、アクチンフィラメントとミオシンフィラメントの相互作用によって起こるが、そのためにはエネルギー源が必要である。その筋収縮のエネルギー源は、筋肉内にあるアデノシン三燐酸（ATP）である。すなわち、ATPが一個の燐酸を遊離し、アデノシン二燐酸（ADP）に分解されるときのエネルギーが、筋収縮の直接的なエネルギー源として利用される。

しかし、このATPは筋肉内にわずかしか存在していないため、ただちに再合成されなければならない。その再合成のエネルギー源として利用されるのは、クレアチン燐酸（CP）がクレアチンと燐酸に分解するときのエネルギーである。なお、ATPやCPの分解による筋収縮は数秒程度しか持続できないため、それ以上になるとグリコーゲンの分解によるエネルギーが利用される。

筋収縮の様式には二つある

筋の収縮により、一定の張力が発揮される。その張力発揮の際の収縮については、その収縮様式から、図2のように分類できる。すなわち、筋収縮の様式は、張力を発揮する際に、

図２　筋収縮の様式の分類

- 筋収縮の様式
  - 等尺性収縮 (Isometric Contraction)
  - 等張性収縮 (Isotonic Contraction)
    - 短縮性収縮 (Concentric Contraction)
    - 伸長性収縮 (Eccentric Contraction)

筋の長さが変化する場合としない場合とに大きく分けられ、前者は等張性収縮（Isotonic Contraction）、後者は等尺性収縮（Isometric Contraction）とよばれている。たとえば、ウエートトレーニングでバーベルを持ち上げたり、引きつけたりする場合は、筋の長さの変化を伴うことから等張性収縮である。これに対し、バーベルを一定の高さで支えたり、重すぎて動かないバーベルを持ち上げようとしたりする場合は、張力を発揮しても筋の長さが変化しないことから等尺性収縮である。

　等張性収縮については、さらに筋の長さの変化のしかたから、次のように分けられる。すなわち、筋が短縮しながら張力を発揮する場合を短縮性収縮（Concentric Contraction）、筋が伸長しながら張力を発揮する場合を伸長性収縮（Eccentric Contraction）とよぶ。たとえば、腕相撲における上腕二頭筋（肘の屈筋）の収縮を例に説明すると、相手を自分のほうに引きつけ、まさに勝ちそうな場合は筋が短くなりながら収縮する短縮性収縮、逆に自分が相手のほうに引き寄せられて、まさに負けようとしているときは筋が引き伸ばされながら収縮する伸長性収縮である。なお、両者の力が拮抗し、どちらにも動かないときは、筋の長さに変化が生じない等尺性収縮である。

筋力を高めるトレーニングは、このような筋の収縮様式の違いからいくつかのトレーニング法に分けられる。すなわち、もっとも一般的な方法はバーベルやダンベルなどを用いるコンセントリックトレーニング、特別な器具を用いないでも手軽にできるアイソメトリックトレーニング、自分よりも筋力の強い相手に対して抵抗するエキセントリックトレーニングなどである。

筋力トレーニングによって筋はどう変化するのか

筋力の向上を目的としたトレーニングとして、ウエートトレーニングがある。このトレーニングは、筋肉に一定以上の重量負荷を与えることにより、筋肉に作業性肥大を起こさせようとするものである。その方法は、最大筋力の六〇～八〇％程度の重量負荷を、八～十回程度反復して持ち上げ、それを二～三セット繰り返すのが一般的である。

筋肉トレーニングによる筋力の向上には、二つのメカニズムが考えられる。一つは、トレーニングによる筋の肥大であり、もう一つは神経系によるトレーニング効果である。神経系によるトレーニング効果とは、一定以上の負荷重量に対して全力を発揮するとき、意識を集中させ、この意識の集中が大脳の運動中枢の興奮性を高めて、その結果として筋力発揮に動員される運動単位の数が増加し、筋力が高まることである。

筋力トレーニングの初心者では、トレーニングの初期において筋力が著しく向上することがある。このような筋力の向上は、筋の肥大によるのではなく、トレーニングの重量負荷に対する筋力発揮に意識を集中したため、動員される運動単位数が増大し、その結果として起きたものと考えられている。

なお、このようなトレーニングをさらに長期間継続すると、徐々に筋の肥大が生じる。ヘッティンガーは、筋力は筋の横断面積に比例し、性差や年齢差に関係なく、一平方センチメートルあたり約四キログラムと報告している。その後、猪飼は日本人を対象として同様な実験を行なった結果、一平方センチメートルあたり約六キログラムだったと報告している。いずれにしても、筋の肥大は筋力を増大させるものである。

筋力トレーニングによる筋の肥大のメカニズムについては、現在必ずしもすべてが明らかにされているわけではない。ただ、筋の肥大には、テストステロンという男性ホルモンが重要な働きをすることが知られている。このホルモンは、幼児期にはほとんど分泌されないが、思春期になると急に分泌量が増加し、とくに男性では多量に分泌される。この男性ホルモンは、男性では精巣、女性では副腎皮質から分泌され、骨格筋に対して、そのタンパク同化作用を促進し、筋の肥大を促す働きをしている。

ソウル・オリンピックの陸上競技男子一〇〇メートル種目において、ベン・ジョンソンが驚異的な記録で優勝したが、筋力増強剤のアナボリック・ステロイド使用のドーピングにより、金メダルを剥奪されたことは記憶に残っている。アナボリック・ステロイドとは、筋肉の肥大を促進するタンパク同化作用の強いステロイド系ホルモンの一種であり、筋力トレーニングとともに服用すれば、筋肉の増強はいちだんと強まる。しかし、その副作用として、肝機能や生殖機能の障害、心臓血管系の疾患など、健康上の危険性がきわめて高いのである。そのため、国際オリンピック委員会ではアナボリック・ステロイドをドーピングの禁止薬物として指定し、違反した選手を失格としたのである。筋の肥大による筋力の向上は、やはり筋力トレーニングにおける生理的適応によるべきなのである。

筋線維にはどんな種類があるのか？

人間の骨格筋には、収縮速度が速く、発揮張力も大きいが、疲労しやすいという特徴をもつ筋線維と、収縮速度が遅く、発揮張力も小さいが、疲労しにくいという特徴をもつ筋線維がある。これらの筋線維は、その収縮特性から、前者は速筋線維、後者は遅筋線維とよばれている。

これら二種類の筋線維は、身体各部のそれぞれの筋肉内に一定の割合で交じり合っている。一般に、身体や身体部位を敏速に動かすことを余儀なくされた筋肉では速筋線維が多く、長時間にわたって弱い筋力を発揮し続けることを余儀なくされた筋肉では遅筋線維の割合が多い。身体の筋肉では、速筋線維は外側広筋や大腿直筋の表層部、上腕三頭筋、腓《ひ》腹筋などで多く、遅筋線維はヒラメ筋、大殿筋、脊柱起立筋、横隔膜などで比較的多い。

筋線維の種類については、このような筋の収縮特性による分類のほかにも、いくつかの分類法がある。このような筋線維タイプの分類は、そもそも一九七三年にランビエールが動物の骨格筋を、その色調の違いから「赤筋」と「白筋」とに区別したのが始まりである。それ以来、多くの研究者がいろいろな方法によって筋線維のタイプを分類している。しかし、その主なものは、筋肉標本を化学的に染色し、その染まり具合から筋線維の形態的、機能的特徴を探る組織化学的方法と、針電極を用いた筋電図や電気刺激による発揮張力の分析などによって機能的特徴を探る電気生理学的方法の二つである。

これらの方法による分類では、速筋線維は白筋線維、速筋（FT）線維、あるいはタイプⅡ線維、遅筋ST線維は赤筋線維、SO線維、あるいはタイプI線維ともよばれる。また、最近では両方の筋線維の特徴を合わせもった筋線維として、中間筋線維あるいはFOG線維の存在が明らかにされている。

その人のもつ筋線維のタイプによってスポーツにも向き・不向きがある！

図3は、各種競技の一流選手について、外側広筋における遅筋線維の構成比を比較したものである。マラソンや水泳、陸上長距離などの、持久的な種目に属する競技の選手の筋線維組成は、遅筋線維の占める割合が七〇～八〇％と、著しく高い値を示している。これに対し、

図3　各種競技選手の筋線維組成
(フォックスら、1981年)

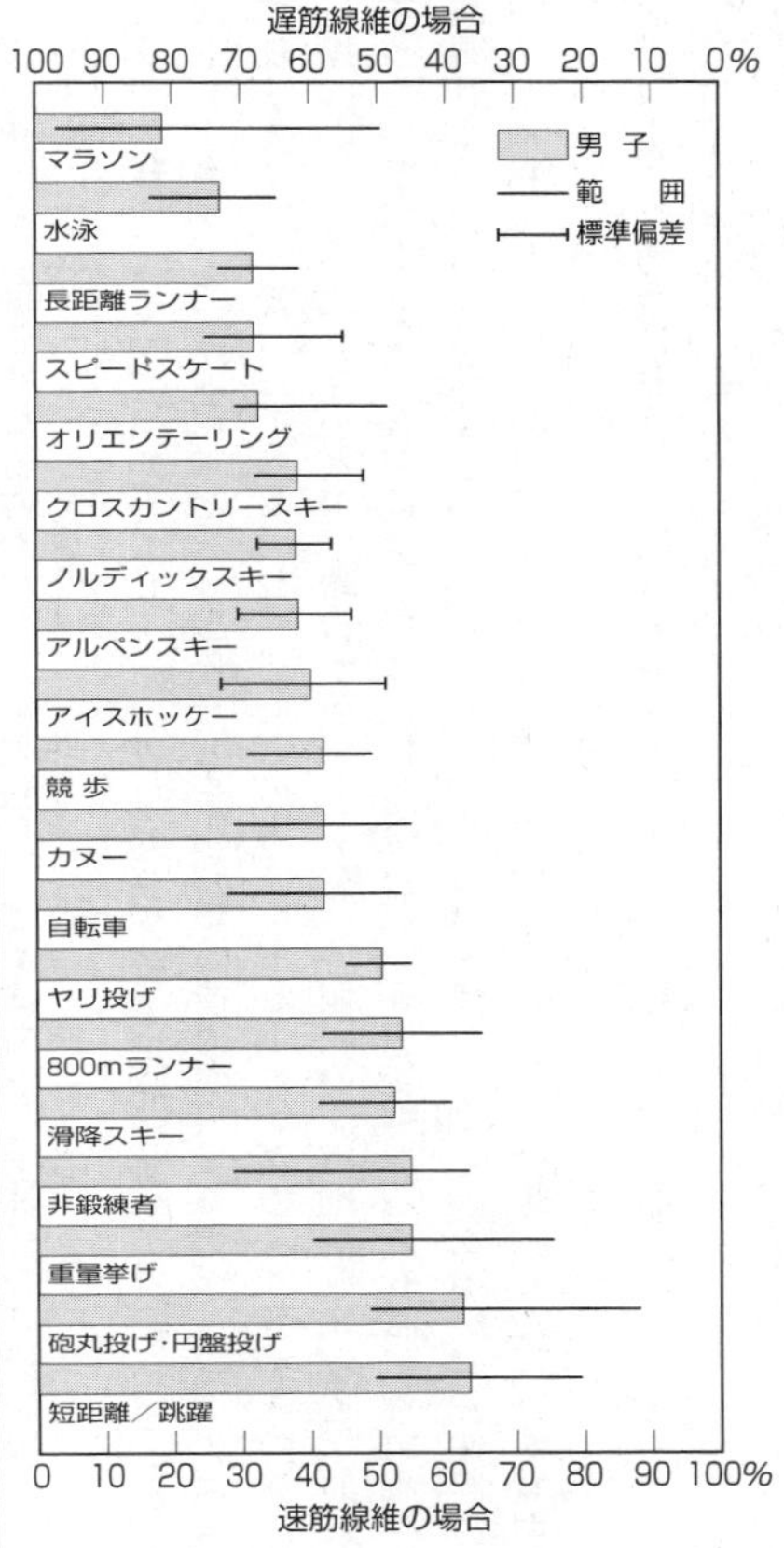

陸上短距離、跳躍、投擲《てき》、あるいは重量挙げなど、瞬発的な種目に属する競技選手は、逆に遅筋線維の占める割合は四〇～五〇%と、著しく低い。

このようにそれぞれの種目で活躍している一流選手は、それぞれの種目に必要とされる筋線維組成の割合が高いことがわかる。したがって、持久的な体力をより必要とするスポーツ種目では遅筋線維、瞬発的な筋力やパワーをより必要とするスポーツ種目では速筋線維の構成比の高い選手が有利である。

これまでの研究によって、筋力トレーニングは遅筋線維、速筋線維ともに肥大すること、持久的トレーニングでは両線維とも、酸化能力や脂肪燃焼能力が高まり、グリコーゲン含有量が増加することが知られている。しかし、このようなトレーニングでも、各個人の筋線維構成比はほとんど変化しないという報告が多い。また、各個人の筋線維構成比は遺伝的にほぼ決まっていて、トレーニングによっては変化しないという報告もある。もし、各個人の筋線維構成比が生まれつき決まっているとすれば、自分はマラソン型か、あるいは短距離型かを早い時期に判定し、その結果に基づいてスポーツ種目や競技種目を選択したほうが賢明かもしれない。

なお、スポーツ選手における筋線維構成比の判定は、一般に外側広筋のバイオプシー（生体筋標本採取法）によって行なわれる場合が多い。

疲労は運動のビタミン剤？

疲労によって体力は向上する！

矢部京之助（大阪体育大学教授）

疲労には二つの顔がある。疲れてくると、仕事ははかどらず、気持はいらいらしてくる。疲れがたまれば、食欲不振や睡眠不足になり、ときには病気を引き起こすことがある。このように、疲労という言葉は、筋肉痛や肩こりのように、とかくマイナスのイメージが強い。

疲れは健康のあかし

ところが、疲労にはプラスの面もある。プラスの第一は、疲労から逃れるために、今日の機械文明や省力機械が生まれてきたことである。おかげで、生活にゆとりをもてるようになってきた。プラスの第二は、疲労が健康や体力を向上させることにかかわっていることである。たとえば、スポーツをしたり、体力アップを図れば、疲労は必ず顔を出す。この疲れ具合を手がかりにして、トレーニングの量や強さを決定することができる。疲れないほどの弱いトレーニングでは、その効果は現われない。疲労と休養の組合せによって、健康や体力は増強されている。これが疲労のもつプラス面であり、疲労が健康の維持や体力向上に欠かせないことの証拠と言える。

疲労とどうやってつき合うべきなのか⁉

スポーツや筋肉労働をしたときに現われる身体的な疲労は、グリコーゲンなどのエネルギー源の消耗や、乳酸などの代謝産物の蓄積によって起こるので、充分な休息と睡眠、そして栄養の補給を図ることで回復する。

試合の直前やスコアが拮抗しているときは、精神的な緊張が高まり、精神的な疲労が現われる。試合に勝てば、それまでの疲れなど嘘のように吹き飛んでしまう。ところが、逆転されたり、負けが決まった途端に、それまでの疲れがいっきに吹き出してくる。

これほど身近な疲労も、その実態についてはわからないことが多い。私たちはなにげなく疲労とか、疲れたとか言っているが、それは疲労の本態を意味しているのではなく、疲労という現象を見ているにすぎないのである。疲労の特徴は、疲労そのものはスポーツや作業の結果として現われる生理的現象であって、精神的・身体的な活動を中止すれば、もとの状態に戻ることである。

健康ならば、休養と栄養をとるだけで、その日のうちか、二、三日のうちに疲労から回復する。しかし、回復しないままに次の疲労が重なると、疲労は蓄積されて、ついには病的状態に陥る。これが慢性疲労であり、しだいに体調をくずし、スポーツの成績は向上するどころか、種々の病気を誘発することになる。

一口に疲労と言っても、その現象は多種多様であって、単一の現象として取り扱うことのできない多面性をもっている。したがって、疲労の発生を抑えたり、遅らせたり、疲労の解消を早めるためには、疲労がどのようなタイプであるかを見極めることが大切である。

疲労は次のように定義されよう。疲労とは、「病気以外の原因によって作業能力が一過性に低下した状態で、多くの場合に疲労感を伴う現象」である。

疲労は健康なからだを守るための警報装置と考えられる。疲労のタイプや特徴を見極めることによって、疲労を避けたり、早く回復させたりすることができる。疲労は病気ではないので、休息や休養をとることによって、もとの状態に回復する。

ところが、疲労の感じ方や回復の仕方は、人によって違いがある。総理府が行なった国民の意識調査によると、「疲れを感じる人」は、二十歳代では五三％、四十歳代では六八％、六十歳代になると七一％にも増加する。

疲労の回復について、「一晩の睡眠で疲れがとれる」と回答した人は、二十歳代では七四％もいるが、四十歳代では六二％、六十歳代になると四八％に減少する。年齢が高くなる

表1　年齢別にみた疲労のタイプと回復（矢部、1986）

年齢	疲労のタイプ	疲労の回復
10代	筋肉の疲労が主体である。 からだを動かすことに慣れている。	疲れを知らないくらいに回復が速い。
20代	筋肉の疲労に精神の疲労が加わってくる。 からだを動かすことが減ってくる。	回復に時間がかかるようになる。
30代	精神疲労が増えてくる。 筋肉疲労をセーブすることを覚える。	回復が遅くなる。 からだのコントロールを覚えてくる。
40代	疲れの発現が遅くなる。	能力の限界を知って自分自身でコントロールするようになる。 独自の疲労解消法をあみ出す。
50〜60代	疲れの経験が少なくなる。 疲労を防ぐ知識が身についてくる。	力の出し方、抜き方などの力の配分を覚える。 自分をコントロールする知識を身につけた者とそうでない者との個人差が大きくなる。

につれて、疲れを感じる度合いは増え、一晩の休養ではなかなか回復しないようである。そのうえ疲れ方や回復の仕方は、年齢によって違ってくる（表1）。

遊ぶことが仕事の子どもは、今まで走り回っていたかと思うと、いつの間にか疲れはてて寝てしまう。起きたときは、すっかり回復し、また遊び回る。これは身体疲労による、健康的で心地よい疲労である。

対照的なのが大人の場合である。年齢が高くなるにつれて精神的ストレスは増え、逆に筋肉を動かす時間が減ってくる。年とともに「気疲れ」といった精神疲労が中心になり、こうなると疲れはなかなか抜けないことになる。しかし、年齢が高くなるにつれて、疲れやすくなる一方で、疲労をコントロールする知識が身についてくる。

図1　事務作業者がもっとも疲れを感じる時刻
（大島、1979）

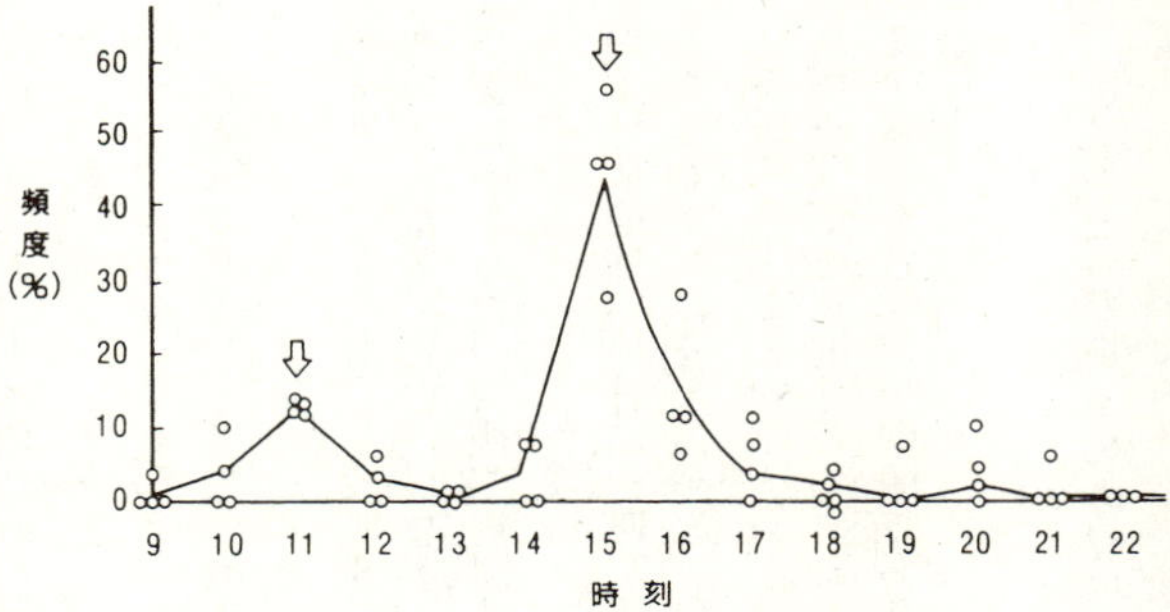

疲労しやすい時間帯、時間的周期がある

人には好・不調の波があるように、疲れにも波がある。同じ内容の仕事をする場合にも、ブルー・マンデーと言われる憂鬱な月曜日よりも火曜日のほうが能率は上がり、疲れも少ない。また、一週間のうちでも、週末にむかって能率は低下し、疲れも大きくなってくる。一日のなかにも同じような波がある。図1は、デスク・ワークをしている人の自覚的な疲れを感じる時刻を示したものである。もっとも疲れを感じる時刻は、午前では十一時頃、午後では三時頃にピークが現われる。疲れの程度は午後のほうが大きい。午後の三時頃に、休憩をとる必要が出てくるわけである。休憩や休養をとることは、次の仕事の能率を高めるために欠かせないものである。

休養をとらずに仕事を続けると、作業ミスや事故が増えてくる。たとえば、三交替で勤務しているガス検針係のミスを二十年間にわたって調べたところ、作業ミスの発生は午前六時から十二時までの「日勤」でもっとも少なく、「夕勤」ではやや増え、二十二時から翌朝六時までの「夜勤」がもっとも多いと報告されている。

今日ではほとんど見かけなくなったが、電話交換手が呼出しに応答する早さは、午前三時から四時にかけてもっとも遅くなると言われている。交通事故の発生状況にも、同じような傾向が見られる。事故の件数は交通量の多い昼間に多発するが、事故件数あたりの死亡者数は夜半に多い。しかも、死亡につながるほどの大きな事故は明け方近くに集中している。このような事例は、からだの機能と無関係でないことを意味している。つまり、からだの生理機能が低下しているときに、作業ミスや事故が多発するのである。

からだの生理機能は、一日二十四時間の周期で働くことが多い。これは、生体が自然環境に適応するための一つの姿と言える。夜明けに副腎皮質ホルモンの分泌があると、組織から血液中にエネルギー基質が動員され、次の活動にむけての備えができあがる。ヒポクラテスは、生理機能や習慣を規則正しくすることが健康を維持するためにはもっとも大切であると述べている。機能や習慣が規則的であれば健康であり、不規則であれば病気にかかりやすいというのである。

疲労にはどんなものがあるのか⁉

疲労の発生する部位は多岐にわたるが、一般的に次のように分類される。

a. 精神疲労と身体（肉体）疲労
b. 中枢性疲労と末梢性疲労
c. 急性疲労と慢性疲労
d. 局所（筋）疲労と全身疲労

筋力を繰り返し発揮すると、筋力はしだいに低下してくる。これが筋疲労である。疲労の生じる部位は、運動の指令を出す大脳皮質から、筋の収縮を起こす筋線維までのいろいろな段階にそれぞれある。したがって、疲労の発現する部位を次の三つにしぼると理解しやすい。すなわち、a. 中枢神経系　b. 神経筋接合部　c. 筋線維である。

図2　中枢性疲労と末梢性疲労の起こる部位
（矢部、1989）

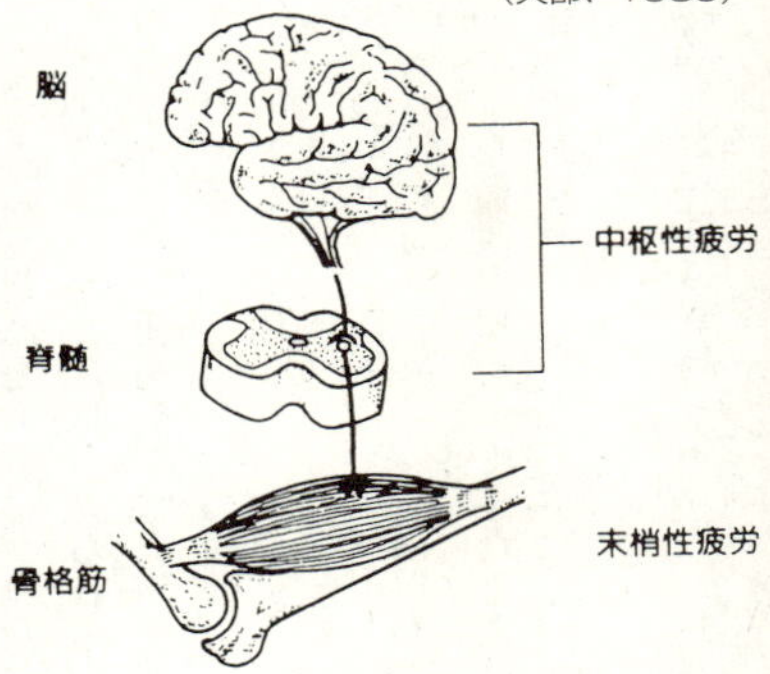

aが中心になって起こる疲労を中枢性疲労、bとcを末梢性疲労とよんでいる（図2）。

スポーツの場面で現われる疲労は、多くの場合に、筋の活動による末梢性疲労が優勢であるが、中枢性疲労も出現する。具体的な疲労の徴候としては、注意力が低下し、判断力が鈍り、反応が遅くなる。競技開始前やスタートの直前では、強い精神的緊張を強いられるので、精神疲労、いわば中枢性疲労が生じることになる。

ところで、休養や睡眠をとっても、疲れが抜けないうちに次の疲労が重なると、疲労はしだいに蓄積されて「慢性疲労」に陥る。こうなると、疲労はなかなか回復しないばかりでなく、生理的機能の低下や器質的障害を招くことになる。「疲労骨折」や強烈な音を長時間にわたって聞き続けたために起こる「内耳の局所性破壊」などが、その典型例である。

「慢性疲労」のうちで、疲労の程度が進み、健康障害を伴うようになったものを「過労」とよんでいる。このときの症状には、全体的に活気がなく、顔色も悪く、行動が鈍くなるなどがある。また自覚症状としては、全身に力が入らず、からだが重く感じ、意欲もわかず、食欲が低下するといった症状が見られる。また、場合によっては心悸亢進、冷汗、下痢、便秘などの自律神経系の変調や不眠、不安、焦燥などの神経症に近い症状になることがある。

・注意力の低下
・感受性の低下
・思考力の低下
・興味の低下

このような徴候が現われてきたときには、その原因を究明し、できるだけ早く除去することが肝要である。

疲労物質の正体は乳酸だ！

図3　疲労のタイプ

（矢部、1986）

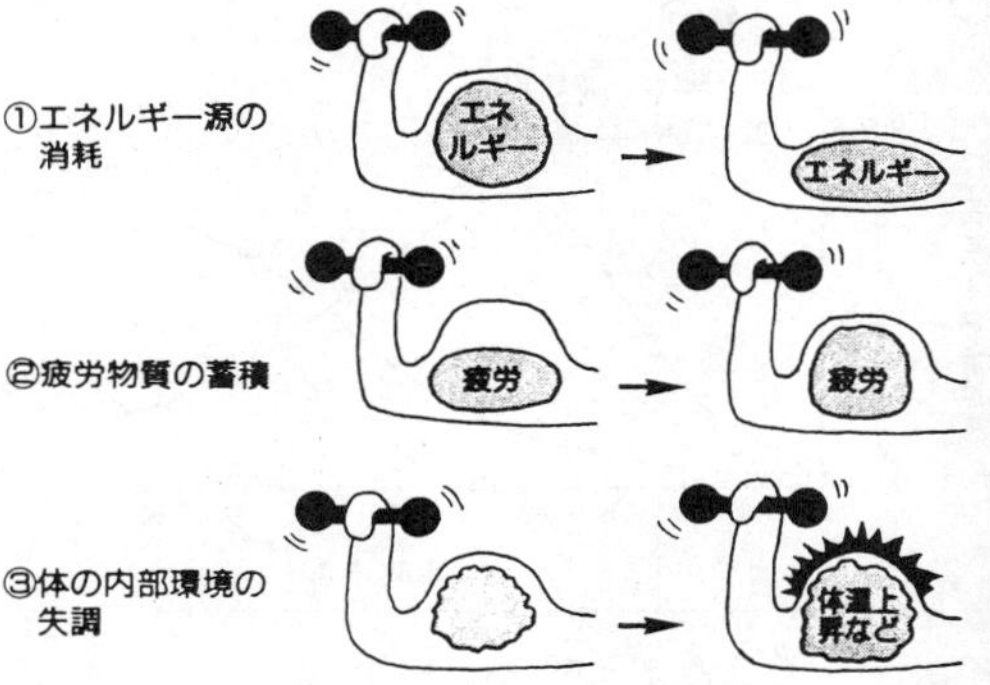

疲労の本態やメカニズムについては今のところ明らかでないが、代表的な疲労の原因には次のような説がある（図3）。

a．エネルギー源の枯渇による疲労

b．疲労物質の蓄積による疲労

c．内部環境の失調による疲労

エネルギー源の枯渇による疲労は、筋肉作業や精神作業に必要なエネルギー源の消耗によって疲労が起こるという説である。スポーツや筋作業をするためには、筋を収縮させるエネルギー（アデノシン三燐酸＝ATP）が必要である。ATPは筋肉内に少量しか蓄えられないので、筋収縮を長く続けるためには、ATPを再合成しなければならない。

ATPの再合成に必要なエネルギーは、クレアチン燐酸（CP）の分解によってもたらされる。しかしこの反応が加わっても筋収縮は数秒間しか続かないので、筋肉や肝臓にあるグリコーゲンを分解してATPを再合成しなければならないことになる。

図４　運動時間とエネルギー供給方式
（クエルたち、1972）

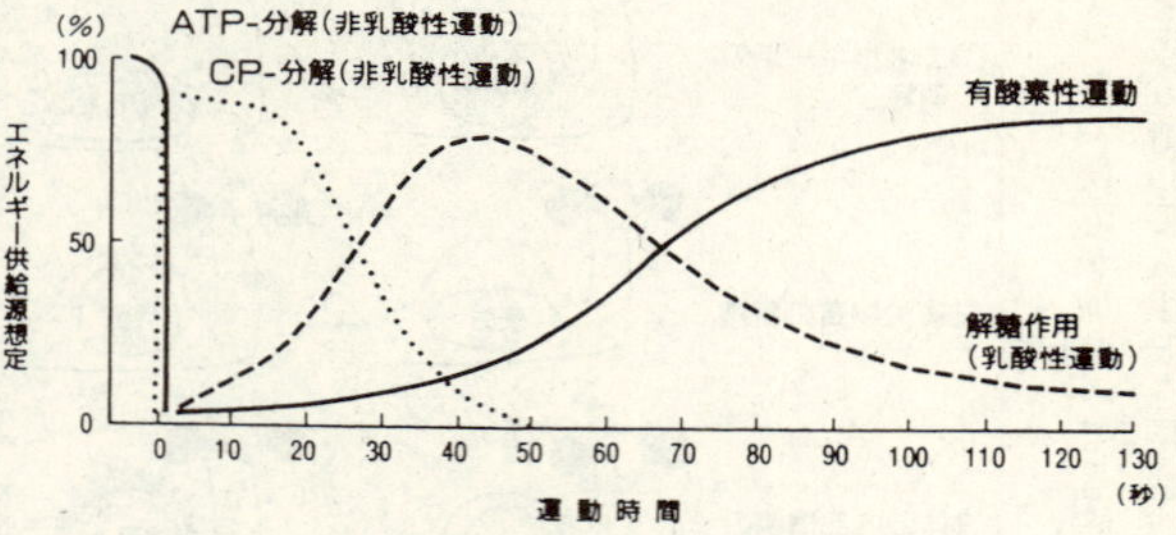

スポーツは身体運動の強さや持続時間によって、エネルギー供給の方式に違いがある（図４）。たとえば、一〇〇メートルの全力疾走、跳躍、投擲《てき》などのように長くても数十秒で終了する運動（パワー型）のエネルギーは、筋肉のATP―CP系でまかなわれる。このようなきわめて激しい瞬発的な身体運動で疲労するのは、筋内に貯備しているATPとCPの欠乏によるものである。したがって、この種の競技においては、ATPとCPを多量に体内に蓄えることができる、筋肉量の多い身体組成の選手が有利になってくる。

ATP―CP系によるエネルギー供給が不足すると、グリコーゲンの動員が始まる。運動を始めてから数分間は、酸素の供給が間に合わないので、グリコーゲンは無酸素的に分解されてATPを産出する。同時に乳酸が生成され、この乳酸によるエネルギー供給は四〇〇～八〇〇メートル走のように、三～四分ぐらいで疲労困ぱいに陥る運動で利用される。乳酸が蓄積されると、筋肉の収縮能力は低下する。そのため短時間のかなり激しい運動では、筋グリコーゲンの欠乏と乳酸の蓄積によって疲労することになる。

三～四分ぐらいから数時間におよぶ持久的な運動（スタミナ型）では、酸素の供給が充分な状態でグリコーゲンの分解が行なわれる。酸素が供給されると、グリコーゲンは無酸素的な解糖による乳酸の生成をやめて、炭酸ガスと水とに分解する。有酸素状態でのエネルギー供給は、筋のグリコーゲンだけでなく、肝臓などの他の組織の貯備グリコーゲンも血液グルコースを介して動員される。

三分以上続く運動から、マラソンのように長時間にわたる運動では、グリコーゲンだけでなく、脂肪の分解によるエネルギー供給の方式も加わってくる。このような持久的に富むスポーツや身体運動では、グリコーゲンの欠乏と血液グルコース（血糖）の低下によって疲労が生じることになる。また、身体運動の統合を促す中枢神経系の組織では、グリコーゲンの貯蔵量が少ないために、ほとんど血液グルコースに頼らざるをえない。そこで血液グルコースが低下すると、中枢神経系の不調を招き、運動のコントロールが巧くできなくなるのである。

疲労物質の蓄積による疲労とは、疲労を起こす特殊な物質が体内に蓄積されるという説である。疲労物質の有力な候補は乳酸である。運動を始めてから数分間は、酸素の供給が間に合わないためにグリコーゲンは無酸素的に分解される。その最終産物の一つに乳酸の生成がある。乳酸の蓄積が一定水準に達すると筋活動が起こらなくなることから、疲労の原因は乳酸の蓄積と考えられたのである。

トレーニングを積んだスポーツ選手は、一般成人に比べて乳酸の蓄積に耐える能力が高いので、運動を長く続けることができる。ところが乳酸は、無酸素的な運動の場合には生成されても、長時間にわたる有酸素的な運動では生成されない。さらにモノヨード酢酸で中毒された筋では、乳酸の生成がなくても筋収縮が可能である。これらのことから、疲労物質は乳酸だけでなく、焦性ブドウ酸、クレアチン燐酸、炭酸ガスなどの代謝産物が考えられている。

内部環境の失調による疲労とは、生体の恒常性（ホメオスタシス）がくずれたために疲労が生じるという説である。たとえば、高温多湿の条件のなかで激しいスポーツやトレーニングを続けると、体温は上昇する。この体温上昇を抑えるために、いわばホメオスタシスを維持するために発汗が始まる。発汗によって体内の水分が欠乏するので、喉の渇きに応じて水分を補給しなければならない。まったく水を飲まずにスポーツやトレーニングを続けると、直腸温は三九・五度にも達し、疲労困ぱいの状態になる。これに対して、喉の渇きにしたがって自由に水を飲んだ場合には、体温の上昇は比較的少なく、長く運動を続けることができるのである。

疲労は積極的に解消する！

スポーツや筋肉作業をすれば、多かれ少なかれ疲労する。とくに長時間の激しいスポーツや筋肉労働では、筋肉痛や全身の倦怠感を覚えることが多い。このような身体（肉体）疲労

図５　積極的休息の効果（フォックス、1979）

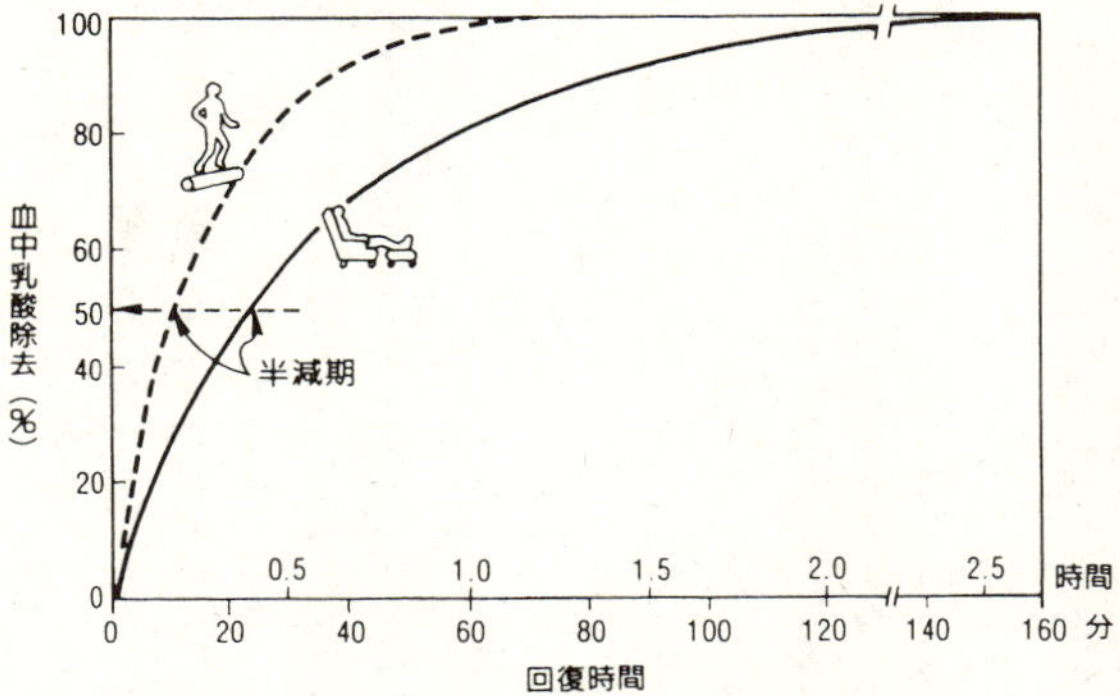

は、グリコーゲンなどのエネルギー源の消耗や乳酸などの代謝産物の蓄積が原因であるので、充分な休息、睡眠と栄養を摂取することで回復する。

疲労した後で、軽い運動をすると、マッサージや入浴と同じように血行が促進されて、疲労の回復が早まる。これを「積極的休息」とよんでいる。たとえば、疲労困ぱい後の血液中の乳酸は、歩行とかジョギングなどの軽い運動を続けるほう（積極的休息）が、何もしない安静状態（消極的休息）のままでいるよりも早く除去される（図５）。

図に見られるように、消極的休息による乳酸除去の半減期が二十五分かかるのに対して、積極的休息ではわずか十一分にすぎない。この半減期を手がかりにすれば、血液中から乳酸を完全に除去するためには、安静のままでは二時間を要するが、積極的休息では、一時間以内ですむことになる。

積極的休息は中枢性疲労にも効果がある。たとえば、繰り返し作業するときに、休息期の合間に、作業しなかった筋肉を活動させると、次の作業量は相対的に増えてくる。これは、休息期に積極的休息をとったためであって、「気分転換」とか「気晴らし」の効用である。気分転換を利用した作業では、疲労していない筋肉からの情報が脳幹網様体に送られ、ついでに大脳の興奮状態を高めることに役立っているのである。

同じような現象が報告されている。目を閉じたままでの作業と、目を開けたままの作業を交互に行なうと、合計した作業量は目を開けた作業のほうが多くなる。あるいは、目を閉じたままの作業ができなくなった直後に、目を開けさせると、再び作業を続けることができるのである。つまり、目を開けることによって疲労は抑えられ、作業量は二〇～三〇％も増加するという。

疲労の原因が精神疲労などの中枢にある場合（中枢性疲労）と、筋肉疲労などの末梢にある場合（末梢性疲労）とでは、回復の仕方に違いがある。一般的に疲労回復には、休養睡眠、栄養を充分にとることが大切であると言われているが、これは消極的な疲労解消法と言える。これに対して、積極的な疲労解消法がある。それは、昔から言われているように、気分転換やレクリエーションなどを利用することである。

疲労の回復には、入浴も効果的である。熱くも冷たくも感じない入浴温度（不感温度、三四～三六度）はからだにおよぼす影響が少なく、長時間の入浴ができるために鎮静効果がある。一般的に、四二～四五度の高温浴と、一五～二〇度の冷温浴は交感神経刺激の作用があり、三六～三九度の微温浴は、副交感神経刺激の作用があると言われている。疲労の回復には、四〇度前後のあまり熱くない湯に、十～二十分間ゆっくり入るのがよいとされている。入浴後にマッサージを行なえば、さらに効果が上がる。

疲労防止は、体力トレーニングから!

筋肉疲労には、心地よい疲労感や爽快感がある。これは健康的な疲労であり、回復も早く、蓄積も比較的少ない。ところが、静的な同一姿勢を保つ作業によって生じた疲労は、全身の筋肉を動かす作業に比べて蓄積されやすく、回復に時間を要する。

オフィス・オートメーションなどの導入によって仕事の仕方や職場環境は変わり、ますますストレスのたまる環境になりつつある。眼の疲れ、頭痛、肩こりを感じる前に、規則的な休憩時間を設定することによって、ある程度、疲れを防ぐことが可能である。VDT作業や長い会議で疲れたときは、静かにからだを休めるよりは、軽くからだを動かすほうが血行は促進され、疲労の回復は早くなる。仕事の後に、軽いジョギングやスタスタ歩く程度の身体運動を十分でも二十分でも実行するだけで、効果はてきめんである。スポーツや身体運動などでいい汗をかくことによって、からだの健康だけでなく、こころの健康も得られるようになる。

疲労という現象は、ごくありふれたものであり、日常、私たちの身辺に起きている。この疲労を防ぐためには、次のことを心がけることが大切である。

a．環境の整備
b．規則正しい生活
c．調和のある食事
d．適切な体力トレーニング

なかでも体力トレーニングは疲労の発生を遅らせるばかりでなく、高い作業能力を維持するために不可欠である。全身的な体力トレーニングを続けると、少ない心拍数で同じ量の仕事が楽々とできるようになる。これはトレーニングによって、呼吸・循環系の機能が向上し、心臓に対する負担が減少するからである。「牛乳を配達する人は、牛乳を飲む人よりも健康である」と言われているように、習慣的に運動している人は長命であると報告されている。何よりも体力面に「ゆとり」をもつことは、精神的な面についても「ハリ」が出てくることに通じるものである。

スポーツ好きに教えるポパイのホウレンソウ①

疲労回復に効果的な食事のメニュー

鈴木正成（早稲田大学スポーツ科学学術院教授）

スポーツによる疲労には生理的、神経的、物理的、精神的な疲労などいろいろありますが、そのほとんどは入浴してからだを温め、食事をとり、睡眠をとることで回復してきます。その回復をできるだけスピーディにしたい場合の栄養的な対策をいくつか挙げてみましょう。

　まず、スポーツ後には筋肉中に乳酸が蓄積しているので、この乳酸を筋肉から消失させるために、筋肉自身で分解してしまうようにするか、筋肉から血中に放出するのを促すようにすることが必要です。そのためにはまず体内に酸素を充分供給するための軽い整理運動や整理体操をすることです。

　栄養学的に言えば、スポーツをした後は肝臓や筋肉のグリコーゲンが消費されてしまっているため、血糖が低下して全身の細胞はエネルギー不足に陥っており、細胞による物質代謝が充分に進まないので炭水化物をとって血糖を供給してやることがポイントです。この血糖供給はスポーツ終了後なるべく早めであることが大切で、整理体操が終了したらすぐに、水分補給も兼ねてオレンジジュースを飲むことなどがすすめられます。

　炭水化物食品としては、消化・吸収の速度が早い炭水化物を含んでいるうえ、持ち運びもしやすいバナナが、トレーニングの現場向きの食品です。バナナは収穫されたばかりのときにはでんぷんを主に含んでいますが、熟成が進んで皮が黄色になり黒い斑点が出る頃には、でんぷんが分解されて消化・吸収がより早いデキストリン（小さなでんぷん）や麦芽糖、砂糖のような糖分に変化しています。また、スポーツ食品のなかにはデキストリンを炭水化物源に加えたものがあるので、それを利用するのもよいでしょう。

スポーツ終了後の現場で行なうこのような応急的な対策よりもさらに重要なことは、スポーツを終えたら三十分以内に食事をとるようにすることです。からだのエネルギー代謝がスポーツ後でまだ高揚しているうちに、体内に栄養素をとり込み、細胞に分配してやることは、疲労回復をより効果的に進めるコツです。同じ食物を食べるにしても、スポーツを終えてから四十五分〜一時間も経ってから食事をしたのでは、食事の疲労回復効果は著しく小さくなってしまいます。

スポーツ後の食事による疲労回復作用として、肝臓や筋肉から失われたグリコーゲンを補充することが期待されます。したがって、食事の内容として炭水化物が充分に含まれていることが必要なので、ごはん、モチ、パン、いも、パスタ、スパゲティ、うどんなどのようなでんぷん質食品が重要です。

さらに、炭水化物がグリコーゲン補充に効率よく進むように、食後にクエン酸を含んでいるオレンジジュースを飲むようにするか、デザートに柑橘類の果物をたっぷり食べるようにするとよいでしょう。

このようなグリコーゲン補充の対策を念入りにやることが必要なことは、次のような実例を見ればわかります。大学陸上部の中・長距離選手が夕方に一〜一・五時間のランニングなどを中心としたトレーニングをした後、夕食を食べ、睡眠をとり、そして朝食を食べたとき、朝食前の血糖値に対して朝食後二時間における血糖値がまったく上昇を見せないことが日常的に認められます。

これは、夕方のトレーニングで消費されたグリコーゲンの補充が夕食だけでは充分ではなく、翌朝の朝食に含まれる炭水化物までがグリコーゲン補充に使われてしまうために、朝食後に血糖上昇が起こらないのだと解釈されます。したがって、夕方にトレーニングをした場合には、夕食後にクエン酸をとるようにすることと、夕食後の間食で炭水化物食品を食べるようにすることが必要です。

スポーツによる疲労回復のもう一つのポイントは、筋肉の補修を充分に行なうことにあります。トレーニングで筋肉が相当なダメージを受けることは、筋肉細胞内に存在しているミオグロビン（酸素貯蔵体）などがスポーツの途中や終了後に血中へと大量に放出されていることからもわかります。

したがって、スポーツ後の食事では筋肉タンパク質の材料となるタンパク質を充分にとることが必要であり、それを効果的に筋肉タンパク質合成に活用するために、食後に睡眠をとることが大切です。合宿トレーニング期には昼寝も筋肉補修に重要であることを認識しておくことです。

また、スポーツによって筋肉中のミオグロビンが血中に漏出したり、赤血球が破壊されてヘモグロビンが損失したりと、鉄の消耗が激しく起こるので、タンパク質とともに鉄を充分に摂取してこれらの鉄タンパク質が睡眠中に充分に合成補充されるようにすることも大切です。鉄タンパク質が不足してくると有酸素エネルギー代謝が低下してスタミナ不足を起こすようになります。鉄の吸収を促すために、食後にビタミンCやクエン酸を含むオレンジジュースを飲んだり、柑橘類をデザートで食べることも必要です。

スポーツには副腎皮質から各種ホルモンを活発に分泌するように刺激するストレス作用があり、その結果として副腎皮質のビタミンC含有量が減少します。副腎皮質のビタミンCを補充してやることも、重要な疲労回復のための対策です。幸いなことに、グリコーゲン補充や鉄の吸収などを促すのに効果のあるオレンジジュースや柑橘類にはビタミンCが豊富です。

さらに、スポーツを行なう際には、エネルギー代謝に活躍する水溶性ビタミン類（B_1、B_2、ナイアミン、パントテン酸、B_6など）や、酸素の大量摂取に伴う肺や全身の細胞の不飽和脂肪酸の過酸化脂質化を防ぐビタミンEなどをきちんと補給しておくことも必要なので、多くのスポーツ選手は総合ビタミン剤を常用しています。

ミネラルとしてカリウムやカルシウムなどもスポーツを行なうことで失われる大切なものですが、カリウムはバナナや果物に豊富に含まれており、カルシウムは牛乳に多いなど、スポーツ選手の日常食には充分含まれているのでそれほど気を遣わなくてもよいでしょう。

スポーツが脳を変える！

インタビュー＝久保田　競（京都大学名誉教授）

編集部　これまでのからだと脳の関係についての研究というのは、ほとんどある筋肉を動かすのには脳のどの分野が関係しているのか、たとえば運動をするには前頭葉、文字どおり運動野が関係している、といったものだったと思います。スポーツと脳という具体的なかたちでの研究は、これから本格的になっていく分野だと考えてよろしいでしょうか？

久保田　そうです。つまり、運動といってもスポーツの意味ではなく、脳がどんな筋肉の動かし方をコントロールしているのか、が研究の中心だったんですね。もちろんスポーツと筋肉の動きとは切っても切れない関係にありますから、スポーツと脳の研究といっても、このような研究の土台の上に立つものなのです。しかし、スポーツを射程に入れた研究となると、これまでにまだわかっていない脳のシステムがあったり、逆にスポーツをすることが脳にもたらす作用があるはずです。こういった点を解明する研究が、これからさかんになっていくだろうと思います。たとえばスポーツのうまさ、スキルの向上が脳とどうかかわっているのか、といった問題などがありますね。スポーツのうまさなどについては、みんな経験的なことでしか語れなかった。

編集部　運動のうまさ・上達という点では、これまでは小脳が深くかかわっていると言われてきましたね。

久保田　小脳説というのはたしかにありますが、そこから研究はほとんど進んでいない。むしろ筋肉を動かすことに関係しているもっと広い領域が、運動のスキル（技能、うまさ）に関係があるわけです。小脳ももちろん関係しています。こういったことが、少しずつわかってきたのです。

運動の記憶は、ふつうの記憶とは脳のかかわる領域が違う！

編集部　運動のうまさが記憶される脳の部位というのは、ふつうの記憶が残る部位とは違っていると言われていますが、この点はいかがでしょうか？

久保田　うまさに限らず、運動に関する記憶というのは、現象的に明らかな違いがあります。

ともかく運動は、練習すればうまくなっていく。このプロセスは、心理学におけるふつうの学習とは違っているのではないかということで運動学習とよばれています。ふつうの記憶はディスクリプティブな記憶、つまり記述できる記憶、陳述記憶という、ことばで説明ができる記憶です。これに対して運動における記憶は、運動記憶あるいは最近使われはじめたことばで「手続き的記憶」——順番になにかをやっていくという意味——とネーミングされています。陳述記憶とは対照的に、運動の記憶はことばで説明ができない、この点が運動記憶のいちばん重要な特徴だと言えるでしょう。

運動記憶の特異な点はほかにもあります。まず、ふつうの記憶＝陳述記憶が頭の中でイメージとして思い浮かべることができるのに対し、運動記憶はイメージに描くことができないことです。だから学習の仕方に注目すると、陳述記憶に関しては見たり聞いたり頭の中でイメージすることを繰り返せば覚えられるのに対し、運動記憶は練習をする以外絶対に覚えられないのです。この点も運動記憶の大きな特徴です。このことはずいぶん以前から経験的にはわかっていたことなのですが、「どうもこれは違うぞ」とはっきり認識され、医学の分野からもそれが脳と関連があるのではないかと言われはじめたのは、つい最近で四～五年前からのことです。

陳述記憶と運動記憶の違いは、老人性痴呆の人を観察することでもよくわかります。つまり人間の記憶は、陳述記憶から先に失われていき運動記憶はなかなか失われない点です。老人性痴呆の人はことばは忘れても、箸の動かし方やベッドで横になる動作などは忘れません。食べたことは忘れても、食べる動作は忘れないのです。脳という観点から言いますと、老人性痴呆で初めに障害の起こるのが大脳なのです。その意味で、記憶によってかかわっている脳構造も違うのではないかと言われはじめたのです。

編集部　ということは、運動記憶は大脳以外の部分に関係があるということでしょうか？

久保田　そうではなくて、運動を支配している脳の領域に関係があると考えたほうがいいでしょう。もちろん、運動記憶を支配している脳の部分といっても運動記憶＝手続き的記憶の研究は端緒についたばかりでまだよくわかっていません。たしかにこれまでの研究では、運動記憶には小脳がかなり重要なかかわりがあることがよく知られています。その意味では運動記憶は小脳の記憶だと言う人もあるぐらいです。しかし小脳だけでなく、筋肉動作に関係している、医学用語で錐体外路系とよばれる部分――この部分をも含めて、私としては「大脳で筋肉を動かすことに関係している部分」とよびたいのですが――も関係があると思います。

このように、はっきりと区別できる陳述記憶と運動記憶という二つの記憶があること、さらにその記憶によって脳のかかわる領域もまたはっきりと違っているということは特筆すべきことだと思いますね。運動記憶と脳に関する研究は、私もこれからぜひ充実させたい課題の一つです。

運動記憶と脳の関係は、どこまでわかっているのか？

編集部　動かす筋肉によって脳の運動野のどこが関係しているかについては、ペンフィールドが描いたホムンクルス（小人間）の図などに代表されるようにかなり詳しくわかっているようですが、運動と脳の研究においてはこの関係をさらに詳しく調べるという作業は続けられているのでしょうか？

久保田　動かす筋肉によってそれをコントロールする脳の領域が違っているだろうということについては、もう一世紀も前からわかっていました。その関係についてはかなり詳しく研究も進んでいます。しかし、筋肉を動かす際にその筋肉をコントロールする脳の領域がなにをしているのか、つまりどんなコマンドを出しているのかについてはまだよくわかっていません。

運動におけるうまさという点から、現在もっとも注目される仮説は、ある筋肉の動きに関係する運動野が筋肉に動く方向を指示していること、さらにその動きがしやすくなるようにその反対方向への動きに対しては抑制を働きかけたりもするというコマンドを出している、というものです。その抑制の具合や指示方向への力の入れ具合などの調節は、まさに動きの巧緻さに関係するものであり、ここでも運動記憶が関係しています。単純な例ですが、たとえば手首を内側に曲げる際には手首を外側に反らす動きに対しての抑制コマンドも運動野から出ているということです。その証拠に、この運動野の抑制コマンドを薬物によって働かなくなるようにすると、手首を内側へ曲げる筋肉と反らす筋肉が同時に働いてしまい、その動作はたいへんにのろくなってしまいます。いわば、うまく手首を内側に曲げにくくなる。

さらに、この作用が強くなると手首は勝手に動きだします。つまり、痙攣を起こすのです。今まで巧みな動きは、筋肉の協調的な動きをつかさどる小脳の働きによると言われてきましたが、運動記憶やスキルも含めて大脳の運動野が深くかかわっているというこの仮説はかなり有力なものと思います。

小脳の役割もたしかに大切です。小脳に障害があると、たとえば手を伸ばしてものをつかもうとすると手がふるえたり、うまく歩けないという小脳性失調症になったり、手首をひねるといった複雑な動きができなくなります。つまり、いろいろな筋肉が協調して行なう運動ができなくなるのです。さらに動物を使った条件反射の実験で、小脳の特定の細胞核を壊すと条件反射も起こらなくなってしまうという最近の報告もあります。条件反射に小脳が大切な役割を果たしているかいないかについては現在もさかんに論争されているのですが、この報告を見るかぎり、やはり小脳もかかわりがあるらしいと言えるでしょう。

こんな報告もあります。ふだん右を見ようとすれば目を右に向けますが、逆転プリズムで目の動きを逆にするという実験を行なうと、小脳が正常であればサルでもヒトでも一週間もあればこの動きを学習できるのに、小脳の眼球を支配している細胞核を壊すとこういった学習ができなくなる。

こうして、小脳も運動学習にかかわっているというデータがようやく少しずつ集められるようになってきたのです。

このように運動に関する記憶については、ほとんど研究されていないのですが、運動に関わっている脳のいろいろな領域が、運動のスキルのいろいろな側面に関係しているらしいことがわかってきました。このシステムを、運動記憶をメルクマールにしながら、現在の脳の研究方法を駆使してぜひ解明していきたいですね。

編集部　運動の上達方法としてメンタル・トレーニングあるいはイメージ・トレーニングとよばれる訓練法がありますが、これはイメージを描くという、まさに陳述記憶の学習と言えます。その効果についてはどう考えたらよいのでしょうか?

久保田　運動野というのは、筋肉に運動の方向を指示するだけで実際に動作をスタートさせるわけではありません。目の前のものに手を差し伸べる場合、まず目の前にあるものを理解する脳の領域がある。頭頂連合野がそうです。そこで出された情報を運動連合野が受け取って、運動連合野が具体的な動作の指令を出すのです。

運動連合野の働きで最近になってわかってきたことは、感覚に基づいて運動をするときにひじょうに重要な役割を果たすということです。つまり、目で見るという感覚刺激を受け取って、その情報をもとに手を出すという運動に変換するのに重要な働きをするのです。

これに加えて運動連合野というのは、運動をすると考えただけで活動が高まるのが特徴です。たとえ実際に筋肉を動かさなくても、動かそうとイメージするだけでその筋肉を支配している脳の領域は働くのです。

つまり、イメージ・トレーニングには、たとえ動かなくても、過去の動きを思い出すことによって頭頂連合野に過去の記憶をビビッドに再現させ、運動をしているとイメージすると運動連合野も働く、というように脳構造の一部を働かせるという効果があるのです。だから、実際の練習以上の効果はもちろんありませんが、動作にかかわる部分的な学習の効果は充分に評価できるのです。

エンドルフィンには、快感だけではなくダイエット効果もある！

編集部　現代はストレス社会だとも言われ、その解消法としてもスポーツが見直されています。ストレスを解消するシステムとしてスポーツを捉え直すことは可能ですか？

久保田　ストレスというのは、その個体にとっての異常な刺激が長く続くことです。たとえばサルを木に縛りつけて足元を水につけて放置しておくと、早ければ数時間で胃に潰瘍ができる。人間でもストレスで胃に穴があいてしまった人が多いと聞きますが、これと同じ現象が起こるのですね。余談ですが、これはストレスが視床下部を刺激して、胃につながる血管を収縮させるように働いてしまうからです。しかし、同じストレスに対して、どの個体も同じ反応をするとは限りません。サルでも、冷たさという刺激に弱いもの、強いものがいる。あるストレスに強いということは、うまくそのストレスを処理できるということとも言えます。われわれの生活というのはいろいろなストレスがあって、それぞれうまく処理していくことの連続なのです。それらをうまく処理できれば問題はないとも言えるでしょう。

スポーツをする、運動をするということ自体もこれはストレスなのです。ほかのストレスとは違った特徴があるのではないかということで、運動ストレスとよばれます。一般にストレス刺激を受けると、交感神経系の緊張が高まってストレスホルモンの分泌がさかんになります。これを繰り返すことによってそのストレスにうまく適応ができるようになるのです。運動ストレスの場合も同じでして、運動ストレスを受けてそれをはね返していると、ほかのストレスに対してもうまく適応できるようになるという効果があります。運動によってタフになる、疲れにくくなるというのは、運動することでストレスに強くなっていることでもあるのです。その意味でもストレス効果が高い持久的運動が優れています。

編集部　ジョギング・ハイということばによって表現されるように、とくに持久的な運動を行なっている最中に脳に快感物質が分泌されているということは、多くのスポーツ愛好家たちの常識になってきましたが、この方面の研究は現在どんな段階にあるのですか？

久保田　モルフィンという鎮痛薬がありますが、これを脳内で受け取る脳内構造にモルフィンレセプターという名前がついたのが七四、五年のことでした。これがこの分野の研究の始まりです。さらにこのレセプターにくっつく物質としてエンケファリンやエンドルフィンが七〇年代の後半に見つかってくるわけです。その後これらの物質の研究がさかんに行なわれ、モルフィンと同じく痛みを和らげたり、いわゆる陶酔状態をつくるということが明らかになってきたわけです。

こういった物質は、現在三十種ぐらい見つかっています。いずれもアミノ酸で、もっとも単純な構造をしているのはダイノルフィンとよばれるアミノ酸が二つくっついたものです。

しかし、これらの物質の「痛みを和らげる」ことに関する研究はさかんに行なわれているのですが、こと「気持ちよくする」作用の研究はほとんど進んでいないのが現状です。第一に快感というものはなかなか定量化できない。第二に人間の脳内にどれだけの快感物質が出たのかの観察はひじょうに難しいからです。

編集部　しかし、運動中にエンドルフィンなどが分泌されるというのはどうやってわかったのですか？　とくに人間の場合、運動中にエンドルフィンが分泌されていることはどうやって確認されるのでしょうか？　その観察は難しいと思いますが。

久保田　脳内の分泌に関しては、やはり動物実験がもとになっています。ネズミを泳がせて、その運動中のエンドルフィンの分泌量を観察するわけです。

脳内でエンドルフィンがつくられると、脳下垂体から血液中にも出てきます。だから人間の場合だと、血液中のエンドルフィン量は検定可能なわけです。ジョギング中にエンドルフィンが出るということも、ジョギングを二～三カ月訓練した人が走りはじめて二十分ぐらいたったときの血中エンドルフィン量を調べることによってはっきりとわかるのです。

血液中に出たエンドルフィンのもっとも大きな働きは、脂肪代謝の促進、つまり脂肪を燃やしやすくすることと考えられています。

編集部　エンドルフィンがさかんに分泌されるのは、最大酸素摂取量の六〇～七〇パーセントの強度で二十分から三十分以上の持続的な運動を続けているときだと聞いていますが、これらの数値がダイエット効果のある運動状態とみごとに一致するのは、エンドルフィンの働きを考えれば当然なのですね。
久保田　ええ、この点に関してはかなり詳しいデータも報告されていますので間違いないでしょう。その意味ではエンドルフィンはいい影響を与えてくれるものと言えます。

エンドルフィンの危ない側面!?

編集部　エンドルフィンには、よくない面もあるのですか?
久保田　いちがいによくないと決めつけるわけにはいきませんが、脳とのかかわりから言えば、まず努力感の問題があります。つまり達成感と言ってもよいでしょうが、エンドルフィンの分泌によって気持ちがよくなることで努力して運動をするという意義が失われるおそれがある。
　ナロキサンという物質はエンドルフィンと同じくモルフィンレセプターにくっつくのですが、エンドルフィンよりも強力にくっついてエンドルフィンの働きをブロックします。ただし、痛みや快感などの作用は起こしません。運動をして気持ちのよくなった状態の人にこの物質を投与すると、気持ちのよさが失われてしんどくなり運動を続けることに対する努力感がもどってくる。この分野もまだデータが少なくてはっきりしたことは言えませんが、こうした研究を深めていくことで運動によって生じる快感の功罪もわかってくるのではないかと思います。

また、快感物質分泌中の記憶障害の問題もあります。ぼんやりとするほどに気持ちのいい状態ではものが覚えられないのです。

編集部　依存性・嗜癖性という面からはいかがでしょうか？

久保田　私もそうなのですが、運動によって快感を覚えた人間は、長い時間運動ができないと苦痛であったり気分が悪くなったりします。ランニング中毒というと少しおおげさでしょうか。人によって差が大きいのですが、ジョギングの場合を例にすれば、一日に一時間ぐらい走ることを習慣づけて四〜六カ月ぐらいするとこの状態になる可能性があります。ランニング中毒になると、三十六時間ぐらい走らないでいると落ち着きがなくなったり、不快感なども起こると言われます。また、ランニング中毒が進むと、食事や着るものの嗜好が変わったり、まれには職業を変えたり離婚するというケースがあるという報告もあります。しかし、ランニング中毒が進んだケースはほんとうに極端なものでしょうね。ランニング中毒といっても、走りさえすればいいわけですし、運動をするという積極的な中毒なのですから、タバコや薬物にくらべれば、その依存性や嗜癖性は少しも深刻なものではないでしょう。

運動で快感を得られるのは人間だけ!?

編集部　人間の脳内で分泌される快感物質には、無脊椎動物がもっていないものがあることから、快感物質は進化の賜物ではないかという意見もあるようなのですが、先生はどうお考えになりますか？

久保田　無脊椎動物も快感物質はもっているのですが、その物質を神経系にもっているのかどうかということはよくわかっていないのです。

エンドルフィンのおよぼす作用を考えると、エンドルフィンは苦痛に耐えながら持久的な運動をするのに都合のいい物質です。そんな物質がなぜ高等動物の脳内で分泌されるのかもわかっていない。ホ乳類でも持久的な運動をさせれば脳内に分泌されることはわかっているのですが、ホ乳類だってそんなに運動をしない。なにかのきっかけでその分泌ができて、その副作用としてこのシステムができたと考えることはできても、それを進化と結びつけて議論するにはムリがある。

むしろ、持久的な運動をすれば高等ホ乳類でもエンドルフィンが分泌されるのにそれをしないことから、運動によるエンドルフィン分泌によって快感が得られるのは人間だけだと言ったほうがいいでしょう。

編集部　そういえば、三十分も持続的にジョギングをする動物っていませんね。

久保田　ほんとうにそうです（笑）。サルなどの霊長類でも、体温の調節機構がきわめて悪いために持続的な運動なんかまずしない。そう考えると、エンドルフィンの機能が動物の進化とパラレルに流れてきたとはまず考えられないですね。たしかにエンドルフィンは、ネズミなどでも痛みを和らげる作用のあることはわかっていますが、それが精神作用をもっているかどうかについてはわからない。エンドルフィンに精神作用があることが確かめられるのはまさに人間だけです。

なぜ運動で脳が活性化するのか？

編集部　精神作用の高まり、あるいは脳の活性化にはドーパミンの存在が欠かせないという研究もありますが。

久保田　ドーパミンが脳を活性化するということのいちばんわかりやすい根拠となっているのは、ドーパミンが快感を起こしているのだという点です。脳幹の神経細胞の集団には後からA_1からA_{10}まで順番に番号がついていますが、ネズミの脳内自己刺激の実験（図参照）などによって快感を起こしている細胞繊維を探るとA_{10}がそれにあたり、A_{10}が主に前頭葉でドーパミンをつくることからドーパミンが快感を起こすのだとわかってきたのです。快感を求めることは、つまり脳の活動を高めることですから、そこから脳の活性にはドーパミンが重要だということになるわけです。このことが、A_{10}細胞がわれわれの精神活動を健全に保つ一つの鍵だという根拠ともなっているのです。

運動とドーパミンの関係でわかっていることは、運動における持久力が体内にあるドーパミンの量とパラレルな関係にあるということです。また、A_{10}神経は前頭葉につながってそこでドーパミンをつくるのですが、前頭葉は、外に対する活動、つまり考えて手足を動かすこ

●ネズミの脳内自己刺激実験

ネズミがペダルを押すと、脳内に電気刺激が起こるようにしたもの。脳内の特定の部位に電極を入れると、ネズミはほとんど睡眠不足の状態で一日中ペダルを押しつづける。40日ぐらいで餌も食べなくなり、ネズミは死んでしまう。

(『スポーツと脳』築地書館より)

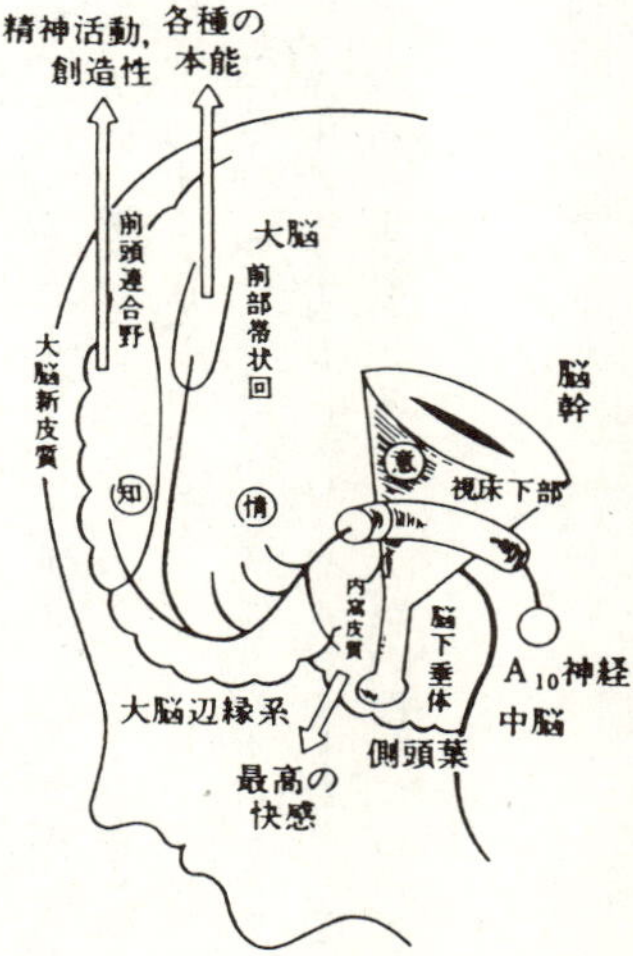

●A10神経と脳の活動の関係

A10神経は、人間精神を直接創出する前頭連合野と、それを助ける側頭葉および前部帯状回へ進む。動物実験では、側頭葉の内窩皮質で最高の快感が得られる。

(『脳内麻薬と頭の健康』講談社より)

とを受けもっている領域です。このことからドーパミンが積極的に外に働きかける行為に深い関係があることがわかります。さらに、私もサルを使って現在実験中なのですが、サルの場合、目の前にあるエサを取る場合にはドーパミンは作用していない。しかし、見えないもの、たとえば幕の向こうにあるものを手で探ろうとする場合などにはドーパミンが関係しているのです。つまり、動機づけられた運動にドーパミンが深くかかわっていることがわかっているのです。

編集部　「動機づけ」ということばは、われわれの日常生活における「やる気」と言い換えてもいいですね。

久保田　そのとおりです。しかも動物実験では、走ることによってドーパミンが増えるという実験結果も寄せられているのですから、人間も運動によってドーパミンをより多く脳内にもてるということを一般化できる可能性はものすごく大きいですよ。

編集部　そのことが立証されれば、人間がスポーツをすることの意義はものすごく大きくなりますよね！　スポーツをすることには、血中の善玉コレステロールを増やしたり、心肺機能を高めたり、生理学的に多くのメリットがありますが、スポーツと脳の関係にもほんとうに深い関係があるのですね。

スポーツは右脳を鍛え、とっさの鋭い判断力を高める！

久保田　スポーツの試合などで、それまでの経験からとっさの判断を下したりする脳の領域は前頭連合野とよばれる、人間の脳でもっとも大きくなっているところです。ここは外からのいろいろな刺激に対して過去における同様の刺激を受けたことのある情報の記憶のなかから、もっとも適切なものを選び出して、うまく適合できるような行動をするための領域です。ある状況、ある局面における刺激に対して、もっともいい答えを見出して問題解決をはかる領域、考える器官だとも言えるでしょう。脳のこの部位は、将来に向かっての行動のプランをつくっているところでもあるのです。将来に向かっての行動のプランを立てる活動というのは、考えているとき、原稿を書いているときでも常に脳内でも行なわれています。実際にスポーツをすることは、このプロセスをなんども連続して繰り返すことです。たとえばラグビーの試合中にボールをどこへ蹴るかなどについては、そのときのフォーメーション全体をすばやく見て、どうするかをすぐに判断しなくてはなりません。この判断というのは適切な行動を選ぶ判断であって、前頭連合野で行なっているのです。

その人が生きていくうえで、適切な行動を選ぶ判断は常に要求されます。こうした判断をするのもやはり前頭連合野なのです。スポーツによって鍛えられた前頭連合野は、こうしてその人の判断をより正確なものにすることを助けるのです。実際の生活の場面で、スポーツで使ったのと同じ細胞群を使うこともあるし、それを応用して働かせる場合もある。運動やスポーツでやったことが実際に脳を働かせるときに役に立つ、使われるわけです。記憶に残るのですから。

さらにスポーツの試合は、状況を見て判断する、いわば空間的な情報をもとにそれをどう処理するのかの連続です。こうした空間的な情報の処理は、脳でいえば右脳の領域をよく使うことになります。左脳がことばの領域とすれば、右脳は芸術などの創造的な活動にかかわりの深い領域とも言われているように、ことばにならない情報に対しての情報処理を行ないます。スポーツをすることで、こうしたことばにならない情報に鋭い判断ができるようになるのです。

ジョギングをしても快感を得られる人とそうでない人がいます。刺激は快・不快に分けることが可能ですが、走ることだけをとってみても、まずそれを快のほうへと方向づけることができるかどうか、その結果としてジョギングを快感をともなうものにできるかどうかは、まさにその人のライフ・ヒストリーに深くかかわる問題です。スポーツと脳の関係においてもっとも私が強調しておきたいことは、スポーツをすること自体がその人の人生に深いかかわりがあるということです。スポーツによってたしかに体力は向上するし、そのほかのメリットもたくさんある。しかしなによりもスポーツは、脳の働きをより豊かにし高めて、その人の人生を実りあるものにしてくれるのですから。

ダイエットのポイントと詳細な実践メニューも併せて公開！

正しい皮下脂肪の落とし方

石田良恵（女子美術大学教授）

現在、先進諸国においては過食、運動不足による単純性肥満者が多く、肥満は各種の疾病との関係が深いことから、減量への関心はたんに若い女性だけの問題ではなくなってきている。肥満の判定基準が体脂肪の割合で決められるために、脂肪については誤解されていることが多く、ときには敵視すらされているのが現状である。しかし、脂肪は人のからだにおいて重要な役目を担っており、健康に生きていくためには適量の脂肪が不可欠である。体重制限のある試合に臨む場合などは減量をたんにそのときの体重計で測った体重減少で判断するが、体脂肪減少を目的とした人の減量の場合は、まず脂肪についての基礎的な知識の上に立った健康的な減量計画が大切である。

エネルギーの収支決算の結果がプラスとなったとき、その余分なエネルギーは最終的に脂肪として主に脂肪細胞の中に蓄えられる。脂肪細胞は水分が一〇%以下しか含まれておらず、エネルギーを貯蓄するのに有利となっている。この脂肪細胞が集まった貯蔵脂肪組織が、異常に大きくなった状態が肥満である。

脂肪細胞のもつ特異な性質⁉

脂肪細胞は、成人のからだにおよそ二百五十億から三百億個あり、球形をしている。普通の細胞とは異なり、脂肪細胞だけはその中にぎっしりと脂肪を蓄えて膨張することができる。脂肪細胞の大きさは、ふつうは八〇～一二〇ミクロンであるが、肥満した人の細胞は余分なエネルギーが脂肪細胞の中に次々と貯蔵された結果、二〇〇ミクロン以上にも大きくなるという、伸縮自在の特異な性質をもっている。脂肪容量の伸縮は主として中性脂肪の増減によるものであるが、肥満者の細胞は核などの本来の細胞構造はまわりの脂肪にすっかり圧迫され、細胞膜にへばりついたようにさえなる。また、脂肪細胞はいったんできるとほとんど死滅しない。そのため、細胞の中に蓄えられていた脂肪が何かのかたちで使われきった後でも、細胞自体は萎縮してもなくならない。その後、もし余分なエネルギーが取り込まれたら、すぐに脂肪細胞本来の行動を開始することができる。

脂肪細胞の細胞数の多い肥満はHyperplast Type、また細胞数は変化せず細胞サイズの拡大による肥満はHypertrophic Type、とよばれている。乳児期や思春期など脂肪細胞の細胞数が生理的に増加する時期にできた肥満はHyperplast Typeである。脂肪細胞がとくに急増しやすい時期は三回あり、妊娠の終わり三カ月間の胎児の時期、生後一カ年の、とくにはじめの一カ月の乳児の時期、思春期初期といわれている。図1は脂肪組織容量の細胞の特性について見たものである。

体内に蓄えられた脂肪は、必要に応じ燃料として使用される。食物として取り入れられた脂肪は、消化されて脂肪酸とグルセロールになる。さらに腸より吸収された後、トリグリセライドに変換される。トリグリセライドは遊離脂肪酸の貯蔵型であり、脂肪組織や骨格筋に貯蔵されている。そして必要に応じてトリグリセライドから分解された遊離脂肪酸が、血液によ

図1　脂肪組織容量の細胞特性の変化

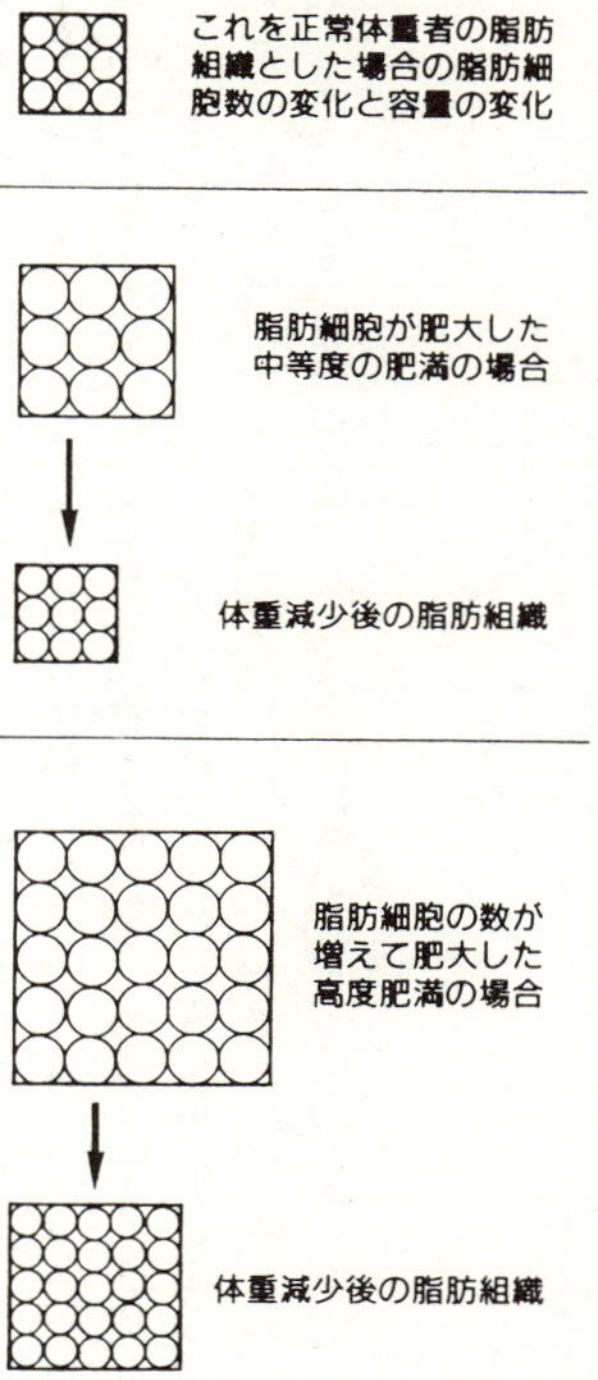

って脂肪組織から筋に運ばれ、そこで酸化されることになる。

脂肪は運動中、主に二つの方法により燃料として筋肉に補給される。一つは脂肪組織から血液で運ばれる遊離脂肪酸と骨格筋の中に蓄えられているトリグリセライドが燃料として使用される。運動中の燃料は通常炭水化物と脂肪だが、あまり強くない持久運動中、はじめ炭水化物が主な燃料として用いられ、その後の運動に脂肪が燃料として使われるようになる。エアロビクス運動が体脂肪の減少に役立つのはこのためである。すなわち、体脂肪の貯蔵部分から筋へ遊離脂肪酸が動員されることになり、体重が減少するわけである。

脂肪は悪者じゃない!

脂肪が果たす第一の役割は、言うまでもなく備蓄燃料としての役割である。これは、なにかの都合で食糧が手に入らなくなったとき、食べられない状態になったときのためで、たとえば渡り鳥は旅立ちの前に、クマは冬眠に入る前にたっぷり食べて脂肪を蓄える。そしてそれぞれ長旅を終えたとき、冬眠から醒めたときには脂肪はほとんどギリギリまで使いきられた状態になっている。

エネルギー源となるのは脂肪のほか、糖そしてタンパク質であり、タンパク質はさきに述べたように熱産生が低いため、エネルギーを出す、という意味ではたいした役割を果たさない。また糖は、熱産生は高いが体内に蓄えられる量はごく限られている。その点、脂肪は貯蔵に適しているが、現在の日常生活で脂肪をため込むような必要性はほとんどない。しかし脂肪組織は備蓄燃料としてだけではなく、からだの保温、内臓を保護するためのクッション、内臓を正常な位置に保つためのパッキングといった役割も担っている。また、女性のボディラインの美しさは皮下脂肪の巧妙なつき具合によるものである。

肥満にもいろんなタイプがある！

通常では貯蔵脂肪組織の約半量は皮下脂肪として存在し、残りの半量は身体の深部で内臓の周囲や筋肉、関節の周囲に存在するといわれる。しかし脂肪組織が異常に貯蔵されている肥満者の場合には、脂肪の付着部位が問題となってくる。

古くは男性型肥満と女性型肥満、最近ではウエスト／ヒップ比を用いた上半身肥満と下半身肥満とに分類されている。この場合、ウエスト／ヒップ比が女性では〇・八以上、男性では一・〇以上になると糖尿病の頻度が高いことが報告されている。しかし、これらの分類は主として皮下脂肪の蓄積部位の分布を想定して行なわれてきたものである。

腹部についていえば､ウエストの周囲を決定するものは必ずしも皮下脂肪ばかりではなく、腹腔内に存在する大網や腸間膜脂肪もその大きな要因になる。松沢らはＣＴスキャンにより腹腔内の脂肪量を測定し、腹腔内内臓脂肪の蓄積するタイプと皮下脂肪の蓄積するタイプの二つに分類できることを報告した。内臓脂肪が皮下脂肪よりよくないのは、代謝されて遊離脂肪酸になりやすく、遊離脂肪酸が糖代謝に重要な血中のインシュリンの働きを抑えるからである。また内臓の脂肪から出た遊離脂肪酸は、すぐに肝臓に達し、コレステロールや中性脂肪などの原料にもなりやすい。しかしその一方では、皮下脂肪よりも内臓脂肪のほうが適度な運動を行なうことにより減少しやすいことも報告されている。

脂肪はどこにつきやすいか？ 脂肪にはどんな種類があるのか？

皮下脂肪のつき方は、さまざまな条件に左右される。日常生活の中でも、その人の運動量によって左右される。たとえば、力仕事が中心の人や自転車などで動き回る仕事の人、机に一日中向かっている人ではそれぞれの運動量が違ってくる。また季節によっても違い、夏よりも冬のほうが脂肪がつきやすく、暑い地域よりも寒い地域のほうが、さらに男女による差や遺伝の影響など、脂肪の多い少ないは多くの要因に影響される。

からだ全体を見ると、皮下脂肪はふだんあまり動かさないところにつきやすい傾向があるといえる。しかし、一般的には体幹にもっともつきやすい。また男性と女性ではホルモンの関係で付着量、付着部位にも差がでてくる。男性の場合、まず腹部に脂肪がつき、ウエスト全体、背中、上腕の後側などにつきやすく上半身中心型が多いのに対して、女性は腰のまわり、下腹部、大腿部、胸などに多くつく傾向にあり、とくに二十代以降の欧米の女性には腰のまわり、大腿部に集中的に脂肪がつく下半身中心型の人も多い。

皮下脂肪のつきやすい部位

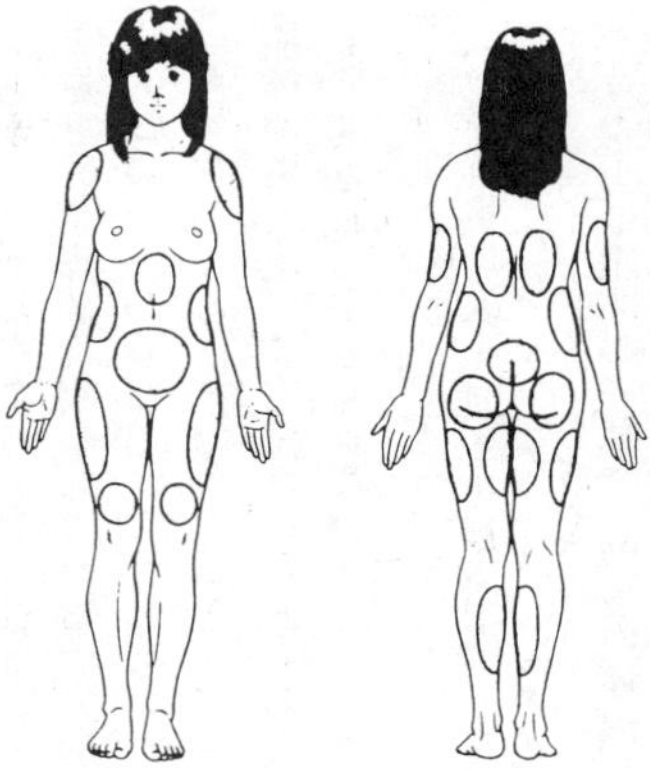

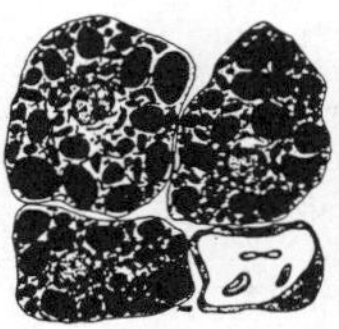

褐色脂肪組織（電子顕微鏡写真）多くの脂肪空胞が認められる（南フロリダ大学医学部解剖学教室、H.Keith Brown博士による）。

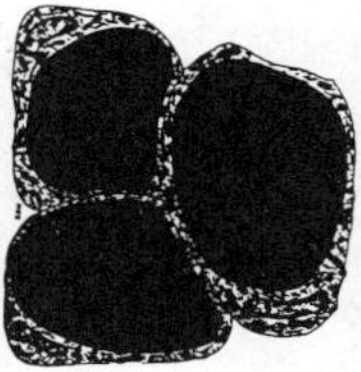

白色脂肪組織（電子顕微鏡写真）単一の脂肪空胞が認められる（南フロリダ大学医学部解剖学教室、H.Keith Brown博士による）。

あごや膝、ふくらはぎの内側などにも皮下脂肪はつくが腹部や腰まわりの量に比べるとわずかである。一般的には、男女ともに、からだの中心から遠のくほど脂肪はつきにくい傾向があるが、ただし子どもはこの限りではない。

脂肪組織には、白色脂肪組織と褐色脂肪組織の二つのタイプがある。この二つは機能的にも構造的にも異なるものである。人間ではほとんどの脂肪組織は白色脂肪組織であり、両者は色調の違いで識別できる。白色脂肪組織が過剰エネルギーを中性脂肪として貯蔵する場所であるのに対し、褐色脂肪組織は熱産生組織と考えられ、過食後と寒冷時に熱を体外へ放出させることをその生理的作用としている。人間の場合、新生児は肩甲骨間などに、大人は頸動脈の周囲と腎臓のまわりなどからだの深いところにあると報告されているが、人体については、はっきりしたことはまだよくわかっていない。しかし将来、褐色脂肪組織の研究が進んで褐色脂肪組織を増やす方法などがわかると、褐色脂肪組織で高い熱を産生して脂肪を減らすことも研究されるかもしれない。

スポーツで善玉コレステロールを増やそう!

コレステロールは脂肪の一種で、動物の体内だけに存在し植物には存在しない物質である。純粋なコレステロールは白くて固い脂の塊である。コレステロールが血管壁に蓄積すると動脈硬化を進行させることから、心筋梗塞などの虚血性心疾患の元凶と考えられ、悪者とされる場合が多い。しかしコレステロールはからだにとってなくてはならない重要な物質の一つである。コレステロールは、どの動物のからだの細胞にも含まれる細胞膜を作る材料であり、また脂肪の消化に欠かすことのできない胆汁酸の合成を促したりする。さらに、性ホルモンの原料ともなり、種の存続に不可欠のものである。そのため人のからだはたとえ体外からコレステロールを摂取しなくても、砂糖からでも脂肪からでも体内で必要に応じてコレステロールを作ることができるようになっている。したがって、コレステロールの量が少なくなると細胞の抵抗力や働きが低下し脂肪の消化ホルモンの合成などに支障をきたす。栄養失調、貧血、肝硬変症等になると血液中のコレステロール量が異常に減少する。

成人の体内には約一〇〇グラムのコレステロールが含まれているが、その二五％が脳に集中しており、まさに頭の働きを支えているといえる。また、コレステロールは前述したようにホルモンの原料ともなる。副腎皮質ホルモン、性ホルモンなど、体内でコレステロールから作られるホルモンをステロイドホルモンとよぶが、このホルモンは人体にいろいろな活力を与えることで知られている。ステロイドホルモンは、現在では人工的にもコレステロールから作られる。たとえばタンパク同化ホルモン（アナボリックステロイド）は、男性ホルモンの作用のうち性器の機能や発達を促す作用を取りのぞいて、筋肉を作る作用を強めた薬物であり、現在オリンピックでも使用が禁止されている。このホルモンは元来、手術後の患者の体重回復を目的として作られたものであって副作用も強く、スポーツ選手が筋肉増強を目的として簡単に使用するようなものではない。

コレステロールをはじめ脂質は水に溶けないため、小腸や肝臓で合成された脂質を全身の細胞に送るためにはリポタンパク質というかたちをとる。リポタンパク質には高比重リポタンパク質（ＨＤＬ、一般に善玉コレステロール）と低比重リポタンパク質（ＬＤＬ、一般に悪玉コレステロール）、そして超低比重リポタンパク質（ＶＬＤＬ、一般に悪玉コレステロール）およびカイロミクロンなど、主要な四種類がある。これらのものは比重が違っているだけでなく、それぞれの組成も役割も異なっている。

ＨＤＬコレステロールは組織から肝臓へ流れるコレステロールを回収し、動脈硬化の予防、改善をするため一般に善玉コレステロールとよばれるのに対し、ＬＤＬおよびＶＬＤＬコレステロールは肝臓から組織へのコレステロールの運搬、肝臓で合成した脂肪の運搬などに関与し、動脈硬化を促進する働きがあるため一般に悪玉コレステロールとよばれている。

運動と血中コレステロール量との関係については持久性運動がコレステロール量を下げ、動脈硬化の改善に役立つことが知られている。習慣的に身体トレーニングをしている者や長距離選手では、明らかにＨＤＬコレステロール濃度が高かったことが報告されている。

スポーツでダイエット　実践編

ダイエットのための運動のポイントは、言うまでもなくその運動のエネルギーとして脂肪を効率よく燃料とすること。運動には、筋肉内に蓄えられた燃料を使って瞬発的な動きを行なう無酸素運動と、酸素を介在に体内の脂肪を燃料にする持久的な運動である有酸素運動がある。有酸素運動はエアロビック運動ともよばれ、ジョギングやランニング、水泳、そしてエアロビック・ダンスなど、ある一定時間持久的に行なう運動である。テニスなどでも、サーブなどは瞬間的に筋力を使う無酸素運動だが、ある程度のラリーが続いたりすると呼吸数が上がり、心拍数が増えてエアロビックな要素が大きくなる。

からだを動かすエネルギーは、体内に蓄えられた糖や脂肪が化学変化したアデノシン三リン酸＝ＡＴＰという物質である。ＡＴＰの生成には、酸素を必要としない場合と必要とする場合の大きく二つのルートがある。大まかに分類すれば、運動を始めた直後の息もあがらず楽な状態はＡＴＰの生成に酸素が使われていない段階、その後の息のはずんできた状態がＡＴＰの生成に酸素が使われている状態だと言える。

ジョギングなどのエアロビック運動におけるＡＴＰ生成の変化をまとめると、次のようになる。

①筋肉中に蓄えられていたＡＴＰが直接、運動初期のエネルギーとして使われる
②筋肉中に蓄えられているＡＴＰはきわめて少ないため、筋肉中のクレアチンリン酸から

ATPを作る

③筋肉中のクレアチンリン酸にも限りがあるので、こんどは筋肉中のグリコーゲンがATPの原料になる

④筋肉中のグリコーゲンは、運動時間にしてわずかに八秒間ぐらいしかもたないために、体内の脂肪がATPの原料とされるようになる

①〜③の段階はすべて酸素を必要としないが、④の脂肪がATPの原料とされる場合には、必ず酸素が必要となる。運動を続けていると息づかいがだんだん荒くなるが、これは④のプロセスが①〜③と同時進行で進んでいくためである。こうして運動を続けていると、最終的にはATPはすべて有酸素のルートで作られるようになる。

脂肪を落とすには④の状態をできるだけ長く続けることが効果的であることは、もうおわかりだろう。注意しなくてはならないことは、ダイエットを急ぐあまり、運動が激しくなりすぎないことだ。はりきるのはいいとしても、ハードに動けばそれだけ脂肪がたくさん燃焼するなどと誤解してはいけない。運動強度がある限度を超えると、脂肪よりもエネルギー効率のよい糖が運動の燃料として使われるようになるため短時間しか運動が続かず、かえって脂肪の利用率は下がってしまうからだ。「あまりきつくないエアロビックな運動を、できるだけ長く続けること」、これこそがダイエットのポイント！

自分に合った運動をすること！

運動は楽しくやってこそ、からだにも、精神的にもいいもの。楽しいからこそ、長く続けられて、その効果も期待できる。とくにダイエットをしようという肥満ぎみの人が無理に激しい運動を始めると、心臓や筋肉、関節や腱への負担が大きく、からだを痛めてしまう危険もある。そこでなにより、自分に合った運動をすることが肝心。また、体力に自信のある人がダイエットを目的に運動をする場合は、運動内容をハードにするよりも運動する時間をのばすような種目や方法で行なうことが大切だ。

ここでは、ごく一般的で身近なダイエット・トレーニングを紹介しておく。

●歩く

歩くことほど身近なものはないだろう。体重が多いと、歩くことさえおっくうになってしまう。しかし、歩くことはりっぱなトレーニング。詳しくは二二四ページの「スポーツとしての歩き」を参考にしてほしい。

休日などには、思い切って空気のいい場所へのハイキングなどもおすすめである。

●ジョギング、ランニング

個人の体力に合わせて、いつでも、どこでも行なうことが可能な種目。その練習法の詳細は、二四三ページの「ランニングのメカニズムと最新のトレーニング理論」を参考に。

●水泳

表1　エアロビックな運動の種類

運動の種類	必要な時間	注意点
ジョギング	30分以上	過体重の人は、ひざや心臓の負担が大きい。事前に医師の診断をうけよう。マイペースを守ることが大切。
歩く	30分～1時間	過体重の人、運動に慣れていない人に最適のスポーツ。1日5000歩くらいから始めて、速歩で1日1万歩を目標に。
水泳	30分以上	関節に負担をかけないので、過体重の人にも無理が少ない。ゆっくり長く泳ぐこと。
テニス	30分以上	ラリーの続く練習も取り入れること。細かいフォームにはこだわらずからだ全体を使って。
サイクリング	30分～1時間	戸外でのサイクリングは坂道を使うと効果的。固定式自転車は、天候に左右されず、強度の調節ができていい。
エアロビック・ダンス	30～45分	楽しさが魅力。運動強度の調節が自由だが、がんばりすぎると腰や脚に障害が。やや弱めの運動に時間をかけてマイペースで。
ハイキング	30分～2、3時間	日曜日など自分の好きな林、高原に。歩行の延長として行なう。

体重が多かったり、足腰やとくに膝が弱いという人におすすめなのが水泳。水中では浮力がつくために、下半身の負担が軽い。はじめは泳がなくとも、水の中を歩くだけでもいい運動になる。さらに泳げるようになれば、総合的な体力をつける意味でも優れた種目である。

●サイクリング

のんびりとペダルをこいでいては、たいした運動にはならない。多少負荷のかかる登り坂のあるコースなどを最低でも十五分から二十分は走りたい。休日には二～三時間、平日でも一時間ぐらい走れば効果的。

かなり太った人でも、気軽にできる点が便利。

●エアロビック・ダンス

何人かの人が一緒に踊るため、自分に

合った運動量のクラスを選ぶこと。しんどいと思ったら、無理をしないで運動量の少ないレベルにまわしてもらうこと。あくまでもオーバーペースにならないよう注意が必要。膝や足首を痛めやすい点にも気を配ることが肝心。

エアロビック・ダンスの特徴は、ダイエットとシェイプアップの二つの目的別にできる点。ダイエットが目的の場合には、やや小さめの動作で長い時間続けること。また、シェイプアップが目的のときには、思い切り大きい動作で行なうのがよいだろう。

その他の運動もふくめ、エアロビックな運動とダイエットのために必要な運動時間および注意点をまとめたのが表1である。

効果的に脂肪を減らすポイント

すぐにでもやせたいというのは、太った人の共通の願いだと思う。しかし急激な減量はきわめてからだに悪い。運動をして、無理なく健康的にダイエットしてほしい。

そこで、効率よく脂肪を燃焼させるためのポイントをまとめておく。

①どのくらい運動すればよいのか

一日（あるいは一回）にどのくらいの運動量をこなせばよいのかの目安として、最低でも二〇〇カロリー、できれば三〇〇カロリーぐらいを消費することを目標にする。

表2は、いろいろな種目の運動で二〇〇カロリーを消費するのに要する時間を参考までに

示したものである。表を見ればわかるように、競泳を除くほとんどの種目で、二〇〇カロリー消費するために要する時間は二十分以上となっている。したがって、どんなに時間のない場合でも、最低二十〜三十分は運動を続ける必要があるだろう。

②運動の強度

表2　200Cal消費するには

運動の種類		体重60kgの人	体重50kgの人
歩行	60m/分	65分	80分
	80m/分	45分	58分
	120m/分	33分	43分
ジョギング	130m/分	25分	30分
	160m/分	20分	25分
ハイキング		48分	63分
なわとび		35分	45分
ラジオ体操		43分	53分
サイクリング(平地)	10km/時	43分	55分
	15km/時	28分	35分
水泳	クロール (100m/61.5秒)	2分30秒	2分30秒
	バタフライ (100m/64.5秒)	5分	5分
	遠泳	25分	25分
卓球		25分	28分
バレーボール (6人制)		23分	28分
テニス (軟式・前後衛平均)		23分	28分
エアロビック・ダンス (中等度)		30分	33分

専門的には、自分の最大酸素摂取量の六〇〜七〇％の強度で運動を行なうのが、ダイエットのためだけでなく心肺機能の向上にも理想的だと言われている。この強度をわかりやすく表現すれば、楽ではないがしんどくもない状態であり、ジョギング

ならば「おしゃべりをしながら走れる」ぐらいの強度と覚えておくとよいだろう。

現段階で最大酸素摂取量の測定は一般の人には不可能なので、だれにでもできる心拍数による運動強度の測定法を紹介しておこう。

心拍数は、言うまでもなく脈拍のことであり、手首や首の動脈に手を当てることで簡単に自分自身で測定することができる。もし体力に自信のある人ならば、十二分間程度全力を出しきるつもりで走り、その直後に脈拍を数え、自分の最大心拍数を知ることだ。この最大心拍数の六〇～七〇％ぐらいの心拍数で行なう運動が、最大酸素摂取量の六〇～七〇％の強度での運動にあたる。最大心拍数の測定に不安のある人は、表3に年齢段階別の安全目標脈拍数を示したので参考にしてほしい。この脈拍数を上回るような状態になる運動は、かなり激しい運動と言える。この脈拍数以下の範囲で運動を続けるとよいだろう。

また心拍数は、運動後からすぐにどんどん下がっていくため、一分間も測っていてはその数値は不正確となる。十秒測って六倍するという方法をすすめる。

表3　安全目標脈拍数

年　齢	脈　拍
20～29歳	170
30～39歳	160
40～49歳	150
50～59歳	140
60歳以上	130

③運動の回数
理想的には、もちろん毎日コンスタントに続けること。最低でも週に二～三回はトレーニングを行ないたいものだ。

図4　●足ならし用プログラム(初級用)●

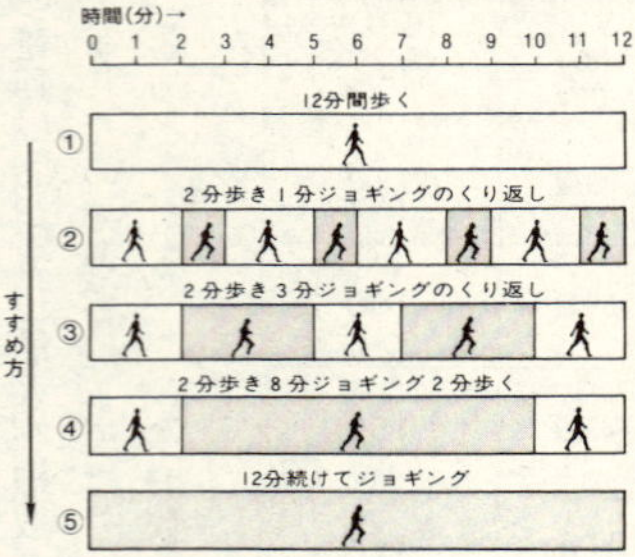

年齢別速度表

	：歩く		：ジョギング	
30歳未満	男子 110m/分	女子 100m/分	男子 120m/分	女子 110m/分
30～49歳	100m/分	90m/分	110m/分	100m/分
50歳以上	90m/分	80m/分	100m/分	90m/分

●足ならし用プログラム(中級用)●

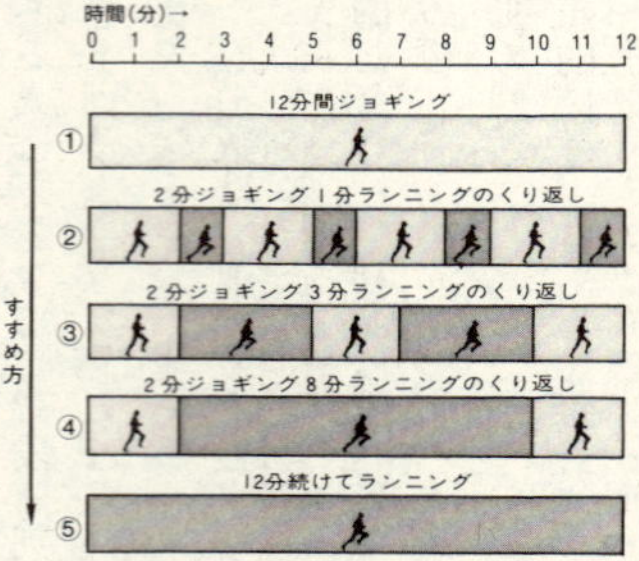

年齢別速度表

	：ジョギング		：ランニング	
30歳未満	男子 125m/分	女子 115m/分	男子 135m/分	女子 125m/分
30～49歳	115m/分	105m/分	125m/分	115m/分
50歳以上	105m/分	95m/分	115m/分	105m/分

(『スタミナ運動健康法』体力科学センター編)

アメリカスポーツ医学会（ACSM）によると、成人向けの減量に関するガイドラインのなかで、週三回以上、一回三十分以上、三〇〇カロリー以上を消費する運動をすることをすすめている。一カ月にいちどの運動、しかも運動後においしいビールをガブ飲みというのでは、ストレス解消にはなってもダイエット効果はまず望むべくもない。ダイエットの目的だけでなく、基礎体力の向上のためにもぜひ運動を生活習慣に組み込みたいものである。

こんなメニューはいかが

とりあえずジョギングでも始めてみようという気持ちにはなったものの、三十分以上も走りづめではつらそうだと感じる人、あるいは運動からはかなり遠ざかっていて走ることに不安を感じる人もいるだろう。そんな人には、歩きとジョギングを組み合わせた図4のメニューはいかがだろうか。とおしてやれば一時間の運動になる。

また、こうしたメニューで体力の回復した人やもともと体力に自信のある人のために、中級者用のメニューも併せて紹介しておく。スピードに変化をつけるので、単調な運動では飽きやすいという人にもおすすめである。

部分的なひきしめのノウハウ

これから紹介するのは、からだのひきしめたい部分別のプログラム。ポイントは、できるだけテンポよくやること。そのためにはリズム感のいい音楽に合わせて、エアロビック・ダンス感覚で行なってほしい。まずは準備体操をして、それぞれ十分ぐらい楽しもう。

1

2

3

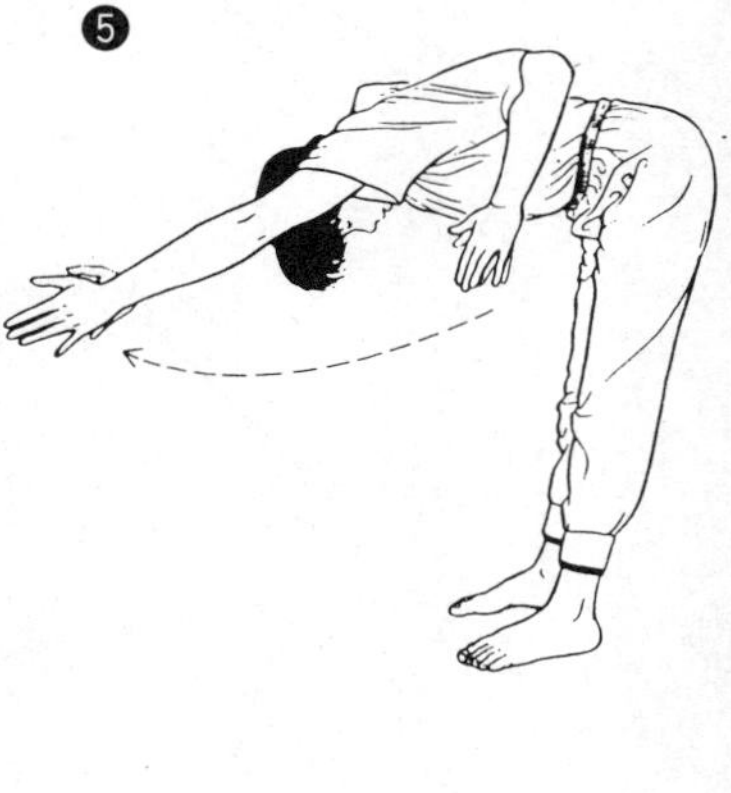

腕のひきしめ（各プログラムをそれぞれ二分、合計十分間）

❶掌を直角に立て、腕を水平にしっかり伸ばし、その腕を上下に動かす。
❷腕を水平にしっかり伸ばしたまま、手首から先を上下に振る。
❸腕を伸ばしたまま腕を回す。反対の回転と交互に行なう。
❹ひじから先を直角に上げたり、下ろしたり。
❺上体を前に倒し、腕を前に差し出す動作と引き込む動作を繰り返す。

❻

❼

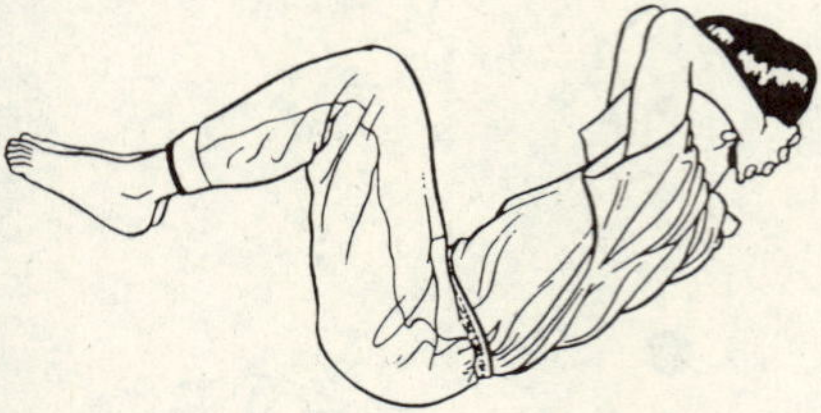

❽

背中とウエストのひきしめ（各プログラムをそれぞれ二分、合計十分間）

❻上体と足を思い切りそらせる動作と脱力を繰り返す。

❼両手を頭の後ろで組み、息を吸いながら上体をできるだけ後ろに倒し、息を吐きながらもとにもどす。ひねりを加えると直筋と腹斜筋をきたえることになり、脇腹のひきしめにも役立つ。

❽❼と同じ要領で、こんどは頭を片手で支えて行なう。支える手は左右交互に。

❾上体を左右に回す。

❿左右交互に体側を伸ばす。指先をできるだけ遠くへ伸ばす気持ちで。

❾

❿

⓫

⓬

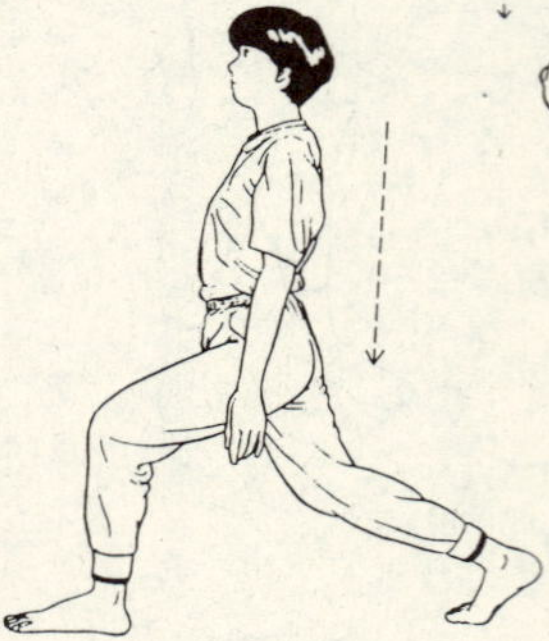

⓭

❽脚、ヒップ、ふとももののひきしめ（各プログラムをそれぞれ二分、合計十分間）

⓫手を頭の後ろで組み、背筋を伸ばして脚の屈伸。

⓬足を前後に開き、体重を利用して後ろ足の裏側の筋肉を伸ばす。左右交互に。

⓭よつんばいになって、ひざを胸にひきつけては後ろへ高く振り上げる。左右交互に行なう。

⓮横になり、軽くひざを曲げて足を振り上げる。十回ぐらいずつ左右交互に。

⓯左右交互にスキップをする。

⓮

⓯

いろいろなところで気軽にできるダイエット・メニュー

その気になれば、会社の休み時間や眠気払いにもダイエット・トレーニングは行なえる。ぜひ試してほしい。始める前には、軽い準備体操も忘れずに。

⑯おなか、胸、腕のひきしめに、机に向かっての腕立て伏せ。回数を多くやることがポイント。三十回から百回ぐらいはこなしたい。

⑰脚をひきしめ、敏捷性を高めるジャンプ。机に手をついてジャンプし、ひざを胸につける。二十回から五十回。

⑯

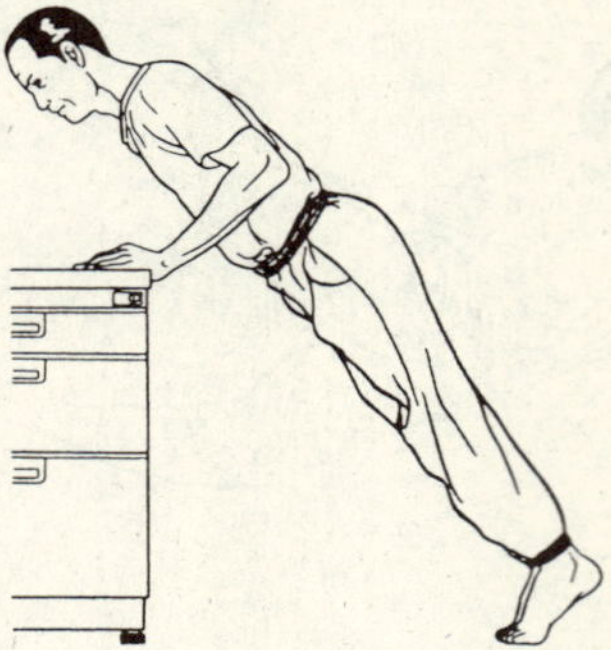

⑰

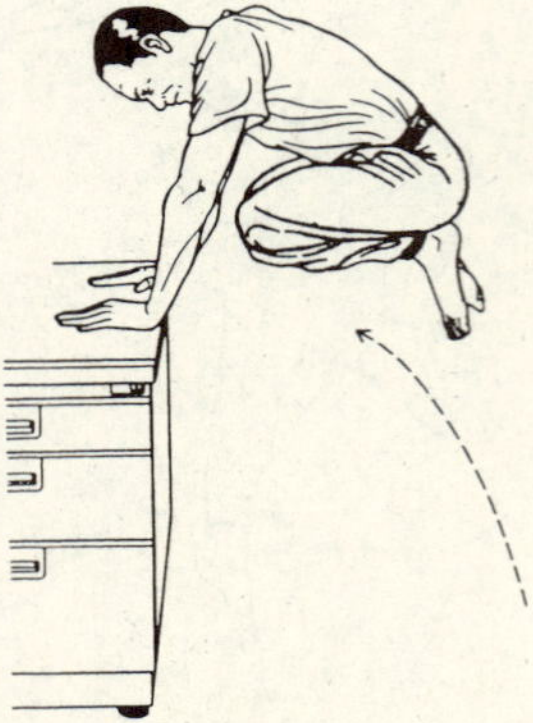

⑱ふとももをひきしめる屈伸。

片手で机につかまり、片足を前に伸ばした姿勢で立ったりしゃがんだりの屈伸を行なう。片足ずつ、それぞれ十回から二十回。

さらに、片手で机につかまり、片方の足を前後・左右に振り上げる。それぞれ十回ぐらいずつ。

⑱

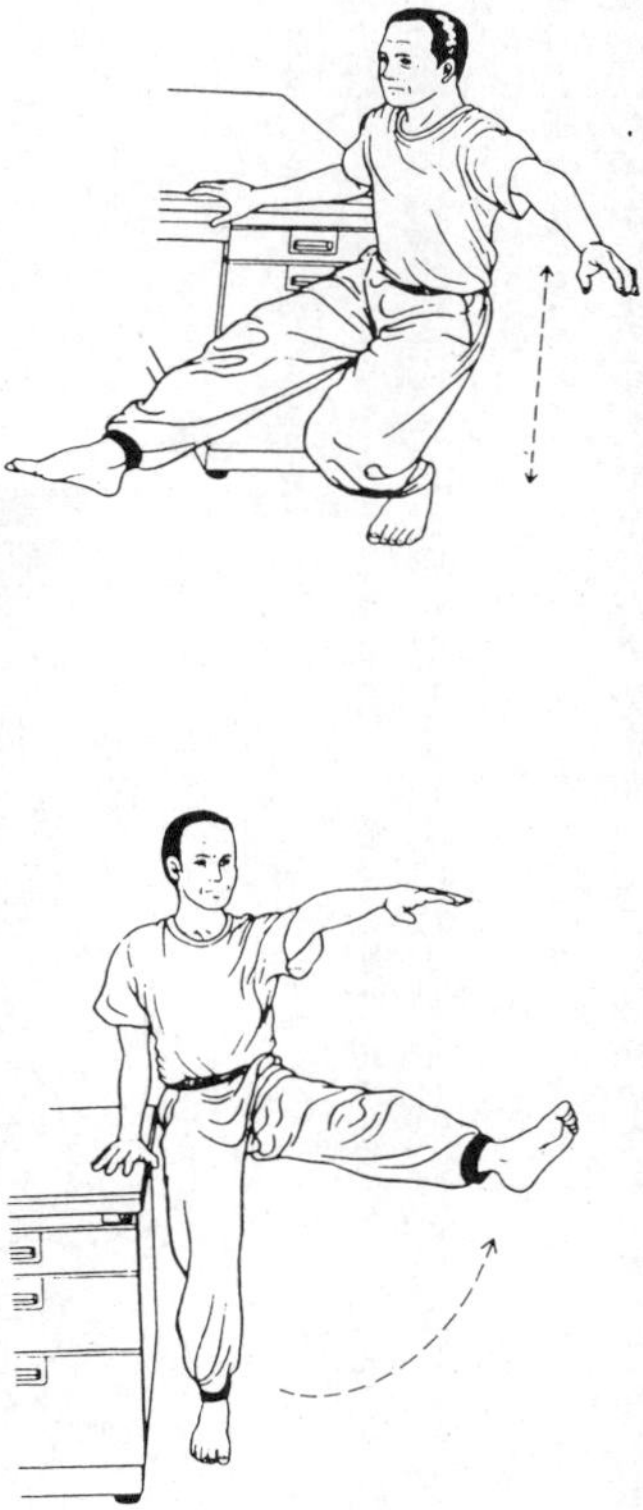

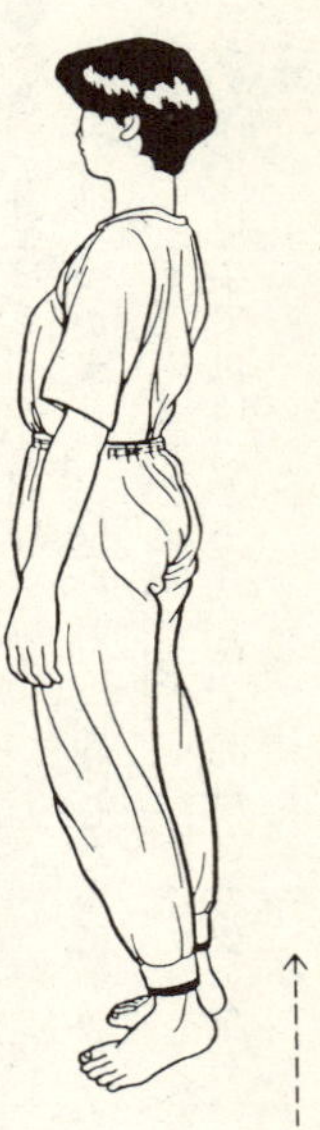

⑲おなかと脚をひきしめるつま先立ち。
つま先立ちは電車の中でも、どこでもできる。しかも、脚だけでなく気になるおなかのひきしめにも効果的。電車に乗ったら、座ってしまわずに背すじをビシッと伸ばしてつま先立ちをしよう。

⑳ふとももの裏側の筋をきたえ、ヒップアップをする片足後ろ上げ。
これも簡単。わずかに足を後ろに上げた姿勢を保つだけ。目立たないので、これも電車の中で行なえる。

スポーツ好きに教えるポパイのホウレンソウ②

ダイエットに効果的な食事のメニュー

鈴木正成（早稲田大学スポーツ科学学術院教授）

体重を減らす、すなわち減量することをダイエットだと考えている人がたくさんいます。これはたいへんな誤解なのですが、残念ながら一般の人びとばかりでなく、お医者さんも含めて専門家のなかにも同じように誤解している人が多いのが実情です。これは、肥満とは何かを正確に理解していないことに原因があります。ダイエットを合理的に実行するためには、まず、肥満とはなんなのかを考えることからスタートすることが大切です。

肥満とは、体重に占める不要な重量である体脂肪量の比率が異常に大きい状態のことです。もっと実感のできる表現をするなら、からだを支えるのに大切な組織である筋肉量を分母にとり、お荷物である体脂肪量を分子においたときの比率が異常に大きいために〝身重〟に感じる状態を肥満と言います。

すなわち、肥満とは体重の問題ではなく、〝体組成〟の問題なのです。したがって、体重は重くても筋肉が占める比率が大きい場合、たとえば引退したが、現役当時の大相撲の霧島や千代の富士のような筋肉質のからだで〝身軽〟であれば、肥満しているとは言いません。

反対に体重は軽くても、筋肉が少なく体脂肪の多い人は、歩くのも階段の昇り降りも〝身重〟に感ずるので、肥満していることになります。

肥満を体重ではなく体組成の問題なのだと理解できれば、正しいダイエットがどういうことなのかも自然にわかります。そうです。体重を減らすことは、必ずしもダイエットの目的ではなく、筋肉を増やすか、筋肉を現状維持しながら体脂肪だけを減らすかして、筋肉に対する体脂肪の比率を改善することがダイエットなのです。

したがって、栄養素のバランスがとれた食事を食べるにしても、カロリー制限だけのダイエットをすると、たとえば体重が一〇キログラム減量したとした場合、そのうちで体脂肪の減量は半分の五キログラム程度にすぎず、残り五キログラムは筋肉などの減量で占められるので、まったく体組成の改善にならず、からだ全体がしぼんで不元気になるだけです。

しかし、減食しながら、それに併せて運動を実行した場合には、一〇キログラムの減量分のほとんどが体脂肪の減量で占められ、筋肉は現状維持されるので、体組成が改善されます。運動としてはジョギングや水泳などが有効ですが、ダンベルや鉄亜鈴などを使うウエートトレーニングをやると、筋肉を増やしながら体脂肪を減らすことができるので、体重の減少は小さくとも体組成の改善は著しいという結果を得られます。したがって、ダイエットのためには、理想的には筋肉づくり運動と体脂肪を燃やすための持久性運動の両方を上手に組み合わせることです。

さて、体脂肪が増えないようにするための食事はどうするかという問題ですが、基本的に大事なことは脂肪のとり方を合理化することにあります。

まず、夕食で脂肪をとることを極力避けること。そのために油で揚げてフライにしたりソテーにした料理を食べないことです。たとえば、ごはんと豚カツ、味噌汁のような夕食を食べたとすると、食後のエネルギー代謝はごはんのでんぷんを中心に分解して進むことになり、豚カツに含まれる脂肪は分解されず、血中に吸収されたまま全身を循環しているうちに、皮下や腹腔内の脂肪組織に蓄積されていきます。

これは、食後に分泌されてくるインシュリンが、血中の脂肪を心臓や筋肉に取り込む〝ゲート〟を閉じてしまう一方で、脂肪組織への〝ゲート〟を大きく開くためです。インシュリンの分泌は、食後に運動すると抑えられるので、夕食後に散歩をしたり、ひと休みしてからダンベル（三〜七キログラムを二つ使う）運動を十分くらい実行すると、心臓や筋肉のゲートが開かれるので、脂肪が分解されるようになります。

したがって、夕食から脂肪をできるだけカットするようにしながら、夕食後に運動をすれば、睡眠中に体脂肪が不必要に蓄積するのを防げます。視点を変えれば、脂肪は食後に睡眠に入る夕食でとるよりも、食後に労働やスポーツができる朝食でとるのが合理的だということです。

もう一つ、脂肪のとり方に関係することですが、インシュリン分泌力の強い炭水化物、とくに砂糖やぶどう糖のような糖分と脂肪を同時にとることを避けることが大切です。前述したようにインシュリンは脂肪組織のゲートを開けて血中に吸収された脂肪が体脂肪になるのを刺激するからであり、その作用はインシュリン分泌力の強いものほど大きいからです。

この問題に関連して、糖分と同様にインシュリン分泌刺激作用のあるでんぷん質食品に対する注意も必要です。その刺激力は、消化・吸収の早い食品でより強くなるので、焼きジャガイモはパンよりも、パンは白米ごはんよりも、白米ごはんは玄米ごはんよりも、それぞれインシュリン分泌刺激力が強いのです。このことは、とくに焼きジャガイモの場合など、そのインシュリン刺激力は砂糖の作用とあまり変わらないことを考えれば、馬鹿にするわけにはいきません。

したがって、バターやクリームの入った洋風の甘味、そして若者たちが好んで口にするフライドポテトやフライドチキンなどを砂糖入りソフトドリンクで食べたり、夕食で焼き肉などの脂肪食を食べ、アフターディナー・デザートに甘味を楽しむなど、洋風の食べ方には太る原因がたくさんあることに注意することです。

結論として、一日一回は運動で汗を流すこと、そのうち週に二回くらいは筋肉づくり運動をすること、夕食では肉や魚を焼くか煮るか刺身で食べ、朝食では卵やチーズのような脂肪を含む食品を食べるようにするのが、ダイエットの食べ方の大筋です。ビタミンやミネラルが不足しないよう、牛乳を毎日約五〇〇ミリリットル飲む、食卓には果物を欠かさないなど、毎日必ず食べる基本食を決めておくことも大切です。

PART 3
自分に合った体力アップの最新ノウハウ

スポーツとしての歩き

科学的に証明されたスポーツ効果とその効能

藤原健固（中京大学教授）

なぜ、歩くのか、と問われて、私は単純に楽しいから、と答えることにしている。背筋を伸ばしてサッサと歩けば、そう、二十分も歩けば気持ちが高ぶってくる。これは誰にでも味わうことのできる爽快感である。しかし、その向こうに未知の世界がある。それは「歩きの世界」とでもよべるものであり、自分だけの世界である。もうひとりの自分を「歩き」が育ててくれる、と言えるだろう。

爽快感は、からだが精神におくる贈り物である。爽快感は、「さあ、歩くぞ」という気持ちでサッサと歩くだけで味わえる。しかも、確実に手にすることができる。

今、なぜ「歩き」なのか

からだの動きが精神を支配する。これは単純な真理である。楽しくふるまえば楽しくなる。それだけのことだ。私たちは、日頃思い悩み、必要以上に精神を腐らせている。そして、ともすると心のもち方が精神を支配すると思っている。これは間違いだ。ウソだと思ったら、サッサと歩くぞという思いを込めて（これが肝心）背筋を伸ばして二十分間だけでも歩いていただきたい。そうすれば、日頃の悩み、ストレスがいかに思いすごしで他愛ないものかがおわかりになると思う。

ことほどさように、行動が精神を支配している。この単純な真理が逆に受け取られ、必要以上の悩み、ストレスを抱え込んでいるのが現代人の特徴である。なぜ、今「歩き」なのか、その一つの答えがここにある。

二つめの答えは、もうひとりの自分を育てることにある。歩きの爽快感は、自分だけの世界、すなわち「歩きの世界」をつくりあげる。自分だけの世界で静かに、そして深く考え、感じる中にもうひとりの自分を発見し育てる世界が約束される。それは歩く速さで物事を見たり考えたりすることで可能となる。自分をとりまく世界は、人でもモノでも自然でも、思ったほど速く進んではいない。それを錯覚して、必要以上に焦ったり、不安がったり、忙しがっているのが現代人のもう一つの特徴である。車のスピードでは、見落とすものがあまりにも多い。だいいち、車に乗ってしまえば車によって運ばれているのであり、自分自身で移動しているわけではないからだ。ここに〝自分〟をとりもどす意味があり、「歩き」はそれを手っとり早く、しかも確実にする、一つのよい方法だ。

「歩き」が楽しさと充実感を与え、さらにもうひとりの自分を育てる場を与える意味は大きい。とくに現代という時代は、この単純な贈り物を過去のものとして見落としている。あるいは、あえて見落とそうとしている。そして、浪費に走っている。浪費とは、努力に結果が見合わないことだ。その最大の原因は、結果が時間とカネの多寡によって決まると思っていることである。時間をかけ、カネを使って歯をくいしばって努力してこそ、意味があり、そんなことが結果を左右するとさえ思っている。こうしたモノサシで物事を計るものだから、矛盾が起きる。早い話、たまの休みに一日使ってゴルフ・コースに出て、三万円使うよりも一時間でもそこらへんをサッサと歩いたほうが、少なくともからだの健康にはプラスになる。

単純な中に、真理は隠されている。歩くという小さなことの中に、実は大きな意味が含まれている。それは、歩くという身近なことが心とからだに影響を与え、ひとりの人間を育くむということである。とくにこのことは高齢化の中で大きな意味をもつ。まさに、身泰《やす》く心泰《やす》きは誰もが望むところであり、社会的課題でもある。歩きの可能性は、いわば小を積んで大をなす、ことにある。

しかし、ホントのことを言うと、私自身はからだのために歩いているのではない。また、精神のために歩いているのでもない。そんなことは、半分どうでもよい。ただ楽しいから、というとちょっとキザかもしれない。あるいは歩き中毒なのかもしれない。この中毒は、ときとして現実でない世界を見せてくれる。それは一種の陶酔境であり、ウォーキング・ハイともよべる世界である。歩きによるハイの状態は、求めて得られるものではない。向こうからヒョイと訪れるものである。このあてのない愉しみにこそ、歩きの醍醐味がある。

「歩き」は立派なスポーツだ！

歩くくらいでは運動にならないよ、という声をよくきく。しかし、歩きは立派な運動であり、しかも理にかなっているところにその魅力がある。

運動とは、からだを動かしてその動きを楽しむことを指す。そして、動きはエネルギーに支えられている。

私たちは一般に、一日二〇〇〇キロカロリーから三〇〇〇キロカロリーを食物からとっている。寝ていても消費する一日のカロリーは、およそ一五〇〇キロカロリーである。残りのカロリーは、からだを動かして消費する必要がある。しかし、現代社会は自分が自分で動く機会が少ない。つまり、運動量が足りないわけである。その結果として、からだと心に変調をきたすケースが少なくない。

一般人の場合、一日あたり一五〇キロカロリーから三〇〇キロカロリーを運動で消費することがよいとされている。ここで結論を先どりして、「歩く」ことがいかに運動として有効かをつまびらかにしよう。たとえば、一日あたりの運動消費量の目標を三〇〇キロカロリーとした場合、時速五・四キロメートルで七十分歩くとこの目的が達成される。もう少し詳し

表1　歩いて300キロカロリー消費するのに要する時間

歩くスピード感	スピード(時速)	300kcalを消費するのに必要な時間	1分間あたりの消費カロリー
ぶらぶら歩き	3km	110分	2.7kcal
ゆるやかな歩き	3.6	100	3.0
ふつうの歩き	4.5	90	3.3
大股でさっさと速歩の歩き	5.4	70	4.2
大股で全力の歩き	7.2	38	7.9

(注：時速10kmほどのジョギングの消費カロリーは毎分約5.5kcalである)

く三〇〇キロカロリーを歩いて消費する場合のスピードと時間を見ると、およそ次のようになる(表1)。

いわゆる、〝ぶらぶら歩き〟というのは、三キロメートルを一時間ぐらいかけて歩くことである(時速三キロメートル)。このとき、三〇〇キロカロリーを消費する時間は、約百十分である。

また、時速三・六キロメートルは、〝ゆるやかな歩き〟とでもよべる歩きである。この場合、三〇〇キロカロリーを消費するには、約百分必要となる。

昔から人の歩く自然の速さは時速四キロメートルと言われてきたが、実際に歩いてみると、この速さでは遅すぎることがわかる。というのは、四キロメートルを一時間もかけて歩いているうちにダラけてよけい疲れてくるからである。

こうした遅い歩きは、健康な人にとっては健康のための歩きにはならない。健康のためには、せめて時速四・五キロメートルの歩きをめざしたいものである。この時速四・五キロメートルで歩いているとき、多くの人はこれが〝自然の歩き〟だと感じるはずだ。この場合、三〇〇キロカロリーを消費するのに必要な時間は約九十分である。

しかし、理想的な目標とすべき歩きの速さは時速五・四キロメートルである。この速さで歩く場合、大股で歩くぞという気持ちでサッサと歩かなければならない。これは〝速歩の歩き〟である。この場合、三〇〇キロカロリーを消費するのに必要な時間は、約七十分である。

さらに、時速七・二キロメートルで歩く場合、三〇〇キロカロリーを消費するのに要する時間はわずか三十八分である。しかし、この速さで歩くには大股で歯をくいしばって全力で歩かなければとても歩けない。これは近年アメリカから入ってきたエキササイズ・ウォーキングの考え方による歩きである。しかし、やや実際的ではない。速すぎるのである。

以上の点を頭において、ごく一般的に、健康のために健康な人が歩く場合の目標は、時速五キロメートルということになる。これを目標とする場合のコツは、自分がふだん歩いている速さより二〇％速く歩くことである。先に見たように、多くの人は時速四・五キロメートルぐらいの速さで歩いていることが多い。そこで、歩くぞという気持ちで背筋を伸ばし、サッサと歩くように〝ちょっと〟努力するだけで二〇％はアップできる。そして二十分も歩けば爽快感を味わうことができて、歩きが楽しくなってくるはずだ。

ふだんよりも二〇％速く歩く！

しかし、同じスピードで同じ距離を歩いても、体重が多ければそれだけ消費カロリーは大きくなる。グループでハイキングに行った場合など、太った人が早くバテやすいのはこのためだ。時速五・五キロメートルで体重六五キログラムの人が歩く場合の消費カロリーは、体重七五キログラムの人が時速五キロメートル、体重九五キログラムの人が時速四キロメートルで歩いた場合の消費カロリーに相当する。ちなみに、体重五五キログラムの人だと時速六・四キロメートルで歩いた場合の消費カロリーに相当する。

実際に歩く場合、歩数計（万歩メーター）を腰につけて歩くのも一つの方法である。ごく一般的に言えば、歩数と消費カロリーの関係は、だいたい三十歩で一キロカロリーの消費とみてよい。そこで、毎分百歩（時速四・五キロメートル）で九十分（つまり九千歩）歩くと三〇〇キロカロリーを消費するという計算になる。

ところで、歩数と歩幅の関係も重要である。一般的には一歩の歩幅は七五センチメートルなどと言われるが、歩幅の場合、身長に大きく左右される。そこで、歩幅は身長から一〇〇を引いた値だと考えれば妥当である。たとえば、身長一六五センチメートルの人の場合の歩幅は、六五センチメートルとなる。

さらに、同じ道を同じ条件で歩いても性別によって消費カロリーは違ってくる。女性は、男性よりも約一〇％消費カロリーが少なくてすむ。

また、歩く場所によっても消費カロリーは違ってくる。平らな道よりも登り道を歩くほうが消費カロリーは当然高くなる。山道などで汗をかき心臓をおどらせて歩く場合の消費カロリーは、平らな道を歩くときに比べて二倍から三倍（約八～一二キロカロリー／分）にもなる。お寺や神社の長い石段を歩く場合もそうだ。千五百段の石段を急いで上って下りてくるだけで、およそ五〇〇キロカロリーの消費となる。この夏、中国の黄山に登ったとき、山を生活の生業《なりわい》としている多くの若者に出会った。このとき、石段の偉力をまざまざと見せつけられたものだ。重い荷物を肩に、長い階段を登り降りする彼らのからだは、まさに鍛えられた、近寄りがたい雰囲気さえもっていた。

歩きの速さと時間が適切であるかどうかを知る一つの目安は、心拍数である。心拍とは脈拍ともいわれているが、心臓が打つ鼓動である。心拍数は、一分間に打つ心臓の鼓動の回数を指す。心拍数の計り方は、左手の手首の内側に右手の中指とその両側の三本の指の内側を当てて一分間に何拍の脈があったかを数える。

年代別の最大心拍数（表2）は、およそ二十代で二〇〇、三十代で一九〇、四十代で一八〇、五

表2　年代別の最大心拍数

年代	最大心拍数（100%）	70%の目安	60%の目安
20	200	140	120
30	190	130	115
40	180	125	110
50	170	120	100
60	160	110	95

十代で一七〇、六十代で一六〇といったところである。健康のための運動で大切なのは、最大心拍数の六〇%から七〇%になる運動の強さを二十分から一時間ぐらい続けることである。この条件を満たす点でも、歩くことは適している。

そこで、自分の最大心拍数の六〇%から七〇%になる歩きを目標にするわけであるが、実際にはふだんの歩きより二〇%速く歩くことでこの目標はほぼ達成される。

「歩き」にはこんなに効能がある!

歩きは健康に大きな効果をもたらす。運動が健康によいと言われる根拠は、次の原則に基づいている。すなわち、健康によい運動とは、「その人の(個別化の原則)、そのとき(今、現在)の、最大運動能力(力を出しきって精いっぱいがんばってできる運動)の六〇%から七〇%の運動を継続的に(二十〜六十分/回、二回以上/週)行なう」運動である。すなわち、酸素を充分にとり入れながら、持続的に行なう運動ということになる。

しかし、現実には健康のための運動に誤解や誤りがある。運動はしないよりもしたほうがよいとか、運動はすればするほどよいとか、へたなものよりもじょうずなもののほうがよいとか言われる。しかし、そんなことはない。もともと運動をしないほうがよい人もいるだろうし、運動をする場合でも適切さというモノサシが必要であり、さらにじょうずへたは健康という観点から言えば関係はない。

図1　主な歩行筋

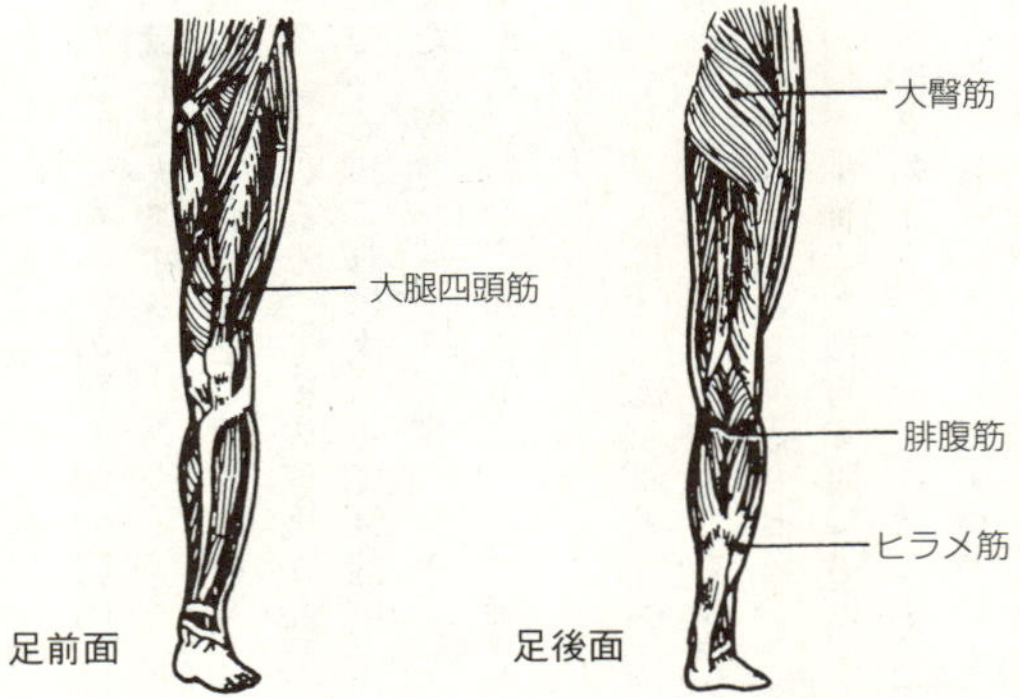

歩くという運動は、こうした考え方に照らしてみた場合、多くの人にとって一つの理想的な運動であると言える。

歩きを理想的な運動だとする根拠には、二つの側面がある。一つは、誰でも、どこでも、いつでも、できることであり、もう一つは、その効果が大きいことである。具体的に言えば、歩くことの効果は、「全身の筋肉を鍛え、足腰を強くし、内臓を丈夫にし、肥満を防止し、体力を向上させ、成人病を防ぎ、天寿を全うすることにつながる」ことである。

①足腰を強くし全身の筋肉を鍛える

ヒトは足腰から弱る、と言われる。歩けなくなったら動物はおしまいである。人間にとって命を保つことはできても「寝たきり」の四文字は、悲しく寂しい。

歩くのに使う筋肉は、とくに歩行筋（図1）とよばれ、全身の筋肉の半分以上を占めている。また、歩きながら手のひらを腹筋と背筋に当てると、これらの筋肉が緊張しているのがよくわかる。また、手を振ることで上半身の筋肉が使われる。こうして歩くという単純な運動を続けるだけで、からだの約八割の筋肉を使い鍛えているのである。

②内臓を丈夫にする

歩くことで心臓は強い収縮力をもつようになり、多くの酸素をからだにとり入れることができるようになる。心臓の筋肉が発達し強い収縮力をもった心臓を、一般にスポーツ心臓とよんでいる。これは大きくて性能のよい心臓を指している。

また、歩くことで肺の働きもよくなる。歩くことで呼吸がさかんになり呼吸筋が鍛えられ、呼吸が楽に行なえるようになる。肺活量が大きくなり、酸素をからだにとり入れることが容易になるからである。

さらに、歩くことで冠動脈を鍛えることができる。冠動脈は心臓の筋肉である心筋に酸素や栄養素を含んだ血液を送り込む働きをしている血管である。歩くことで血液の流れがよくなり、冠動脈を拡張し発達させる。この結果、冠動脈の硬化を予防する。

その他、歩くことは胃や腸にも効果をもたらす。それは歩くことで血管が拡張され、血液の流れがスムーズになり、血管に老廃物がたまりにくくなるからである。血管の老化を防ぐことこそ、健康にとって大切なのである。

③肥満の防止と改善に役立つ

肥満かどうかを測る一つのやり方は、身長から一〇〇を引いた値に〇・九をかける。そして、得られた数値のプラス・マイナス一〇％が適性体重というものである。たとえば、身長一七〇センチメートルの人の場合、まず一七〇から一〇〇を引くと七〇になる。七〇に〇・九をかけると六三・〇となる。すなわち、六三・〇キログラムが標準体重であり、プラス一〇％の六九・三キログラムからマイナス一〇％の五六・七キログラムまでであれば問題ない、ということになる。

肥満というのは、一般的に二〇％以上標準体重をオーバーした場合のことである。肥満は見た目以上にからだの内部での異常を誘発しやすい。とくに、成人病の引き金になりやすいことが知られている。

歩くことで肥満を予防ないし改善することができる。それは二十分も歩くと脂肪細胞中の脂肪が分解してエネルギーの補給に向かい、その結果、脂肪細胞が小さくなるからである。このことは、少なくとも二十分は歩く必要があることを示している。というよりも、歩きはじめて二十分後から効果が出はじめることを意味している。すなわち、三十分の歩きなら十分間の歩きの効果が得られるということになる。したがって、三十分とか六十分とかまとめて歩くことが大切であることが理解できる。このように考えてみるとゴルフコースに出て六キロメートル歩いたといっても、やせない理由がわかる。すなわち、大切なのは歩く距離ではなく二十分以上どれだけ続けて歩くのかなのである。

④体力を向上させる

歩くことで体力を向上させることができる。行動を起こし（筋力、瞬発力）、調節し（バランス、すばやさ、巧みさ)、持続させる(スタミナ)能力を向上させるうえで、歩くことは効果を発揮する。歩くことで筋機能、運動神経を発達させ心臓、肺、血管などの呼吸循環機能を高めるからである。

また、歩くことはストレスに対する抵抗力を高める。いわば、歩くことで環境への適応能力が高められるのである。すなわち、歩くという小さな運動の継続が、心配、恐れ、睡眠不足、ダニ、花粉、光化学スモッグ、温度差などに対する適応能力を高めることにつながるのである。

⑤成人病の予防と治療に役立つ

成人病の代表的なものに高血圧症、心臓病、糖尿病などがある。歩くことは、これらの成人病の予防と治療に欠かせない。

血圧の正常値は、最高血圧値一三九ミリメートル以下、最低血圧値八九ミリメートル以下である。血圧値がこれらのうち片方、あるいは双方を恒常的に超えている場合、高血圧症とよばれる。歩くことが血圧を下げるのに役立つのは、歩くことによって血管が広がって血液の流れをスムーズにするからである。すなわち、歩くことで主として足の筋肉が消費する栄養と酸素の量が増えるので、細動脈は内径を広げ血液を多く流すようになる。

歩くことが心臓病の予防と治療に役立つのは、歩くことで血液の流れがよくなり、栄養と酸素が動脈壁に充分供給され動脈硬化の予防と改善につながるからである。とくに、心臓の冠動脈硬化の予防と改善にとって歩くことは、HDLコレステロール(善玉コレステロール)

を増やし、動脈壁にへばりついたよくないコレステロールをそぎ落とすのに効果的だ。

歩くことが糖尿病の予防と治療に役立つのは、歩行中は、ブドウ糖を燃焼させる際のインシュリンが安静時に比べて少なくてすむからである。すなわち、歩くことで筋肉細胞中のグリコーゲンが不足してくると、血液中のブドウ糖と肝臓にあるグリコーゲンからつくられたブドウ糖が消費され、血液中の血糖値が低下してインシュリン不足に対応できるようになる。

これら成人病の予防と治療の目的で歩く場合、二つの注意が必要である。一つは、無理をしないこと。徐々に歩く距離をのばし、スピードを速めることである。目標としては一日二十分から六十分、週二回以上を生活の一部として歩くことである。そして、きびしい暑さ寒さの中では歩かないことである。

もう一つは当然なことかもしれないが、医師にかかっている場合は必ず医師の指示に従うことである。

「歩き」は、脳や心も活性化する！

以上、歩くことが健康に大きく貢献する点について見てきた。しかし、歩くことは頭の健康にも役立つ。それは歩くことが脳を活性化し、ボケを防ぎ、心の変調を防ぐからである。

①歩きは脳を活性化する

背筋を伸ばしてサッサと二十分も歩くと爽快感を味わうことができると先にも書いたが、

それは脳の活性化を意味する。歩くことで脳が活性化するのは、次の二つの理由による。

一つは、歩くことで脳細胞に充分な酸素が送り込まれることである。脳細胞は、もっとも多くの酸素を必要とする細胞である。歩くという軽い運動を続けることで、何もしないでいるときに比べて三〇%から五〇%増の酸素を脳細胞に供給することができる。充分な酸素を供給された脳細胞は活性化し、頭がスッキリして爽快感をもたらすのである。

もう一つは、歩いて筋肉を動かすことで脳の神経細胞が刺激されることである。そして、脳の神経細胞と神経細胞の新しいつながりをもたらす。これが脳の老化を防ぎ、脳の活性化につながるのである。

歩くことは、このように脳の活性化につながる。しかし、ただたんに漫然と歩くのではなく、何かテーマをもって考えながら歩くとより効果的である。考えながら歩くことで意欲が湧いてくる。そして、脳が活性化され、記憶力、思考力、ひらめき、集中力を高めるのである。

②歩くことで〝ボケ〟を防ぐ

加齢は否応なく脳への酸素供給を減少させ、脳の神経細胞の退化をもたらす。すなわち、加齢によって脳細胞の老化が生じ、いわゆるボケという症状につながることがある。歩くことで〝ボケ〟を防ぐ効果が得られるのは、次の三つの理由による。

一つは、前述のとおり歩くことで脳細胞に多量の酸素が供給され、脳の神経細胞の退化を防ぎ脳の活性化が促されることである。

二つめは、歩くときに使う主な筋肉（図1）を鍛えることが、脳の神経細胞の退化防止に役立つことである。筋肉は相生筋《そうせいきん》と緊張筋に分けられる。意欲的な、瞬時にパワーを発揮するようなハードな運動をする場合に使う筋肉が相生筋である。また、姿勢を保ち長く続けるようなソフトな運動をする場合に使われる筋肉が緊張筋である。脳の活性化と脳細胞の退化防止には緊張筋を使うことが効果的なのである。とくに、歩幅を長く、背筋を伸ばして、スピードをあげて歩く場合、緊張筋は鍛えられる。また、下り階段や下り坂を歩くときにも、緊張筋が主として使われる。

三つめは、脳の神経細胞への刺激時間の長さが挙げられる。歩くことは長く（二十分以上）続ける運動だから、脳の神経細胞への刺激時間も長い。このことが脳細胞の退化防止に役立つのである。

③歩くことで心の変調を防ぐ

私たちは、過度のストレス下におかれている。その結果、交感神経が過度に興奮しやすい。また、ストレスは強度の疲労感、食欲不振、頭痛、首や肩のこり、便秘といった軽症うつ病にもつながりやすい。

歩くことで心の変調を防ぎ、軽症うつ病に対処し得るのは、次の二つの理由による。

一つは、積極的に歩くことで交感神経と副交感神経のバランスが得られやすいことである。生理的なバランスが心のバランスにつながると言ってもよいだろう。行動が精神を支配するのである。

二つめは、胸を張って背筋を伸ばしてサッサと力強く歩くことで、不安よりも勇気を、消極性よりも積極性を育てる原動力になることである。

ともあれ、歩くことは行動を起こすことである。行動がからだと心に望ましい影響をもたらす、一つの典型的な例が歩きである。

歩き方のポイント!

①歩き方

小を積んで大をなすほどの歩きでも、歩き方が大切である。理にかなって無駄がなく、効率的な歩き方は、「上体をまっすぐに伸ばした姿勢で、からだのどこにも力を入れすぎないで、のびのびした気持ちで軽快な足どりでサッサと歩く」ことである。

こうした歩き方は言葉で言うほど簡単ではない。しかし、実際問題としては、とにかく歩いてみることである。歩く気持ちで時速五キロメートルのスピードで二十分から六十分くらいを週二回以上三カ月から六カ月も歩けば、自分にもっとも適した歩きのフォームというものが自然に身につくはずだ。その際、いつも歩いている楽な自然の歩きからはじめて、徐々にスピードをあげていくことである。

②目的をもって歩く

歩きの秘訣は、歩き方よりも歩く気持ちにあると言える。その基本は、歩くことを楽しむことである。一歩一歩楽しむ、というか一歩一歩が楽しいという気持ちで、目的に応じて歩きを捉えるのである。

ⓘ健康を求めて歩く場合

何らかの病気の予防もしくは治療のために歩くことをとり入れようとする場合は、決して無理をしてはならない。根性で歩くことは厳に慎しまなければならない。とくに、治療目的で歩く場合には、医師の指示に従って歩くことが大切である。

目安としては、自分の最大運動能力の六〇%から七〇%の運動量になる歩きの範囲にとどめるべきである。ごくおおざっぱに言えば、時速五キロメートル前後の速さで二十分から六十分、週二回以上歩くことである。

ⓘⓘ脳の活性化を求めて歩く場合

脳の活性化が目的の場合には、やや速めに歩くようにすることが秘訣である。ごくおおざっぱに言えば、自分の最大運動能力の七〇%から八〇%の運動量になる歩きを指す。目安として、時速五キロメートル以上を目標にし、自然の中を歩くことが効果的である。

ⓘⓘⓘ心を求めて歩く場合

心の変調を防ぎ、また改善することから、より積極的な意味での心の道を求めて歩く場合、自然の中を歩くことが効果的である。それは山道や林を歩くことで適度の心の緊張を覚え、自己を見つめることにつながるからである。

これら目的に応じた歩き方に共通して基本的な心のもち方は、いずれも「求めて」歩くということである。ただ漫然と歩こうとしても長続きしない。それは苦痛しか残らないからである。

しかし、同時に目的にとらわれると長続きしにくいのも事実である。それは楽しさが確保できないからである。楽しさの逆は苦痛である。そこで、歩くことを楽しむ、一歩一歩が楽しい、という歩きの結果としてメリットを得るという考え方が歩きを長続きさせ、その効果をあげる、ということになる。換言すれば、自分の歩きが自然と心地よさをともないリズミカルにはずんでくるようになったとき、そのフォームは自分に合った、もっとも自分に適したものであり、効果も得られる、ということである。

③水分の補給

かつてスポーツマンは、プレイ中に水を飲まなかった。プレイ中に水を飲むのは生理的によくないとか、根性がない、などと言われたものだ。しかし、現在は違う。飲みたいときに飲みたいだけ飲んでよい、ということになってきた。しかし、ガブ飲みはよくない。

歩きに出かける直前に三〇〇ミリリットルから五〇〇ミリリットル前後の水かお茶を飲むのがよい。そして、歩いている途中で飲みたくなったときには、そのつどひとくちかふたくち、水分をとるのがよい。

そして、夏など一時間も歩けば一リットルから一・五リットルの水分を汗として失う。この補給としては、失ったときに半分を、残りの半分を一時間か二時間後に補給するのがよいだろう。

ランニングのメカニズムと最新のトレーニング理論

山西哲郎（群馬大学教授）

人間の発育・発達は人類の歴史によく似ている。この世に誕生し、やがて移動する能力を身につけていく。寝返りをすることだけから、四つん這いで歩き、やがて、二本の足で、手を自由に使えるようになりながら歩きはじめる。まるで四足歩行から直立歩行への進化のごときである。

手が自由になったことで、幅広い活動が可能になり、やがて、からだにも変化が生じる。手は次々に生活技術を生みだし、私たちに喜びや感動、そして楽しさを与えてくれる。

しだいに手が人間にとって重宝がられるのに対し、足は無視されはじめる。手は、少しでも爪が伸びるときれいに整えられ、ハンドクリームで顔と同じようにスベスベにされ、大人になれば指には高価な宝石さえつけられる。しかし、足指には何も飾られないし、肌の手入れなどはほとんどされることもない。「馬脚をあらわす」とか、「浮き足立つ」といったよくないイメージの言葉ができたのもその現われかもしれない。

しかし、足を使っての「歩み」は、しだいに人間の行動範囲を広げ、精神の解放をもたらす。成長による肉体的変化以上に、精神的に大きく変わりはじめる。

さらに「歩」以上に人間に解放感をもたらすのが「走」である。「走」は「歩」と異なり、両方の足が地面を離れる瞬間がある。つまり、走るということは「跳ぶ」動作の連続なのである。その快さや、進むスピードは「歩」に比べて、より高くより激しく、それにつれてからだの変化の度合いも大きくなり、同時に、精神はダイナミックで複雑な世界を獲得する。「人はなぜ走るか」が、「人はなぜ歩くのか」よりもよく問われるのはこのせいではあるまいか。

この問いに対して、どう答えたらよいだろう?

歴史家ならばギリシア時代のオリンピアから、ランニングのレースが行なわれ、今日の近代オリンピックでも距離のもっとも短い一〇〇メートルと、もっとも長いマラソンが陸上競技の華として人気があるスポーツだからだと説く。

社会学者は、ここ二十年来の世界中のランニングブームを取り上げたり、人間が走りはじめたのは、人間は遊ぶ動物であり、単調で基本的な走るという動作を楽しい遊びに変え、文化の一つになってしまったと語るであろう。

生理学者は、健康に結びつける。現代の機械文明の発達で、運動不足による成人病が増加していることを取り上げ、その予防にエアロビクス、つまり有酸素運動によって、空気中の酸素を安静な状態よりも数倍多く摂取することが有効であり、これをもっとも効果的にしかも簡単にできるのは走ることであると説くはずである。

心理学者は、走ることはトランキライザーよりも効果的に自信や想像力、満足感を与えてくれるという心理的効果、さらに知性の健康にとって重要な、体内の正常な血液循環の増進という生理的効果を強調するだろう。

文学者は、アラン・シリトーの『長距離走者の孤独』やトム・マクナブの『遙かなるセントラルパーク』といった文学的評価の高いランナーを主人公にした小説をあげ、

「門を出て小径をトコトコ走り、小径の終りのあのつるんとした顔の、ほてい腹の樫の木のとこで折り返してくるあの二時間くらい、自由なことはなかった」

というアラン・シリトーの一文から、走ることが自由の喜びを与えてくれるものだと強調するだろう。

教育学者は、走ることは心身の調和的発達を促進する、人間形成に適した運動だと述べる

だろう。だからこそ学校での健康体力づくりや体育の中心的種目になっているのだと、これからも走ることの指導を積極的にすすめるはずである。

このように、走ることの利点はそれぞれの専門家のそれぞれの立場で主張することができる。

しかしその反面、人間は走ることをやめてしまったり、心身を痛めてしまうこともある。子どもたちが学校教育によってかえって走ることが嫌いになり、走らない若者になったり、エリートランナーが走ることに自信がもてなくなって引退したり、円谷幸吉のように自ら死を選んでしまうこともある。また、健康づくりのために走っていた人が、自己に適したスタイルを見出せなかったために、足や腰を痛めたり、命を落とすケースすらある。

「なぜ走るのか」、「なぜ走れないのか」。これらは、禅問答のように、これからも繰り返し問い続けられるだろう。なぜなら「走る」ことは、実践者にも、理論家や研究者にとっても、まさに「人間とは」「人生とは」と考えるがごとき永遠のテーマだからである。

ランナーのボディと心理

「走る」ことは、短距離走からマラソン、そして五〇キロ、一〇〇キロというウルトラマラソンまでと、距離の範囲はひじょうに広い。ここでは、健康とフィットネスに結びついたエアロビック（有酸素）スポーツの代表的種目であるランニングに話の中心をおきたい。

ランナーのボディ構成はどうなっているのか？

ランナーといえば、都会で文明的な生活をする人ではなく、アフリカやオーストラリアの高原や草原でいまだに自然とともに生活をしている野性味あふれる人びとを思い浮かべる。彼らは、からだにむだな脂肪がほとんどなく、手足がスッキリとして、筋肉も少ない。現代人は、彼らのような体格から、しだいに遠ざかってしまった。

図1　ランナーの体型

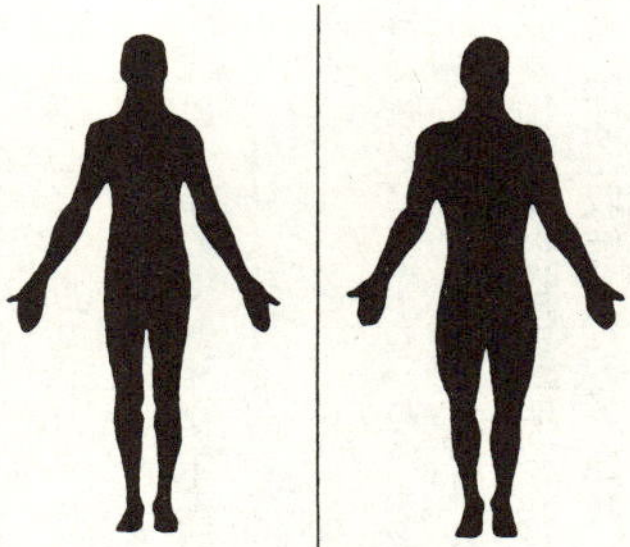

長距離ランナー　短距離ランナー

長距離ランナーは上体、下肢ともに筋肉が少なく細長いことがわかる。

シェルドンは人間の体型を次の三つに分類した。

①内胚葉型—肥満型でからだが丸味をおびている

②中胚葉型—筋肉型で筋肉や骨格が発達している

③外胚葉型—細長型で脂肪や筋肉が少ない

むろん、ランナーのなかでスピードが武器となるスプリンターは筋肉が必要だから中胚葉型であり、距離が長くなればなるほど、中胚葉型から外胚葉型になっていく。長距離ランナーは他のスポーツ種目ほど身長による優劣はないものの、体重、とくに脂肪量は少ない。体脂肪量はからだ全体における脂肪の占める率（体脂肪率）で表わされる。成人男子が約一五〜二〇%、女子が二〇〜二五%であるが、長距離のエリート選手は男女とも一〇%以下と極端に少ない。一見すれば、まるで貧相な栄養障害者かと思われるほどである。

しかし、外見はそうであっても、皮膚と筋肉に包まれた内臓は大きく、たくましいのが特性である。

筋肉は、スピードとパワーを必要とするスポーツマンよりは少ないが、質的には大きな違いがあることがわかってきた。それは顕微鏡的、生化学的分析が発達するにつれ、エネルギーを生み出す筋肉機構が明らかにされてきたからである。

筋肉は速く収縮を行なう速収縮線維（速筋）と、ゆっくり収縮する遅収縮線維（遅筋）によって成り立っている。短距離選手と長距離選手を比較すれば、短距離選手は速筋、長距離選手は遅筋の占める割合が多い。そして、トレーニングによってこの割合が変わることはないと報告されている。したがって、長距離に適した超エリートランナーの資質は遺伝的なものと言えよう。

ランニング・エンジンの働き

脂肪は少なく、走るのに必要な筋肉をもった外胚葉型の軽量ボディを軽快に運ぶのは、心臓や肺を中心とした「エンジン」である。それは、脚や腕を動かす筋肉へ酸素を運搬する機関であり、心臓と動脈がその重要な役割を果たしている。

・心臓

〝ミスター・マラソン〟とよばれ、その生涯で千回以上のレースに出場し、ボストンマラソンで七回も優勝したアメリカのクレアレンス・デマールは、死後に解剖した結果、大きく健康な心臓をもち、冠状動脈の太さは一般人の約三倍もあった。長距離を走り続ける脚の筋肉にエネルギーを供給するためには、心臓から酸素を含んだ血液を大量に押し出さなければならない（心拍出量という）。心臓は激しくトレーニングを繰り返すうちに、徐々に肥大してゆく。つまり、長い年数にわたってランニングなどの持続的な全身的運動を継続するうちに、心臓は肥大し、心重量は重くなっていく傾向にあるわけである。

・肺

心臓から動脈へと送られる酸素は、肺の中でのガス交換によって得られる。空気中には約二一％の酸素が含まれているが、人間の呼吸機能ではそのせいぜい四分の一程度しか摂取できない。ランニングに耐えうる、より多くの酸素を得るためには、呼吸による肺の換気量を増大させなければならない。一般に運動時には、安静時の十倍以上の酸素摂取量になり、一流ランナーの場合は一分間に最高二〇〇リットルにまで達する。これを支えるのは脚筋ばかりでなく、胸部や腹部の呼吸筋の強さと持久力であり、上体の筋肉の発達も大切である。

・血液

肺と心臓と筋肉を結びつけているのが血液である。心臓から押し出される血液量が多いこ

図2　走る時間あるいは長距離種目と強度（最大酸素摂取量）の関係

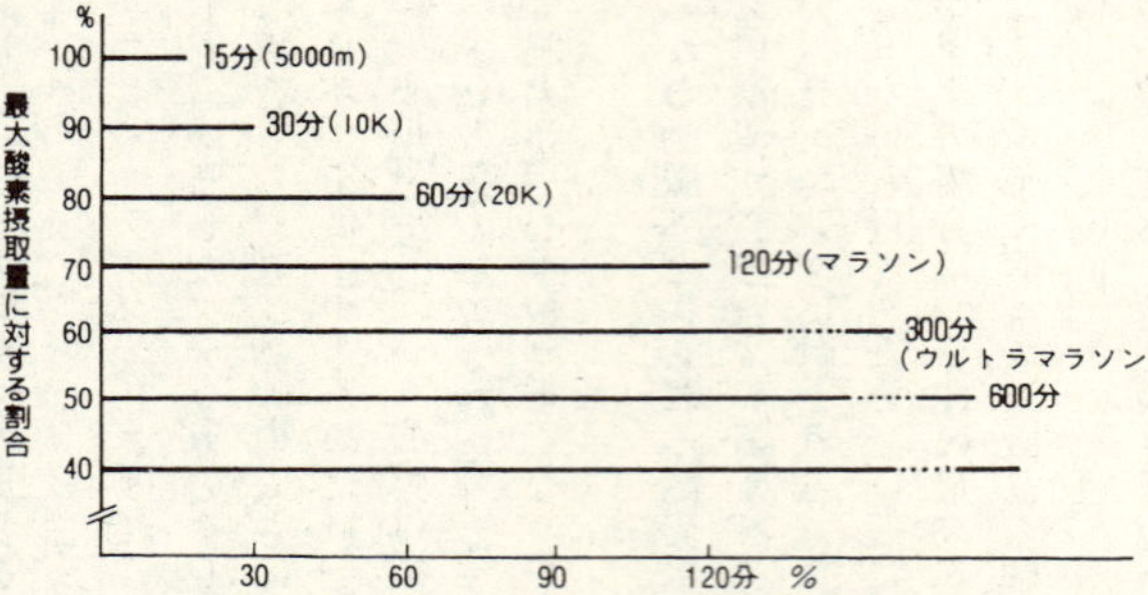

最大の強度を落としていけば、より長く走り続けることができる。
50%はジョギング、40%はむしろ歩く強度である。

とはランニングの絶対条件だが、血液の質も大切な条件となる。酸素の運搬には、血液中のヘモグロビンが重要な役割を担っている。エリートランナーの赤血球は、多量のヘモグロビンを有し、脂肪やコレステロールを運ぶ高比重リポタンパクコレステロール（善玉コレステロールとよばれる）も多く含んでいる。

・最大酸素摂取能と十二分間走テスト

これらのからだのメカニズムを具体的に知ることができる指標が、最大酸素摂取量である。空気中の酸素をできるだけ効率よく体内にとり込み、その酸素をいかに最大限に消費できるかどうかが、心肺機能や血管系の総合的評価、つまりランニング能力となるわけである。

十二分間走テスト、つまり十二分間全力走を行なった走行距離とこの最大酸素摂取量との間には高い相関があることがわかっている。こうしたデータをもとに、走る能力を向上させるにはからだのメカニズムを発達させる、後述するようなそれなりのトレーニングが必要となるのである。

最大酸素摂取量を一〇〇％の体力とすれば、全力で走る時間を長くするためには、その力の配分の割合を下げていかなくてはランニングを続けることはできない。三十分となれば九〇％、六十分は八〇％、百二十分は七〇％、百八十分は六〇％と……。


ランニングを心理学するとどうなるか？


ランニングの成績や成果を分析すると、次のような要因に分けられる。

〈走能力＝体力的要因×技術×心理的要因〉

体力的要因とは、ボディの能力やその働きの効率のよさであり、それをうまくコントロールするのが技術である。技術とは、合理的なフォームや効率のよいペース感覚によって、走能力をさらにひき出させる体得されたテクニックのことである。

心理的要因とは、走ることによって心はどのように変化するかという心理的効果、あるいはランニングにはどんな性格が向いているのか、ということである。

・ランナーの性格

クレッチマーは人間の体型を三つの型《タイプ》に分類し、それぞれの体型に、特定の気質を対応させた。すなわち肥満型は循環気質で、筋骨型は粘着気質、細長型は分裂気質であると。クレッチマー理論から言えば、ランナーの体型は細長型か筋骨型だから、分裂気質か粘着気質となる。

これとランニングの特性に照らしながらランナーの性格パターンを挙げてゆくと、孤独、忍耐、一徹、禁欲、解放、神経質、たくましさ、反省、負けず嫌い、内省的、内向的、完璧主義者といった言葉が浮かんでくる。

陸上競技、なかでも長距離競技には「孤独」のイメージがピッタリくる。アラン・シリトーの『長距離走者の孤独』という題名はそれをズバリと言い表わしている。また、円谷選手の死には、孤独の果てを見る気がする。孤独は忍耐、一徹、禁欲、内省的、内向的といった言葉と結びついて、あたかも道を求める修行者や宗教家、あるいは芸術家に似たおもむきがでてくるのである。それが体型の細身と重なり、ランナーに暗いイメージを与えてしまうのだろう。

しかし、スポーツの本来の語源は「場を離れる」ことであり「気晴し」である。むしろスポーツは、きびしい仕事を離れ、退屈な日常を脱した明るく楽しい世界であるべきなのだ。かつてのアスリートによる長距離が孤独だったのに対し、今日のすべての世代によるランニングは、集団的で解放的、快楽的であり、本来のスポーツの語源に沿ったものになっている。だからこそランニングが世界的ブームをよんだとも言えるのだ。そして、ランナーにもいろいろな体型が見られ、一つのタイプに限定できなくなっている。ランニングはまさに市民スポーツの標語である「みんなのスポーツ」の一つであり、スポーツにおける意識革命の担い手になっている。

・心理的効果

ランニングは「動きが単調で、他のスポーツのように瞬間的に決断をせまられる要素が少なく」、したがって「敗北感に陥ることなく、自信や満足感を得る」ことができる。ランニングは「自分自身の精神分析医」だと主張する学者もいる。

たしかに現代は肉体よりむしろ精神的、神経的ストレスが多く、心とからだが分離してしまう管理社会だから、精神の健康が求められている。精神療法や心理療法の一つにランニングが用いられるのも右に述べた効果を得られるからだ。

その原理としては、エンドルフィンというモルヒネによく似た物質か、ノレビネフリンという興奮剤の役目を果たす物質が脳内に分泌されるためだと主張する学者がいる。ランナーはそれを〝ハイな現象〟として体験し、ランニング中毒のようになって、走ることを毎日続けなくてはいられなくなってくるのである。

ウィスコンシン大学のウィリアム・モーガンは、すでにランニングの中毒症状の危険性を次のように指摘している。「とくに一日一六キロ以上走る人は、肉体的障害や生命の危険があってもやめることなく走り続けてしまう」と。この言葉はまさに「麻薬患者がより強い快楽を得るために薬の量を増やすように、ランナーも走る時間を延ばし、ハイな状態を保とうとする」ということを意味するのである。

これはランニングの心理的効果のエスカレートした部分であろうが、社会の歪みが大きくなればなるほど、このような中毒症状すら生じる事態も多くなってくるのだろう。

最新理論によるランニング・トレーニング法

コントロール・ランニングを目指す

われわれは走るとき、複雑な神経組織の働きによってうまくからだをコントロールしている。まず、目、耳、および四肢の感覚から情報をインプットし、その情報を脳から脊髄を経由して各筋肉に伝え、筋肉は再び反応して走る動作を繰り返す。

たとえばマラソンのレースにおいてランナーは、スタート直後から、四二・一九五キロの距離を走りきるスピードを作るためにからだの神経のすべてを集中させようとする。

筋感覚は腕と脚の筋肉の動きを同調させ、そのスピードにふさわしいリズムで筋肉が動くようにコントロールする。着地の際のショックや地面をキックする力の程度を、関節、腱、および筋肉でキャッチしながら、リズムがスピードに適しているかどうかを懸命に判断する。その結果、ピッチとストライドが決まり、スピードができあがる。

スピードは目でもコントロールできる。目によって、前方の風景の変化を読みとりスピードを判断している。暗いなかでは実際のスピードよりも速く感じるので、明るいときよりもタイムは悪くなる。

皮膚感覚も皮膚の表面を通り過ぎる風によってスピードをとらえる。

呼吸もランナーにとって、スピードを知るバロメーターになる。AT（無酸素性作業閾値）以下で走っていれば呼吸は乱れることなくスムーズにできるが、AT以上になった場合は息切れを起こして、筋中の乳酸の値を呼吸の激しさの程度で知らせるのである。

これらの感覚的に得られた情報を大脳でねらいどおりのものかどうかを判断し、再び筋肉を含めた感覚器に戻していく、というフィードバック方式でコントロールするのである。

図3　生理的強度と感覚の関係
（山地啓司の原図を、山西が改図）

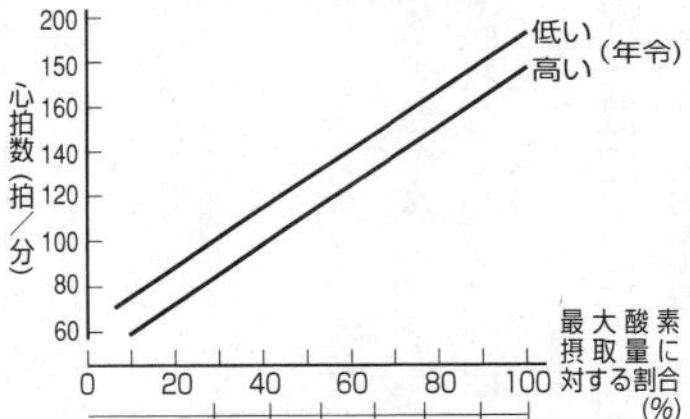

	100		80		60		40〜0
心理的強度	非常にきつい	かなりきつい	きつい	ややきつい	楽である	かなり楽である	非常に楽である
感覚（時間）	口を開いたままで激しく		鼻と口でリズミカル、しだいに息切れ	鼻と口で自然な呼吸		鼻で自然な呼吸	
感覚（腕と脚）	肩に力が入り、脚は重く		腕は前後に鋭く、歩幅も広げ	腕は自然に、歩幅はやや狭く		腕も脚の動きも意識せず	

5キロペース	10キロペース	マラソンペース	ジョギング	速歩	歩く

強度と感覚

最大酸素摂取量に対する運動強度（酸素摂取水準）や心拍数といった生理的強度と体感は図3のような関係をもっている。

近年、送信器を胸に装着し、時計型の受信器で走りながら心拍数を知ることができるようになって、心拍数によって走るスピードを調整することが可能となった。たとえば、心拍数が一四〇拍／分なら、自分が一キロ何分のスピードで走れるのかを前もって知っていれば、現在のスピードが全力の何パーセントの強度なのか、また感覚ではどのように感じているのかをより正確に判断できるのである。

ランニング・トレーニングの技術

トレーニングは、筋力や持久力といった体力をアップすることが目的である。ランニングの場合には持久力のアップがそのねらいとなるが、それを効果的に行なうには次の三つの条件を満たしていなければならない。つまり「時間・距離」「スピード」「頻度」である。

「距離と時間」「スピード」のポイント

ランニングの距離は、一回のトレーニングの距離と一週間あるいは一カ月間の距離の合計の二つに分けられる。スタミナアップが要求されるランニングでは、スピードより、まず走り続ける距離のほうに重きをおかなければならない。

たとえば、L・S・D（ロング―スロー―ディスタンス）は、ゆっくりと長く走る方法であり、キロ五分から七分もかかるかなり遅いスピード（最大酸素摂取量の五〇～七〇％）であるにもかかわらず、マラソンだけでなく、速いスピードを要する五キロや一〇キロのレースのトレーニングとしても成果があがっている。

そこでスピードをAT以下、つまり乳酸を産生しない程度に限定して、時間だけに注目すると次のようにまとめられる。

〈十分〉

走りはじめて三分はウォーミングアップの時間である。酸素を充分に含んだ血液を四肢の末端にまで送り、走るからだになるための三分である。さらにその状態からプラス五分から十分を維持することが、健康づくりの持久力アップのトレーニングとしては最低の条件である。

〈三十分〉

十分くらいたち、からだの重さが急にとれ、脚も軽快に運べるようになって気持よくなると、やけにいろいろなことを考えはじめる。どうやらからだは快いが、こころにはまだ充実感がなく、むしろ不安や心配事が浮かんでくる。その状態からやがて、三十分から四十分たつとハイな気分になる。まさに、こころとからだが一致したような充実や陶酔感を覚えるときだ。これを体験すれば、ランニングの世界から抜けだせなくなる。精神療法がねらいならば、この体験が必要である。

〈六十分〉

三、四十分で快くなったからだがしだいに重く、脚の動きに疲労感を覚えはじめるのは六十分頃である。それは重くなったり、軽くなったりと間欠的に繰り返される。この状態は腓腹筋（ふくらはぎ）の、筋肉のエネルギー源たる筋グリコーゲンが枯渇状態に近づいている徴候である。トレーニング度の低いランナーはこの時間で痛みや重さを感じて走るのをやめてしまう場合が多い。

マラソンのように長時間走るための基本的トレーニングは、まずこの六十分である。心臓病患者をリハビリによって治療し、マラソンを完走させたカナダのガバーナー博士も、この六マイル（約九・六キロ）――一時間をトレーニングの基準としている。

〈百二十分〉

マラソンはよく三〇キロ以後からが本当のレースだと言われる。つまり、それまではさほど辛さはないのだが、三〇キロを超すと疲労感がひどく、からだの痛みや重さとの戦いになるのだ。同様にトレーニングを充分に積んでいない人にとってこの百二十分は、それ以上はなかなか走れないという、まさに峠のようなところである。

脚筋が動かなくなるのは筋グリコーゲンがほぼ枯渇し、疲労困憊の感覚がでてくるからである。それをカバーするには肝臓のグルコースを放出してエネルギー源にする必要がある。同時に、脂肪、つまり遊離脂肪酸を利用して、筋グリコーゲンの枯渇を脱しようとする。このエネルギーの〝代行〟は長期にわたるトレーニングによって、〝代行〟できるようなメカニズムをからだに発達させていかなくては不可能である。

また、それ以上の三時間、四時間にもわたってランニングをすると、ランナーの肝グリコーゲンの貯蔵量もきわめて減少し低血糖症に陥ってしまう。

このとき脚筋の疲労ばかりでなく、呼吸困難になってしまう場合も多い。「ハッハッ、スッスッ」と四肢の動きに合わせてリズミカルに行なわれていた呼吸が、「ハー、スー」と激しく、速いリズムになり、しだいに呼吸困難になっていくのである。これは脚筋のグリコーゲン枯渇と同様に呼吸筋もその枯渇によって疲労するからである。コスティルは長距離走の成績に関する呼吸筋の重要性を指摘している。したがってランニングのトレーニングのほかに、腹筋や胸筋の筋力トレーニングをふだんから時間をかけて行なうことも効果的であることが理解できる。

頻度と走り込みの距離

頻度とは一週間のトレーニング日数であり、走り込み距離とはその距離の合計のことである。

頻度は週に三日から四日が適正であると、トレーニング条件の研究から割り出されている。トレーニングは鍛練と休養の組合せによって成り立ち、鍛練が先行し休養が少なければ、過労、つまりオーバートレーニングになってしまう。一方、休養が多すぎてしまってもトレーニング不足で効果はあがらない。週に三～四日といっても、二日続けて鍛練して、次の三日目は休養するというパターンがよいだろう。

マラソンをめざすためのトレーニング・メニュー

マラソンをめざすのであれば、毎日のように休むことなく走らなければならない。図４は河口湖マラソンとホノルル・マラソンのときの記録と走り込み距離との関係を示したもので

図4　一カ月の走行距離と記録との関係（繁田）

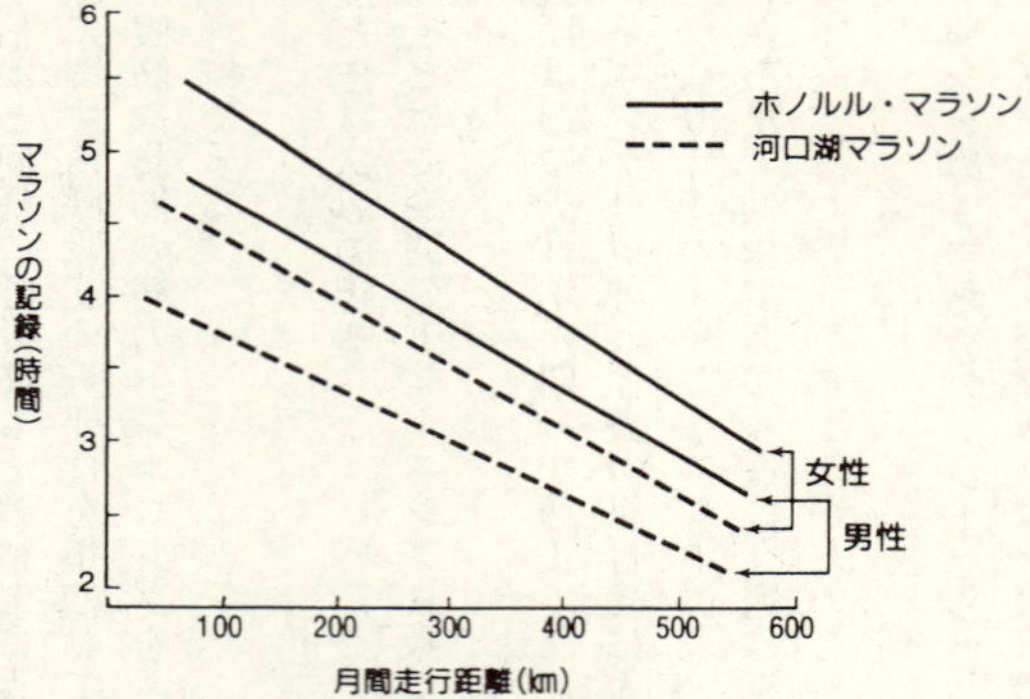

ある。これを見ると、三時間以内で走るランナーは月に少なくとも四〇〇〜五〇〇キロは走り込んでいることになる。一日一五キロ、週一〇〇キロ。これでは一日とて休んではいられないことになる。

マラソンの場合、鍛練とは六十分から百二十分のランニングのことであり、休養日とはその疲労回復をはかりながら三十分から六十分走ることなのである。

一、九十分（一五キロ）鍛練
二、九十分（一五キロ）鍛練
三、三十分（五キロ）休養
四、九十分（一五キロ）鍛練
五、六十分（一〇キロ）休養
六、百二十分（二五キロ）鍛練
七、三十分（五キロ）休養

九十分以上のランニングは脚グリコーゲンが消耗し、それを二日、三日続ければ、次の日のトレーニングまでもとに戻らない。したがって、筋グリコーゲン枯渇のままでトレーニングに臨むことになる。それゆえ鍛練と鍛練の間に三十分程度の休養ランニングを入れなければ満足に走ることもできない。

ところがやっかいなことに筋グリコーゲンが枯渇状態になっていても、なかなか自覚できず、気づいたときはもう手遅れで、さらに二、三日休養を要する状態に陥っているといったことが、ベテランのランナーでも見受けられる。

通常ランニング・スピードは乳酸の生じないエアロビック（有酸素的）持続走、つまり、最大酸素摂取量の五〇～七〇％のＬ・Ｓ・Ｄランニングを中心とする。しかし、五～一〇キロのレースのように八〇～九〇％のＡＴ（アネロビック閾値）を超えて乳酸を蓄積するスピードが要求される場合は、インターバル・トレーニングのようなスピードの緩急をつけるトレーニングを週に一～二回行なうことが必要となってくる。この場合の頻度は一日に一～三回と言われているが、一日に一回まとめて走るよりは、二、三回に分けたほうが呼吸機能増進の効果も大きく、疲労も少ない。

ペース（スピード配分）

かつてはスピードをあげて走れば走るほど、それだけ効果が大きいと考えられていたが、今はむしろ余裕をもって走るほうが効果的というのが一般的な考え方である。これはとくにマラソンのように長い距離を目標にするランナーが多いこともあるが、長時間にわたって走り続けようとしても、ATを超えるスピードで走り、乳酸を蓄積してしまっては、どうしても距離を伸ばせなくなるからである。また、余裕をもって走らなければリラックスできず、リズムも柔らかさも失った、いわゆる硬い走法になってしまう。最近、若いランナーが欧米人のようにのびやかにダイナミックに走れるのは、やっとわが国でもガムシャラ走精神からの脱皮が始まったせいかもしれない。

図2に示したように、スピード配分、つまりペースをいくつかのねらい別に分類することができる。

①健康づくりや休養のため……最大酸素摂取量の四〇～六〇％
②三〇キロやマラソンをめざすには……同五〇～七〇％
③一〇キロや二〇キロならば……同五〇～八〇％
④五キロ以内のレースならば……同五〇～一〇〇％

これらの強度の割合に応じた走るペースと心拍数を求め、その範囲のトレーニングをやればよいわけである。しかし疲労物質の乳酸が生じる七〇％以上のスピードでのトレーニングは、二日以上にわたって行なわないほうがよい。

レース別のペースはマラソンが最大酸素摂取量の六〇～七〇％、一〇キロが同七〇～八〇％、五～一〇キロが同八〇～九〇％となる。レベルの高いランナーは初心者に比べて割合が高く、トップアスリートはマラソンを八〇％以上の酸素摂取水準で走ってしまう。レース

図5　800mと5000m走のフォームの違い（金厚）

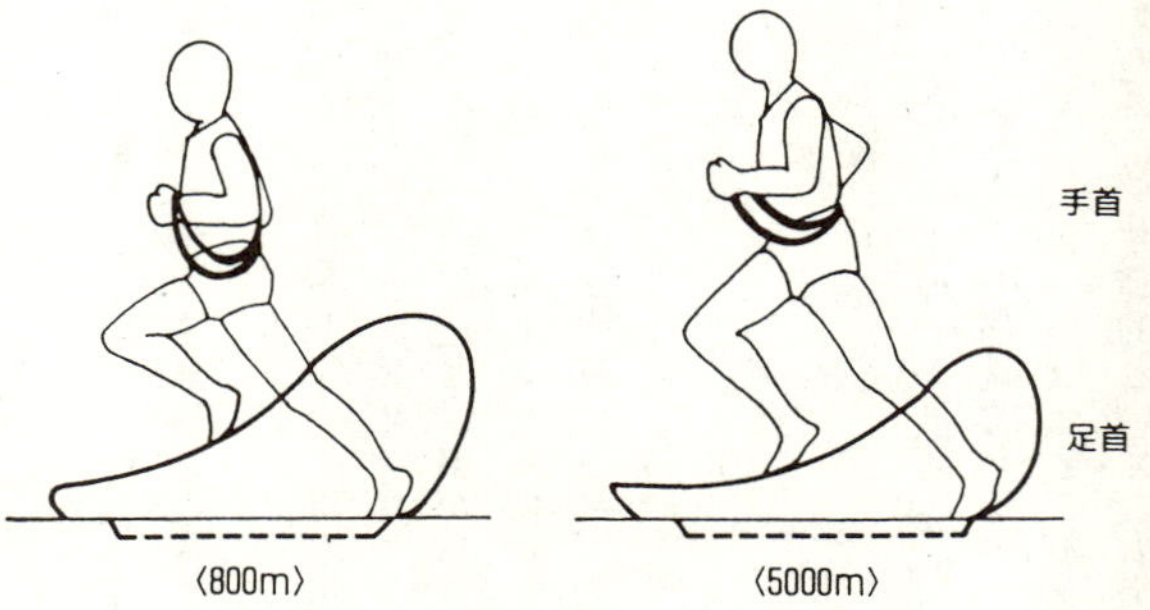

の一、二カ月前から、週に二〜三回はこのレースペースか、あるいはそれより高い強度のスピードで走っておかなくてはならない。それはからだを慣らすための追い込みだけではなく、速いスピードで走るとピッチが速くなると同時にストライドが長くなり、筋肉もそれにつれて大きく激しく動き、大きなフォームがつくられるからである。

図5は八〇〇メートルと五〇〇〇メートルのフォームを見たものであるが、腕と脚の動きの大きさの違いをはっきりと知ることができる。スピードが速いほど腕を前後に大きく振り、腿の振り上げを高く、キックの後の蹴り上げも高くする必要がある。ATを超えるスピードで走るには、このようなダイナミックな走法も併せて身につけていかなければならない。

トレーニング方法

ランニング・トレーニングではまず、スピード、時間(距離)そして頻度の三条件をどうするかの設計がもっとも大切だと先に述べたが、その具体的な展開が次に述べるトレーニング方法である。

ランニングに近代トレーニングが導入されたのは一九世紀後半である。そしてこの百年の間に、さまざまなチャンピオンによって次々に記録が更新されているが、その過程にはトレーニングスタイルの創造と変遷がある。今日まで伝えられているのはその記録ではなく、むしろトレーニング方法である。持続走をはじめファルトレーク、インターバル・マラソン……といろいろな方法が生みだされ、今日ではミックス・トレーニング、つまり、それぞれのトレーニング特性をはっきりさせたうえで、それらを組み合わせた混合式トレーニングが行なわれている。

持続走

一定のスピードを保ち、あらかじめ決めた時間(時間走)や距離(距離走)を走り続ける方法で、ランニングの基礎的トレーニングである。初心者をはじめ、エリートランナーも一年のうちの六〇～七〇%以上をこのトレーニングに費やしている。レースとほぼ同じスピードで走るだけに、基礎的といえども実践的で応用的である。

その人の最大酸素摂取量（あるいは十〜十二分全力走のスピード）の能力の程度によってねらいや効果が異なる。

①エアロビック走　最大酸素摂取量五〇〜六〇%

六十分以内ならば「ジョギング」、「時間走」などの健康づくりや休養的トレーニングとして行なう。六十分以上ならば「L・S・D」を、マラソンやトライアスロン、ウルトラマラソンの有酸素的トレーニングとして行なう。

トラックを走ればトラック走、ロードであればロード走、自然の起伏地は野外走やクロスカントリーとよばれ、場所によって名称が違うばかりでなく、効果（とくに脚筋への）も違ってくる。

長い時間や距離を走り続けるだけに、心臓・血管系やエネルギー源の消耗に対する全身持久性のトレーニングになる。脂肪の少ない優れた内臓をもち、細身でしまったランナーのからだになるのには最適な走り方である。また、精神的高揚によってハイな状態になりやすいスピードでもあり、疲労感が少なく充実感を覚える、ランニングが好きになる方法でもある。

②エアロビック―アネロビック走　同七〇〜一〇〇%

スピードをあげればあげるほど乳酸の蓄積によって走時間を短くせざるをえない。七〇%であれば六十〜九十分、八〇%は三十〜六十分と……。

図6　インターバル・トレーニングにおける心拍数と酸素摂取量の変化（コスヂル）

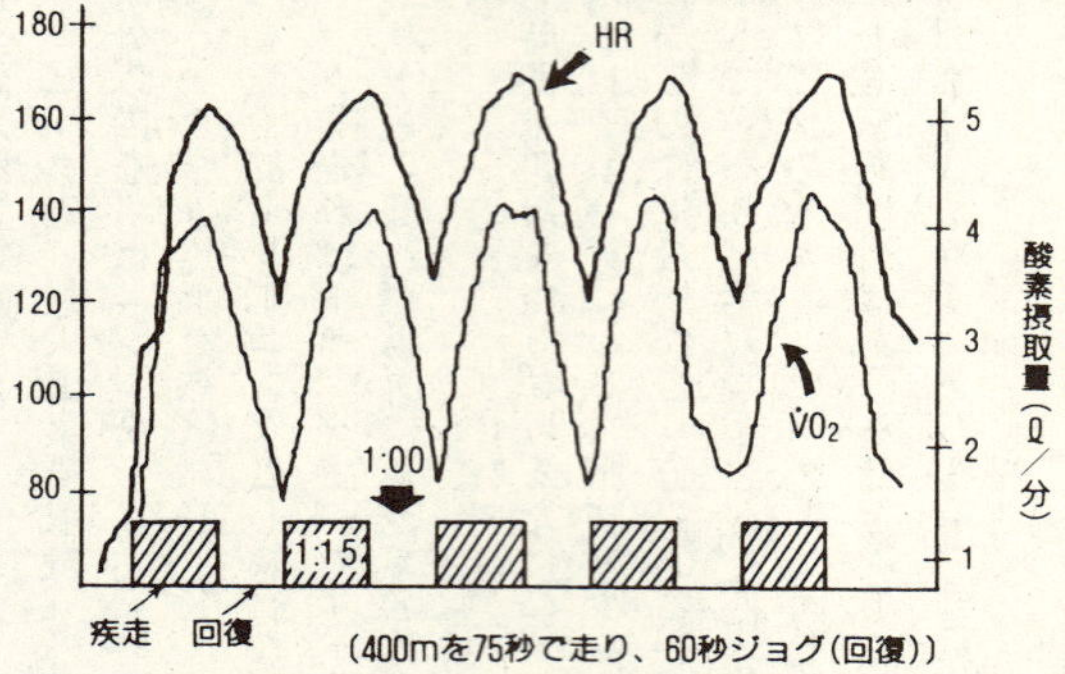

（400mを75秒で走り、60秒ジョグ（回復））

インターバル・トレーニング

一九五二年ヘルシンキ・オリンピックで五〇〇〇メートル、一万メートル、さらにマラソンと、金メダル三個を得たチェコのエミール・ザトペックが行なったトレーニング方法で、彼の活躍で世界中に広がり、ドイツのゲルシュラー博士らによって科学的に実証され提唱されたトレーニングである。一定の遅いスピードで持続的に走っていてもレースのスピードには結びつかない。ザトペックは、速いスピードの区間と遅いスピードの区間を交互に繰り返す「分割走」を四〇〇メートルのトラックで一周は速く、次の一周はゆっくりと、十本、二十本と繰り返し、より速いスピードを身につけ、耐乳酸能力アップのスタミナを養成していったのである。

今日のオーソドックスな練習方法は、

・四〇〇m（疾走期）→二〇〇m（回復期）
×十〜二十本繰り返す

・二〇〇m→二〇〇m×二十～四十本

というものである。

図6のように疾走期の終わりでの心拍数は一六〇～一七〇拍／分となり、ジョギングでの回復期では一二〇～一三〇拍／分に戻るのである。疾走期は乳酸が蓄積するアネロビック走、回復期はエアロビック走で乳酸を除去するという、アネロビック—エアロビック・インターバルと言える。

かつてアメリカのフランク・ショーターは、一万メートルのスピードとマラソンのスタミナをもち、ミュンヘン・オリンピックのマラソンでの優勝だけでなく、一万メートルにおいてもトップランナーだった。彼は、四〇〇メートルを六十秒そこそこで走り、わずか三十～六十秒の短い回復期をとるという死のインターバルとよばれる圧倒的にアネロビックなインターバル・トレーニングを行なっていた。

インターバル・トレーニングは、長距離走のアネロビックなスピードアップであると同時に、エアロビックなスタミナづくりにも結びつく複合的トレーニングである。

起伏走

新しいトレーニング法は、指導者やランナーをとりまく環境から生まれる場合が多い。オーストラリアのパーシー・セラティ・コーチはポートシーの海岸では「砂丘走」、ニュージーランドのアーサー・リディアードでは丘を使った「ヒルトレーニング」、アフリカの高地をはじめ世界の高地では「高地トレーニング」、北欧の牧場や丘では「クロスカントリー」や「ファルトレーク」と、環境によってさまざまなトレーニング法をあみだし、トップアスリートたちを育てた。これらのトレーニングは現在でも受け継がれている主要かつ有効な方法である。

これらのトレーニングの共通項を考えてみると、トラックやロードを離れた起伏に富んだ自然のなかの走路であることだ。ランナーには自然主義者的思考の持ち主が多い。ランニングそのものを愛すると同時に、自然に触れることが好きだということだ。日常生活からひとき離れて、自然の地形や風に触れ、心身を解放すれば、まさにハイな状態になりうるというのである。こうした自然回帰的ランナーは、人工的な事物によって自然を失っている現代社会においてはますます増えてくるだろう。

起伏に富んだ地形では、下り坂より上り坂になるとからだが重く、脚筋の動きは鈍り、呼吸が激しくなってくる。平地と同じスピードで走ろうとすれば上り坂は二〇%以上（傾斜によって異なるが）もの余分な酸素を必要とする。コスティルは、上り坂と下り坂で消費されるグリコーゲン量を脚筋の種類別に調べている。

上り下りともに大腿部の外側広筋、腓腹筋（ふくらはぎ）、ひらめ筋のグリコーゲンは平坦路より約一・五倍も消費されていた。ランニング後半の筋肉痛は、筋グリコーゲンが枯渇に近づいていることを示しているが、起伏地でのランニングはこのグリコーゲン切れの状態を克服するために、筋にとっても合理的なトレーニングとなるのである。

「ファルトレーク」（アメリカではスピード・プレイという）は自然の地形の起伏や足場の違いなどを生かし、スピードやフォームをいろいろ変化させることによって、スピード、スタミナ、脚筋力づくりと複合的な効果をねらったトレーニング法である。

たとえば、最初五～十分ジョギングをした後、次の上り坂ではよく膝を上げ、下り坂ではストライドをよく伸ばしたスピード走を行なう。これを二～三回繰り返し、距離にして三〇〇～五〇〇メートルを五～六回繰り返すインターバル・トレーニング。あるいはしばらくジョギングをした後、上り下りを繰り返すコースでの二〇〇〇～三〇〇〇メートルのクロスカントリー。こうした地形の変化をうまく利用して行なうトレーニング法である。この方法で一九二〇～四〇年代にかけてフィンランドのヌルミやコーレマイネンらが世界記録を破り、金メダリストになった。

「ヒルトレーニング」は、約八〇〇メートルのかなり急な坂を膝をとくに高く上げ、腕を前後に大きく振り、跳躍を繰り返しながら上り、頂上の平地で三～四分ジョギングをした後、下り坂をストライドを広げてスピードをあげながら下る。下った平地では約二〇〇メートルのスピード走と五〇メートルのダッシュ。これを一セットとして繰り返す方法で「ファルトレーク」の変形と言えよう。

ランナーたちは、冬のL・S・Dを中心としたスタミナアップのトレーニングから、シーズンのスピードあふれたトラックでのトレーニングに入る間に、一カ月から一カ月半、「ファルトレーク」や「ヒルトレーニング」を行なって、スピードを生みだす脚筋とフォームをつくりあげる。

高地トレーニング

一五〇〇メートル以上の高地では、最大酸素摂取量は高度が三〇〇メートル増すごとにおよそ三・二％減少すると言われている。つまり、高地では空気中の酸素濃度の低下によって呼吸が制約され、酸素を摂取する働きは低下する。

長期にわたって高地トレーニングを行なうと、酸素濃度の低下による摂取酸素量の減少をカバーするため、呼吸機能が増進したり血中ヘモグロビン濃度が増加したりして高地に適応していく。その状態で平地を走れば、以前よりも速く走ることができる、という方法が高地トレーニングである。ケニアやエチオピアの高地に住むランナーが好成績を出したことや、高地のメキシコでオリンピックが一九六八年に開催されたことにより、高地トレーニングが注目されはじめた。むろん高地に長期にわたって滞在しなければならないため、一般の人が日常的にできるトレーニングではないと言えるだろう。

フィットネスの時代だからこそ、自分に合ったトレーニングをしよう！

体型別に行なうトレーニング

小林邦之（手技施術師）

「人は見かけによらない」ということに遭遇することが、私たちにはよくある。これは自分の抱いていたイメージと、現実におけるその人の行動に大きなへだたりがあることを意味している。しかしながら、だからといってそれだけでその人物の本質が本当に理解できたのかというと、一抹の不安が残ってしまう。おそらくあなたも、「見かけによらない」と思った人が、むしろやはり見かけどおりの人物だったということが、いちどならずあったのではないだろうか。

社会の中で人間として生活していくうえで、「差別」ということは絶対にあってはならないことだ。しかし、「類別」するということは、人の長所を引き伸ばして短所を補い、人物の個性を充分に生かすことになる。事実、私たちは日常生活で「類別」ということをよく行なう。それはむしろ、大人よりも子どもの間で頻繁に行なわれているのではないだろうか。思い出してみてほしい。子どもの頃、学校で、私たちはよく「あの人は力がありそうだ」とか「あの人は速く走れそうだ」とか、外見でその人の運動的素質を判断したことはないだろうか。こんな子どもの頃の「類別」は、まるっきりのデタラメではなかったはずだ。実際、マラソンランナーは同じようなタイプの体型の選手がスタートラインに並び、水泳の選手もやはり同じからだのタイプのスイマーが集まる。これはどういうことなのだろうか?

人間の体質や体型は、とかく遺伝的要素によって左右されやすく、とくにトップレベルのアスリートともなると、その体力や体格におけるふつうの人との差はかなり大きい。また、人種によってはまったく向かないというスポーツ種目さえある。それならば早いうちから自分の体質・体型に合ったトレーニング方法を見つけ、それを実践することによって自分自身の可能性を充分に開花させてはどうだろうか。

「人体類型学」には、古い歴史がある!

人間の体型・体質をタイプ別に分類して研究することを「人体類型学」という。この分野の研究の歴史は古く、古代ギリシャまでさかのぼることができる。当時のギリシャ軍では、多くの若者のなかから白兵戦に使えそうな屈強な体型の者を選んだり、都から都へと伝令として走らせるため長距離走に向く者を選出したりしていた。これがのちのオリンピックの萌芽へとつながり、またギリシャ軍が歴史に残る最強の軍隊へと育っていくポイントにもなった。ギリシャ軍はさらに各地へと力を伸ばし、他国を占領して奴隷を増やし、彼らを体型別に分類して各作業に向く者と向かない者にふり分けていった。この頃になると、人の体型を類別するためにただたんに人のカンを頼りにするのではなく、ある一定の基準をもとにその分類の仕方が体系づけられていたものと考えられる。

当時の賢者ヒポクラテスは、人間は「血液」「粘液」「胆汁」（あるいは『胆汁液』）の三つの体液に支配されると仮定し、これら三つの体液のうち、どの液に支配されているかで人間の社会生活行動が決まると考えた。これが「体液病理説」という類型分類の始まりである。ヒポクラテスの優れた治療のポイントは、同じ病気であってもその人のタイプによって治療の方法を「類別」したことにある。また余談ではあるが、ヒポクラテスは薬などはあまり使用せず、人のからだに触れただけでその人の病を治したと伝えられている。これは彼が、現在で言うカイロプラクティック的な骨格整復の技術をもっていたためで、現在でもヒポクラテス法という手技がカイロプラクティクターに伝えられ、実践されている。

ヒポクラテス以後の人体類型学の流れを見ると、一七〇〇年代にはハッレの「頭脳型」「筋肉型」「内臓型」説が発表され、一八〇〇年代にはさらに研究が進んでカルスやワルカーほか数人の研究者が諸説を次々と発表した。さらに人体類型学は一九〇〇年代に入ると、マヌブリエの「骨格別類型」、ダベンポルトほか数人の「形態類型」説、スチルラーらによる「体緊張別類型」、そのほかにも「心理緊張」「食餌」「胸郭」「犯罪性」など、多種多様な分類体系をもつようになる。ここでは、一九〇〇年代の学者シェルドンが大系づけ、現在の人体類型学の礎ともなっている「胚葉類型」説をもとにして人間の体型別に、多様な角度からその体質の特徴やトレーニングと食事のポイントなどについて紹介したいと思う。

自分の体型と体質を知っておこう！

まずトレーニングを始める前に、あなたは自分の体型と体質を知るべきだと思う。人間は大きく分けて、①外胚葉型（頭脳型）②中胚葉型（筋肉型）③内胚葉型（内臓型）の三種類の体型に分けられる。さらにそれぞれの体型のなかにも、体脂肪の差があったり、また生まれつき筋線維の量が多い人がいたり、骨格がある種のスポーツに向いている人がいたり、新陳代謝とホルモンの分泌がとりわけ活発な人がいたりする。つまり人間のからだは公平にはつくられていないと言える。

また、すでにご承知のとおり筋肉にも大きく分けて三つのタイプがあり、①速筋線維と②遅筋線維、さらにこの両者の両長所をもつ③中間筋線維とに分けられる。速筋線維は高い収縮性に富み、無酸素エネルギーが多く使用され、ウエートリフティングや短距離走などのスポーツに向いている。遅筋線維は筋持久性に富み、有酸素エネルギーが多く使用され、マラソンやクロスカントリースキーなどのエアロビックスポーツに向いている。中間筋線維は瞬発的な運動を有酸素的に行ない続けることができる理想的な筋肉で、モントリオール冬季オリンピックの天才スケーターであるエリック・ハイデンがこの中間筋線維に恵まれていたと言われている。

このように人間は、いろいろな体型・体質をもっているわけで、それゆえに各自の体型・体質に合ったトレーニング処方が必要になってくるわけである。エクササイズがその人のからだに合わなければ、その実践も無理が生じて効果も半減してしまう。あなたの体型・体質に本当にフィットしたエクササイズを見つけたとき、はじめてあなたは本当のフィットネス（自分に合った運動）を見つけたことになるのではないだろうか。

外胚葉型（頭脳型）の特徴

外胚葉型の人は、全体的に見て身体が平たく、ホッソリとしていて体重が軽く皮下脂肪が薄くて排水性細胞質の体質をもつ傾向があるとされている。このタイプは遅筋線維が多く、筋持久力と心肺持久力に優れている。そのため多くの長距離ランナーやクロスカントリースキーヤーなどのエアロビック系の運動の選手に多く見受けられる。また関節の可動範囲が大きく、ボクシングなどのウエート制限のあるスポーツでは相手の選手より、より長いリーチとスタンスをもつことができる。しかし動作においては、ゆっくりとした動きでの力があまりないのが特徴。

この体型の人は、自分のもつ広い可動範囲を活かす筋力をつけるために、まず軽い重量でウエートトレーニングを行なって、さらなる筋力アップのトレーニングに耐えうる筋力の増強をすることとからだの柔軟性を高め、その後、段階を経てよりヘビーなウエートトレーニングに移ることが大切。ただし、このとき注意しなければならないことは、あなたより身長が低くて手足の短い人よりも重いウエートが扱えないとしても無理をしないことだ。リーチが長いのだから、あなたのほうがより長い距離でウエートを動かさなければならず、トレーニング強度は両者の間においてさほど差はないのだから。

中胚葉型（筋肉型）の特徴

からだに厚味があり、筋肉性細胞質で形成され、骨太で筋肉質、首や前腕、ふくらはぎなどがよく発達し、いわゆる〝逆三角形〟型をイメージさせる体型。その特徴は、速筋線維が多く、遅筋線維が少ないこと。また中間筋線維をもつ人が多いことがこの体型の特徴の一つでもある。この体型の人はホルモンの分泌がさかんで、骨太かつ筋肉質、したがってボディビルディングやウエートトレーニングそのものに向いている。一般的に関節が丈夫で、瞬発力を出すのに好都合な体格であり、高い負荷での運動を短時間に行なうトレーニングがよいだろう。この体型の人で、今まであまり運動をしたことのない人は、最初ストレッチングと軽いエアロビック運動で柔軟性を高め、自分の本来もっている強い筋力に負けないからだづくりをすることが必要。その段階を経てから強い負荷でのトレーニングを始めるのがベターだろう。さらに、このタイプの人は運動が無酸素的になりやすいので、インターバルを短くし心肺持久力の向上を図ってはどうだろうか。

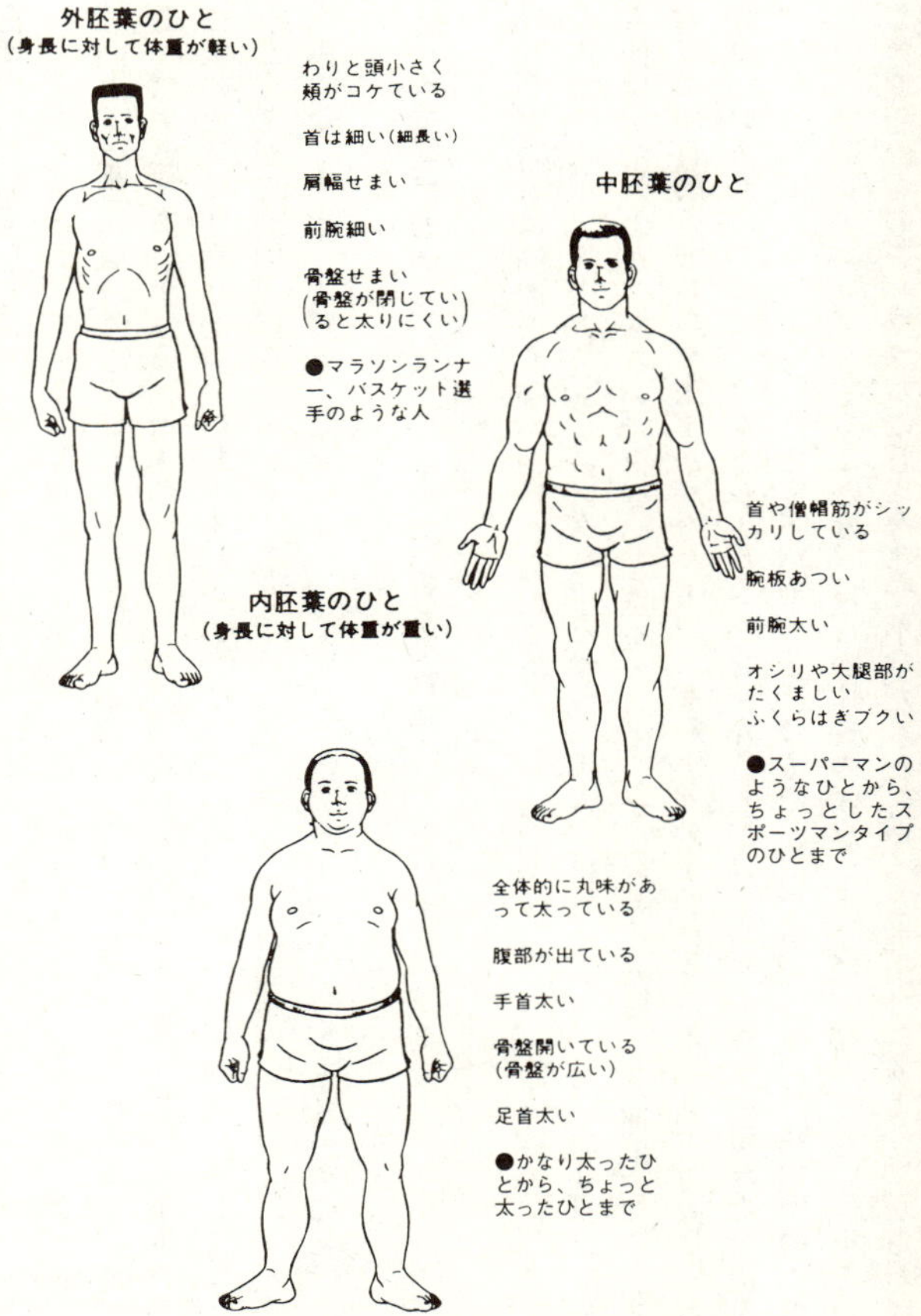
外胚葉のひと
(身長に対して体重が軽い)
わりと頭小さく
頬がコケている
首は細い(細長い)
肩幅せまい
前腕細い
骨盤せまい
(骨盤が閉じている と太りにくい)
●マラソンランナー、バスケット選手のような人
中胚葉のひと
首や僧帽筋がシッカリしている
腕板あつい
前腕太い
オシリや大腿部がたくましい
ふくらはぎブクい
●スーパーマンのようなひとから、ちょっとしたスポーツマンタイプのひとまで
内胚葉のひと
(身長に対して体重が重い)
全体的に丸味があって太っている
腹部が出ている
手首太い
骨盤開いている
(骨盤が広い)
足首太い
●かなり太ったひとから、ちょっと太ったひとまで

内胚葉型（内臓型）の特徴

からだが丸味をおびている人。体組織が水嗜性細胞質で成り立つ傾向があると言われ、可動範囲と柔軟性に欠けるきらいがある。このためゆっくりとした動作の力はあるが、速度に乏しく機敏性にやや欠ける。全体的に脂肪が多く、腰が太くて身長に対して体重が重い。この体型の人は、体脂肪が多いけれども軽めの負荷で高回数、短インターバルのトレーニングを行なうことで筋肉質になっていく。トレーニングの際には、可動範囲いっぱいに手足を大きく動かし、大きく呼吸することによって心肺持久能力を高めるように心がけること。

外胚葉型（頭脳型）のためのトレーニングと食事のアドバイス

外胚葉型の人は筋肉と心肺系の持久力に富み、エアロビック系のスポーツに向いている。この体型の人がウエートトレーニングをする場合、本人が自分のもつ、優れた体質をさらに引き伸ばしたいのか、あるいは自分の弱点をカバーして新たなる競技へと進出したいのか、この二つの目的のどちらを選ぶかがトレーニングをより効果的にするポイント。具体的には、外胚葉型の人がエアロビックなトレーニングを行なうことは、自らの体質の優れた特徴を引き伸ばすことであり、より優れた外胚葉型へと近づくことになる。一方、外胚葉型の人がパワーアップトレーニングをすることは、自らの体質の弱点である低い筋力や軽い体重を補強して体型そのものをパワフルにし、今まで不利だった競技へと進出できるようになるわけである。

外胚葉型用のエアロビックトレーニング

マシンやフリーウエイトで有酸素運動を行なう場合、ウエートの上げ下げだけに気をとられてしまって今自分がやっていることや成し遂げようとしていることを正しく理解できなくなってしまう人が多く見受けられる。そういう人は、ぜひ次のようなトレーニングを行なってみてほしい。

クロスカントリースキーは、数あるスポーツのなかでも最高に理想的なエアロビックグラフの曲線を描くと言われている。そのわけは、長い登り坂をスケーティングして登り、下り坂で心臓と筋肉を休めるという、つまり運動と休息というインターバルを組み合わせてあるからだ。これを応用して、たとえば長い登り坂にあたるエアロビックトレーニングとしてマシンやバーベルを動かし、下り坂にあたる休息のためのインターバルを取る、という方法を繰り返す。そして次の坂が前の坂よりも急斜面であることを想定する場合には、マシンのウエートを重くすればよい。このようにして、ただ時間ばかり取ってつまらないと思われてきた有酸素ウエートトレーニングを、実際の運動と同じようにシミュレートすることによって、楽しく効果的なものにしてほしい。

パワーアップトレーニング

外胚葉型の人は、いちどに多くの筋力を使うような運動には向いていない。それは、体型的な理由に加えてなによりも骨格筋中の速筋線維の量が少ないためだ。ではこの数少ない速筋をどのように刺激したらよいのだろうか。

一般的に言われている「十回持ち挙げられる重さから始めて、十三回持ち挙げられるようになったら重りを数キロアップする」というトレーニング方法では、パワーアップを重点目標とするトレーニングにはならない。「十回しかできなかったのに十三回もできるようになった」状態は、一見、力がついたように見えるが、実は筋肉が馴れただけで遅筋線維を刺激したにすぎない。ではどのようにトレーニングしたらよいのだろうか。

こうやってほしい。十回持ち挙げるのに十五秒かかる負荷でトレーニングをしていたとする。それが十秒で挙げられるようになったら重りを数キロアップする。このトレーニング方法ならば確実に速筋線維を刺激することができる。また、パワーアップしたい筋肉を八～六回、あるいは六～三回という低回数しか挙げられないような高重量でこのトレーニングを行なえば、直接的に速筋線維を刺激することができる。

外胚葉型の人は、食事のここに気をつけよう！

外胚葉型のもつ持久力を充分に発揮するための食事のポイントを説明しよう。

エアロビックな運動には、炭水化物が主なエネルギー源とされている。炭水化物は車で言えばガソリンのようなもので、トレーニングにはどうしても必要なものである。しかし、その炭水化物もトレーニングが終わってから数時間たち、夜寝る前にはもうすでに必要なくなってしまう。したがって外胚葉型の人が夜食べるべき食物は、タンパク質とビタミン、ミネラルを中心にしたものがよいだろう。その理由は、寝ている間に脳下垂体からの成長ホルモンの分泌をタンパク質が促進してくれるからである。

またマラソンランナーのような長距離を走る人には、今はやりのダイエタリーファイバー（食物繊維）のとりすぎは禁物。ランニング中に起きる腹痛の原因の一つに腸内ガスの発生が考えられいるが、これは胃や小腸で消化吸収されなかった食物繊維によって引き起こされていると考えられるからである。

中胚葉型（筋肉型）の人のためのトレーニングと食事のアドバイス

あなたは、いちどぐらい次のようなことを耳にしたことがあるだろうか。「日本人は、かいな力が強い」と。この「かいな力」というのは、わかりやすく言うと引きつける力、屈筋の力、とくに上腕二頭筋のことを指している。日本人はノコギリを引いて使い、アメリカ人はノコギリを押して切る。カンナも同じだ。

民族的な体格特性から見て、日本人は拮抗筋のうち屈筋優位にあり、「からだに力を込めるように」と言われると、つい屈筋に力を入れてしまう。一方、アングロサクソン系の民族は伸筋優位にある。これはどういうことを意味しているのだろうか?

屈筋が伸筋より多く働いてしまうと、アームカールのような運動のとき、二頭筋の収縮時に三頭筋が充分リラックスしてくれるということである。反対にトライセプスエクステンションのとき、三頭筋が収縮しようとしても二頭筋（屈筋）優位のため、どうしても二頭筋がリラックスしきれず、力を入れようとすればするほど二頭筋と三頭筋の拮抗バランスが取れなくなってしまう。これが俗に言う「ウエイトトレーニングをすると動きがニブる」ということなのである。この現象は生まれつき力の強い中胚葉型に多く見受けられる。

中胚葉型の人は伸筋のトレーニングのときには、初め軽い重量でウォームアップし、充分に伸筋の動きと屈筋の弛緩を意識できるように注意してほしい。

中胚葉型の人は、食事のここに気をつけよう!

中胚葉型の人は筋力が強く、運動をすると人一倍からだ中の筋肉に力が入ってしまい、多くのエネルギーを消費してしまう。筋肉の疲労を取るには、タンパク質がいちばんよいのだが、一日に三回の食事によって一日に必要な栄養をとると、一回にとる量のエネルギー（カロリー）が多すぎてしまう。したがって中胚葉型の人には、一日四回ぐらいの食事によって、三回分の量を分けてとると効果的に栄養が摂取される。

内胚葉型（内臓型）の人のためのトレーニングと食事のアドバイス

この体型の人は、霜降り肉のように筋肉の間にも多く脂肪を抱えている。脂肪を落とすトレーニングとしては、低負荷高回数のトレーニングが効果的である。霜降り肉のような筋肉でも、高度の筋収縮によって赤身の筋肉へと変わっていくことから、ここでは低負荷高回数で高収縮のトレーニング方法を紹介しよう。

このトレーニングは、軽い負荷、すなわちたくさん反復できるような重量（部位によって異なるが十五～二十回ぐらい）で、一回ごとに筋肉がもっとも収縮する点で二、三秒間強く収縮を持続させる方法である。体脂肪の少ない人がこれをやると、筋に強い痛みを感じる。それは高度の筋収縮のためで、肥満型の人が同じようにもし痛みを感じるようになれば、脂肪が減ってきた証拠だと言える。肥満型の人がトレーニング中痛みを感じないのは、筋肉間の脂肪が筋肉の収縮を妨げているからである。

内胚葉型の短所は、腹部を中心とした筋肉が上体と下半身のさまざまな動きに連動しているために、特定の筋肉を個別にトレーニングすることが難しい点である。このようなタイプの体型には「予備疲労トレーニング」をためしてほしい。たとえば大胸筋をトレーニングする場合、高重量を扱えなくとも、直接的に大胸筋を刺激するバタフライマシンなどをしたのち、ベンチプレスで大胸筋のほか上腕三頭筋、三角筋などの助けを借りて高重量のトレーニングに移るという方法である。このトレーニングによって大胸筋は三頭筋や三角筋が疲労する前に個別に強い刺激を受けることになるからだ。

内胚葉型の人は、食事のここに気をつけよう!

内胚葉型で少食の人は、やはり少ないようだ。また、一日の食事の回数も多く、水分も、かなり多量にとるようである。このような人は、まずジャンクフードとよばれる類の菓子を食べないようにしなければならない。このジャンクフードは、油でフライしたもの、塩分や糖分の多いもの、さらには脂肪分の多いものがほとんどで、これらの成分は水分の体内残留を引き起こす原因とされている。ジャンクフードは栄養素はあっても栄養にはならないようなものばかりで、内胚葉型の水太りの原因の一つだとされている。

内胚葉型には無理なダイエットは禁物である。ごはんなどの炭水化物が、太る原因だと思い込み、炭水化物の摂取をやめてしまうと、しぼんでいくのはあなたのお腹ではなく、あなたの脳なのである。体内でもっとも糖分を必要としているのは脳である。しかし炭水化物は、摂取しすぎるとやはりよくない。それではどのようにしたらよいのだろうか?

基本的には一日三食を守り、間食はしないようにする。そして、食事の前には三〇分ぐらいの軽い運動を行なうようにする。そうすると、ホルモン(グルカゴン)の働きにより血糖値が平衡を保ち、おなかが空きすぎる状態を生起させにくくする。

トレーニングしながらダイエットする場合、トレーニングするエネルギー(糖分=炭水化物)と減量=脂肪を燃焼させるエネルギーが必要になってくる。内胚葉型の人は、食物と食事のタイミングに注意して賢いダイエットをしてほしい。

今こそ「フィットネス」のほんとうの意味を見直そう！

フィットネスという言葉が耳馴れない時代は過ぎ、今ではだれもが口にする言葉になった。日本人は二十年近くの間に、高齢化社会という将来に対する不安からか、健康に気を遣うようになり、いろいろなかたちで健康ブームを引き起こしてきた。思い出すだけでも「紅茶キノコ」「粉ミルク療法」「ぶら下がり健康法」など、私たちはじつにさまざまな物にすがりついてきた。そんな背景のもとで、アメリカのNASAが宇宙飛行士の体力向上のためにプログラムした「エアロビクス」という運動を「フィットネス」という言葉とともに日本に上陸させたのである。インストラクターがリズムとともにエクササイズをして、他の人はインストラクターと同じようにからだを動かす、これは受身な日本人にはまさにピッタリのエクササイズの登場だった。

その後エアロビクスも他の健康ブーム同様、幾多の危機にさらされたが、そのたびに、さすがアポロを月まで飛ばしたNASA！　何度もうまく軌道修正してきた。こうしてエアロビクスもハイインパクトのバリスティックモーションからローインパクト・ステップボードエクササイズなどに移り変わり、現在に至っている。

エアロビクスと言えば、そのカラフルなレオタードとともに、実際にエクササイズをしない人びとからも注目を浴びるようになり、マスコミにも多く取り上げられた。八〇年代も後半になると、一体式のレオタードからセパレーツのレオタード、さらにはスパッツに主流は移り変わり、九〇年代ではセパレーツのブラとスパッツだけでスタジオはおろか街なかまで歩く若い女性を六本木などで見かけるようになった。六〇年代、ディスコではゴーゴーブームでロックのリズムに乗り、サイケデリックなファッションで踊る若者が主だった。七〇年代後半から八〇年代前半はサーフィンブームでサーファーカットにジーンズ、二〇〇〇年代に入るとファッションはアスリートスタイルになり、クラブで踊る若者の足元ではバスケットシューズがステップを踏んでいる。

彼ら彼女らは、そのファッションを六〇年代、七〇年代と同じように時代のファッションとして受け入れているのだ。

私たちが、そのスタイルを時代のファッションとしてではなく、自分のライフスタイルのファッションとして受け入れるには、もはやインストラクターに合わせて自分が動くのではなく、自分に合った動きをするインストラクターを、自分でチョイスして運動することが必要なのではないだろうか。

フィットネスという言葉が日本に入って十余年、やっと本来のフィットネス（自分に合ったもの）という言葉に近づいてきたような気がする。

人は自分の個性を自覚し、それを表現し、周りの人びとのさまざまな反応を感じるのを喜びとしている。トレーニングも、これと同じだ。私が個々の体型・体質にこだわり類別するのは、からだの個性およびそれによって表現される性格と行動が、その人間の価値、そして稀少性を決めると信じているからなのである。

しかし日本の体育社会には、まだ、そのような動きは少ない。例を挙げるならば、高校の野球部ではトレーニング（練習）のとき長い時間ランニングをして、その後も二時間から三時間と延々と練習する場面を、私は目のあたりにしている。このような練習で残った選手は、筋持久力と心肺持久運動に向いているタイプの選手だらけなのだ。優れた素質をもちながら、パワースポーツであるはずの野球のための運動ではなく、持久力の必要とされる運動についていけなかった選手は、自分のもつ未知の可能性を開花させずに終わってしまうのである。

人はだれでも天才だと言える。それは他人とは異なる個々の個性（個々の可能性）をもっているからだ。ただ、その個性を埋もれたままにしてしまっているだけなのだ。学校体育の指導者は、正しい目をもって、一人でも多くの子どもたちの可能性を開花させてもらいたいものである。

一日一回、わずか六秒で確実にパワーアップできる

筋力トレーニングの技術

指導＝宮崎義憲（東京学芸大学教授）

アイソメトリック・トレーニングとは何か？

このトレーニングは、筋の長さの変化なしに筋力を発揮するという等尺性収縮（アイソメトリック収縮）を利用したもので、誰でも、どこでも、道具なしでパワーアップできる点が特徴である。アイソメトリック・トレーニングは、一日一回、わずか六秒間だけ、全力で行なうことで、確実に筋力がアップする方法である。筋の長さが変化しないので他人からは力を発揮していないように見えるが、意識を集中して全力でトレーニングすること。

それぞれの部位のトレーニングを一日一回、六秒間ずつ続けていると、およそ三週間もすれば、確実にパワーがアップする。

腕のパワーアップ

❶握力アップ
両手の指を胸の前で引っかけ、左右に全力で引きあう。

❷リスト
両手の指の平《ひら》を、胸の前で上下に合わせ、お互いに押しあう。

❸腕力
左腕の手首を右手でつかみ、左腕は上向き、右手は下向きにお互いに押しあう。左右交互に持

ちかえる。

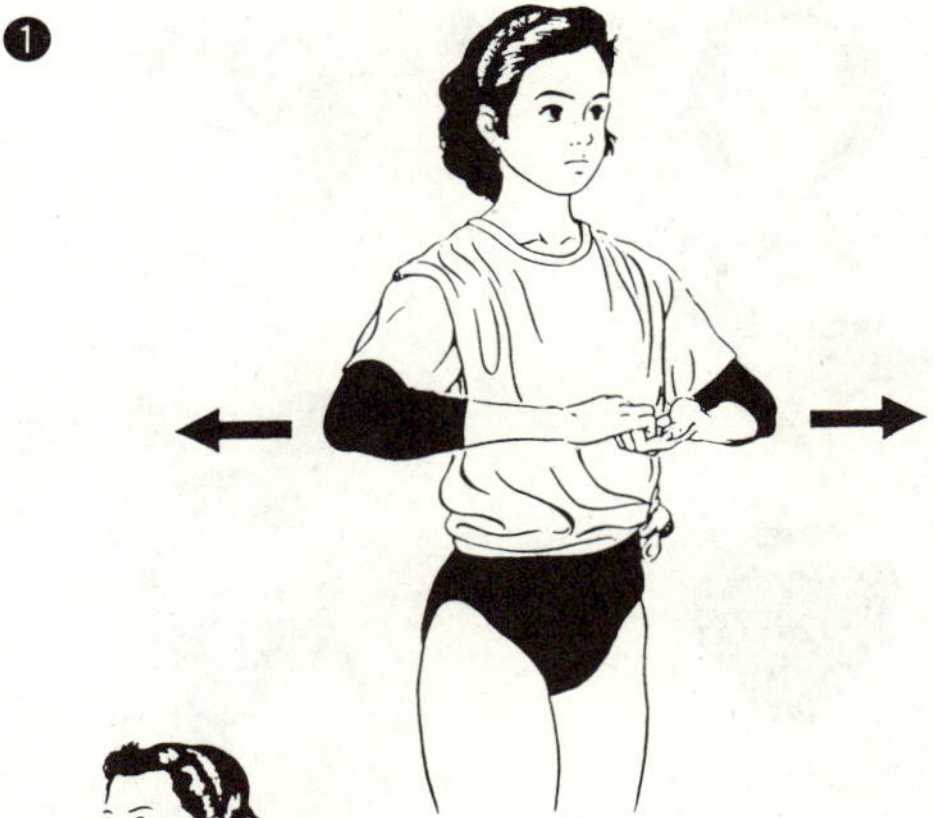

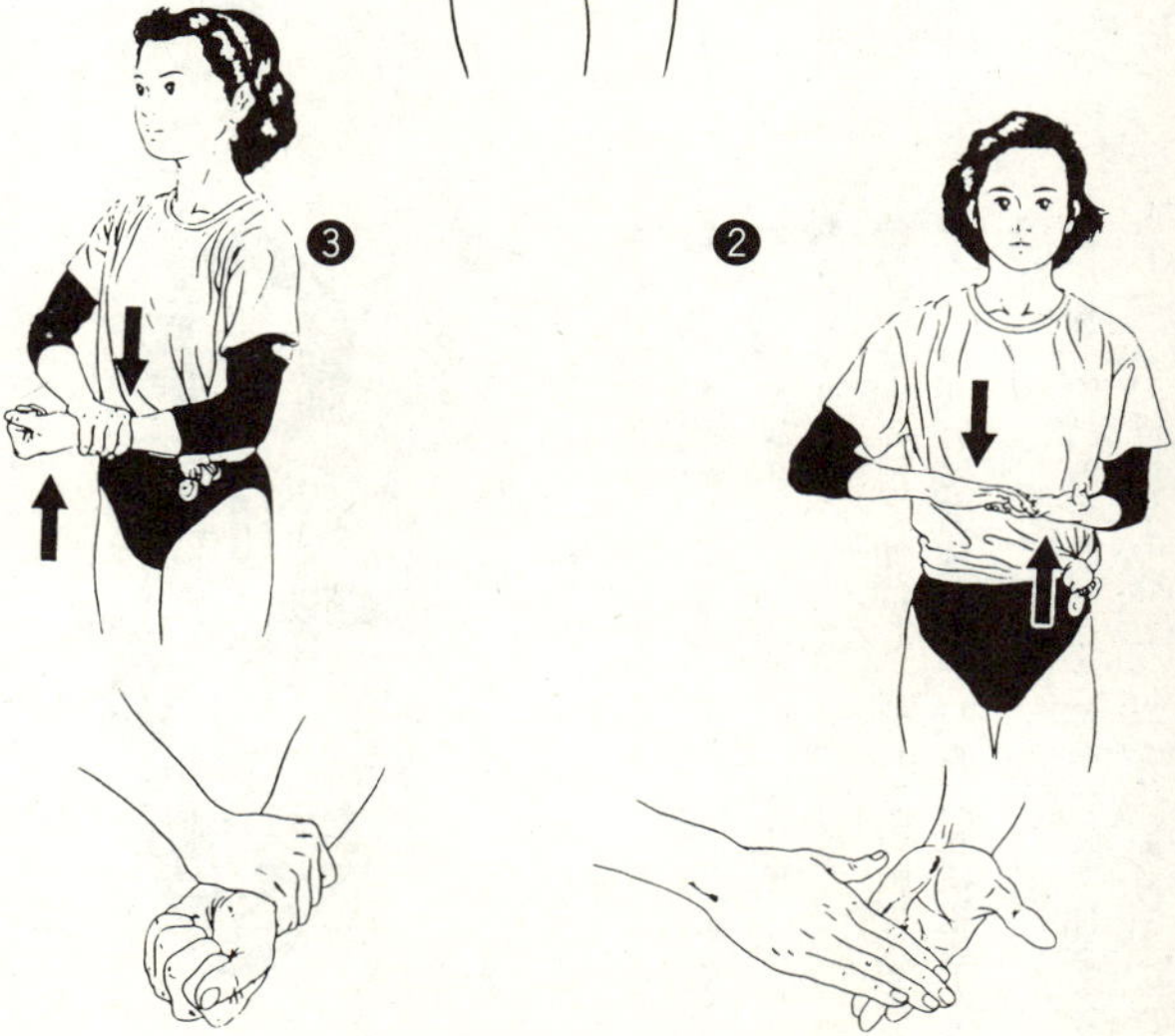

❹

❺

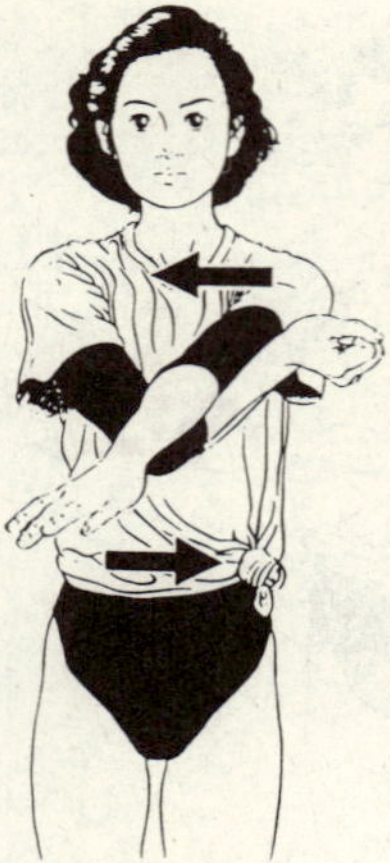

❻

肩の筋力アップ

❹右腕を左腕の上に重ね、右腕は下向き、左腕は上向きにお互いに押しあう。左右交互に重ねあう。

❺左腕を胸の前で伸ばし、それを右腕で抱きかかえ、お互いに引きあう。左右交互に抱きかかえる。

❻左腕を胸の前で曲げ、それを右腕で押さえこみ、お互いに押しあう。左右交互に押さえこむ。

❽

❼

上体の筋力アップ

❼両手をおでこに当て、お互いに押しあう。

❽両手を頭の後ろで組み、お互いに引きあう。

❾右手を右のこめかみに当て、お互いに押しあう。左右交互にこめかみに当てる。

❾

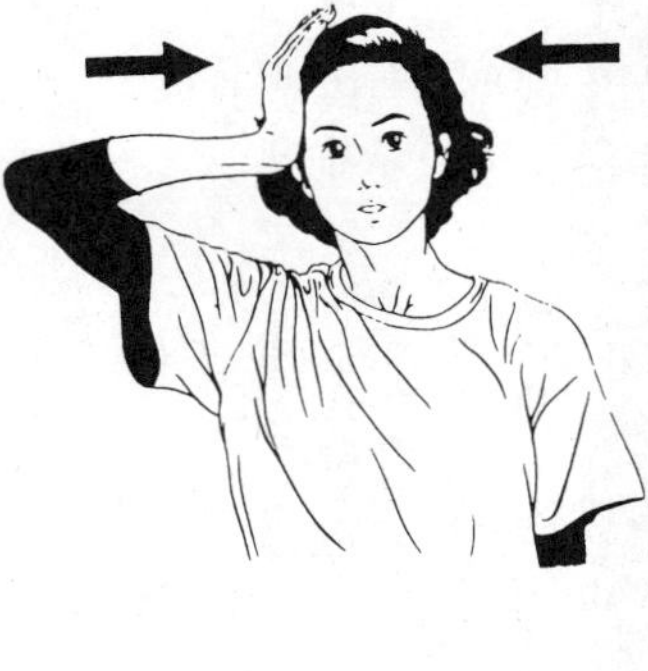

◎胸

❿両手を胸の前で合わせ、お互いに押しあう。

❿

◎腹筋

⓫両手を胸の前で組んで、長座する。上体をゆっくりと倒し、四五度の角度で十秒間停止する。これを三回反復。

⓫

◎背筋

⓬両手を腰に当て、うつ伏せに横になる。上体を反らすように一〇度持ち上げ、十秒間停止する。これを三回反復。

⓬

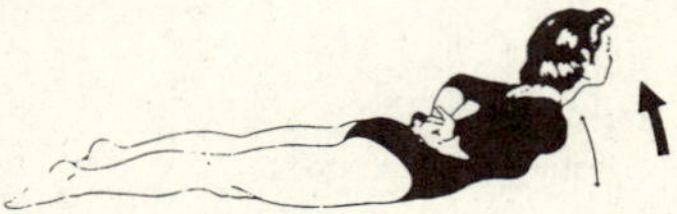

⓭
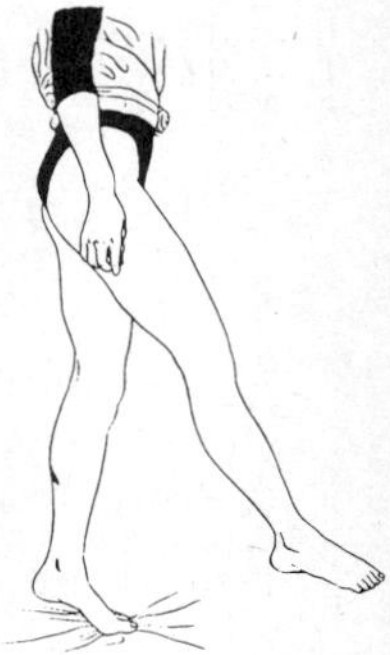

⓮
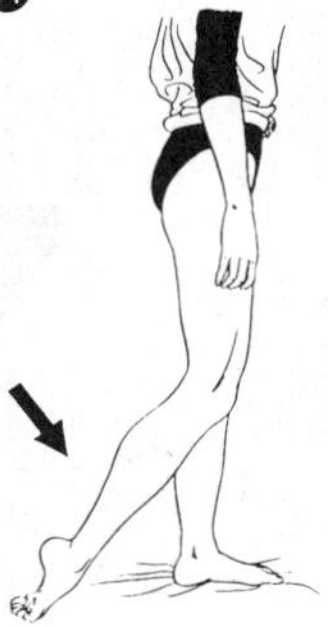

下半身の筋力アップ

◎足首

⓭片足で、つま先立ちを十秒間継続する。左右交互に各三回。

⓮片足立ちになり、反対足のつま先で床を蹴るように押す。左右交互に。

⓯
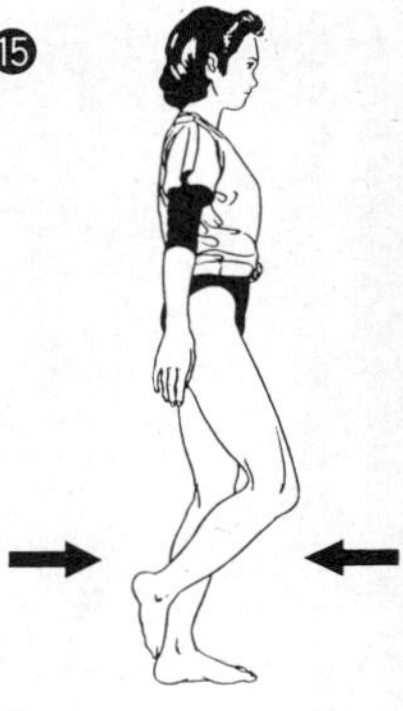

⓰
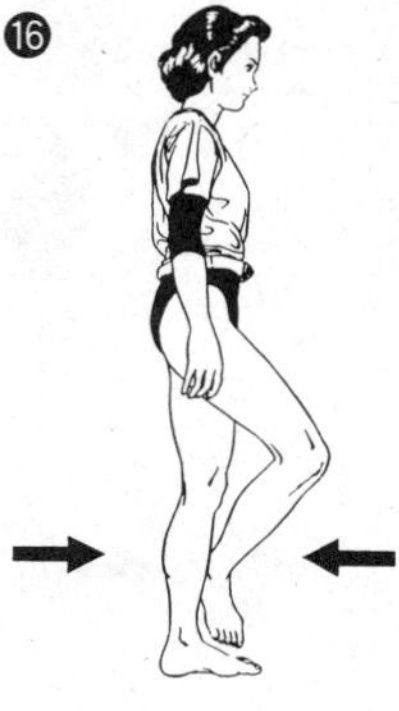

◎膝

⓯左足で片足立ちし、右足の甲で支持足を前方に蹴るように押しあう。左右交互に。

⓰左足で片足立ちし、右足のかかとで支持足を後方に押す。左右交互に。

◎股関節

⑰直立姿勢で立ち、左右の足でお互いに内側に押しあう。

⑱壁に向かって横向きに片足立ちし、持ち上げた足の小指側で壁を押す。

⑰

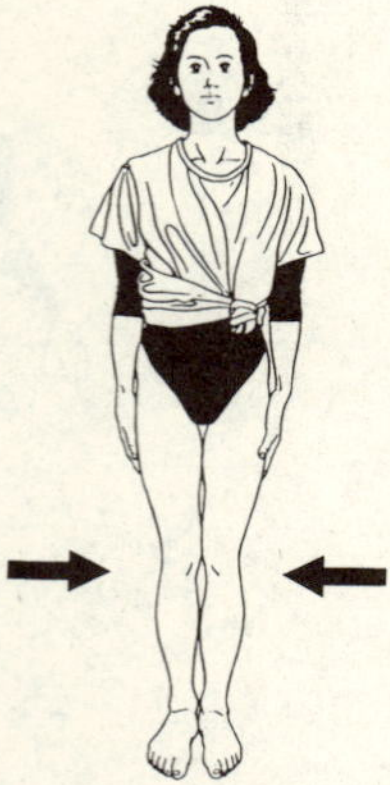

⑱

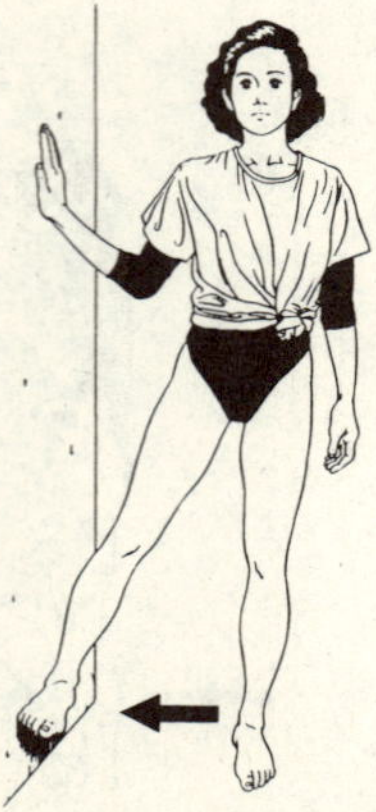

気軽にやってみる筋力トレーニング

⑲

テレビを見ながら

⑲背筋のトレーニング

うつ伏せになり、両手を腰の後ろに当て、全力で上体を反らせ、その姿勢を六秒間保持する。

⑳

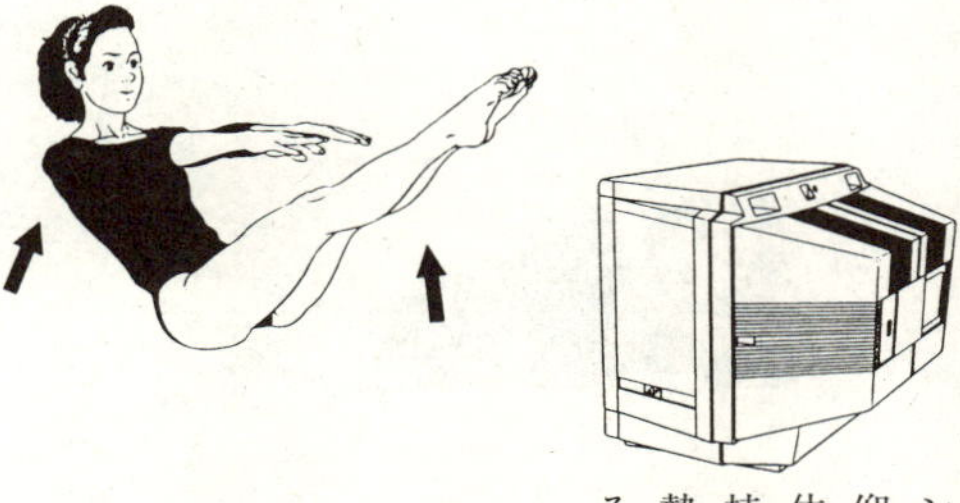

⑳腹筋のトレーニング

仰向けに寝て、上体と両足を同時に持ち上げ、その姿勢を六秒間保持する。

㉑

㉑腰のトレーニング

四つん這いになり、片足をゆっくりと大きく後ろに反らす。左右交互に各三回。

㉒

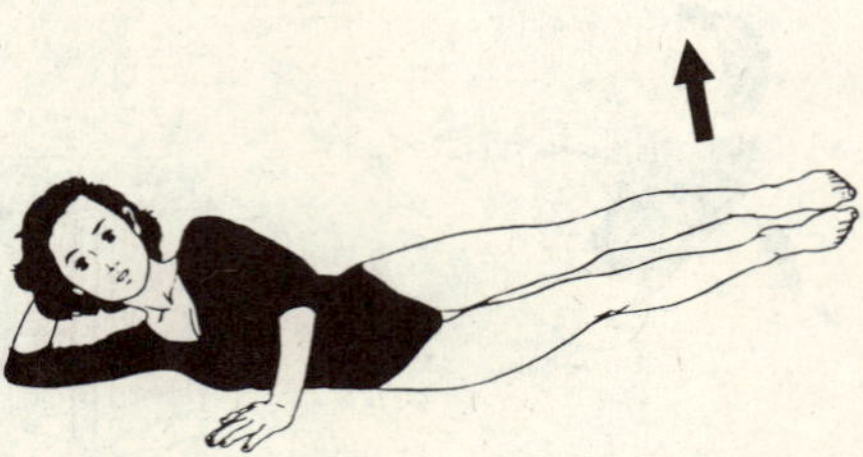

㉒わき腹のトレーニング

横向きに寝て、両足をそろえたまま真横に持ち上げる。左右交互に各三回。

㉓

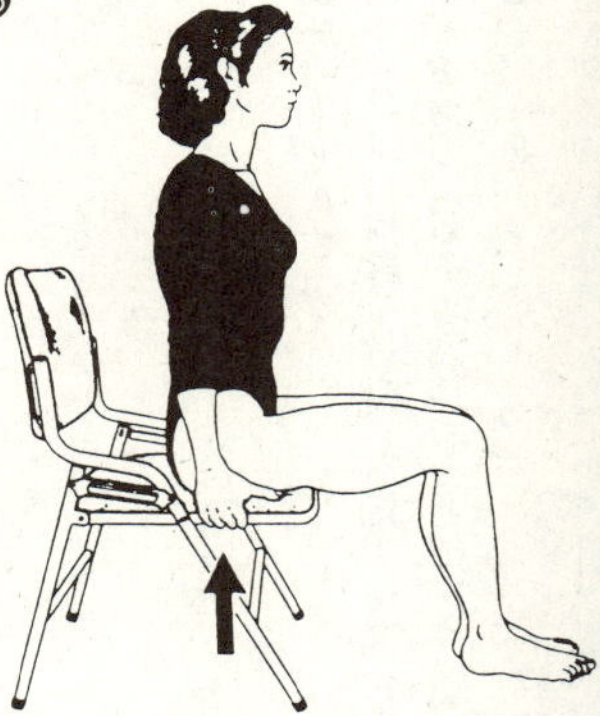

㉔

椅子を利用してパワーアップ

㉓腕のトレーニング

椅子の両端を持ち、全力で引き上げる。

㉔胴体のトレーニング

両腕を回して、胴体を水平にねじる。最もねじった状態を六秒間保持する。

㉕腹筋のトレーニング

両手を椅子の両端につき、両足を伸ばしたまま椅子より高く持ち上げる。この姿勢を六秒間保持する。

㉕

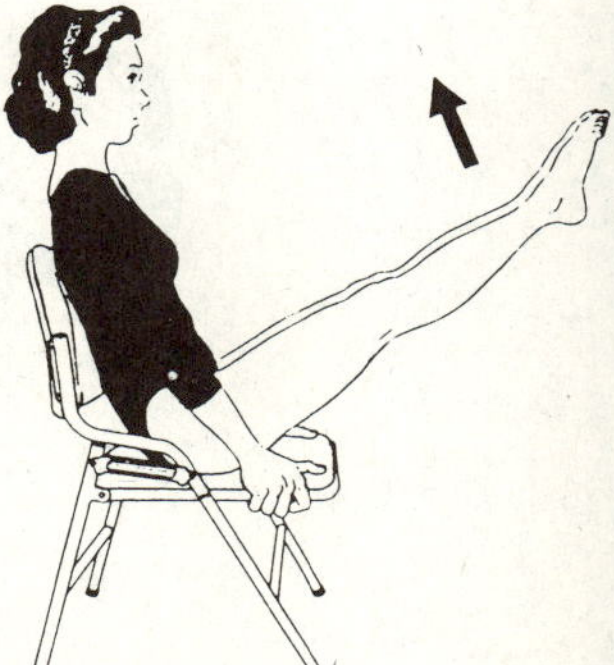

㉖

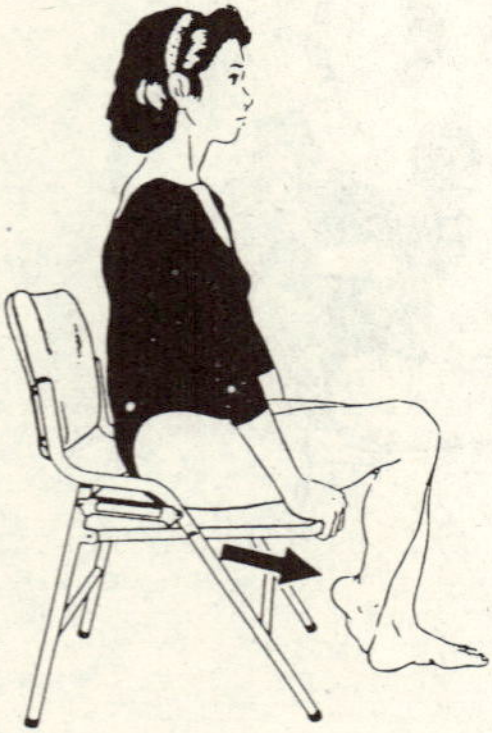

㉖膝のトレーニング
両手は椅子の前縁を持ち、右足の甲で左足のかかとを前方に蹴るように力を発揮する。左右交互に各三回。

電車の中で

◎電車の握り棒を利用してトレーニング

㉗握力のトレーニング
握り棒を両手で握りつぶすように六秒間握りしめる。

㉗

㉙

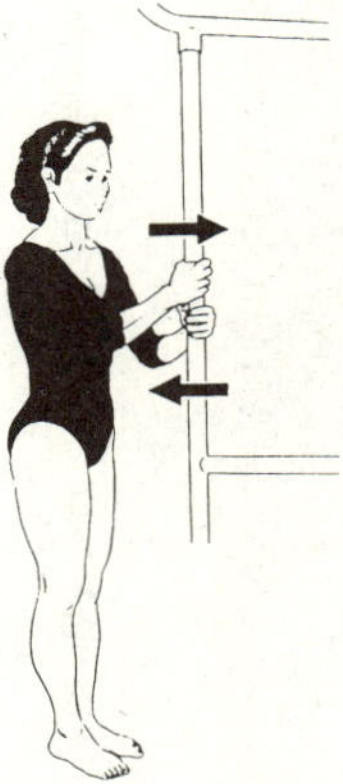

㉘

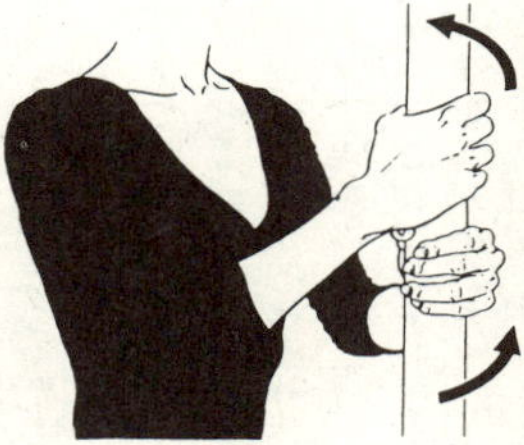

㉘手首のトレーニング
握り棒を両手で六秒間、雑巾をしぼるように全力でしぼりあげる。
㉙肘のトレーニング
握り棒を、左手は押す、右手は引くを、同時に六秒間全力で。左右交互に。
㉚肩のトレーニング
握り棒を水平に握り、左右に全力で六秒間引いたり、押しつけたりする。

㉚

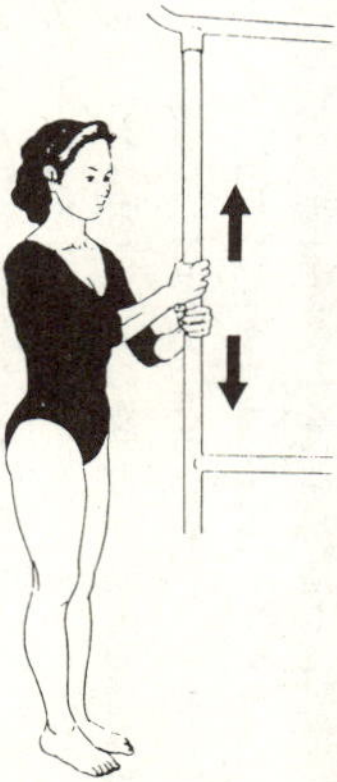

スタミナアップに効果的な食事のメニュー

スポーツ好きに教えるポパイのホウレンソウ③

鈴木正成（早稲田大学スポーツ科学学術院教授）

長時間のトレーニングやマラソンのような競技のためのスタミナをアップするには、まず、筋肉づくりをしっかりすることが必要です。したがって、持久性を要求されるスポーツをする人たちでも、筋肉づくりのために週に二～三回、一回三十分程度の本格的なウエートトレーニングを実施することは、世界のトップレベルのスポーツ選手には常識となっています。

さて、筋肉づくりがしっかりなされているとしても、スタミナを高めるにはどうするかということですが、これにはトレーニングと食事の両面からの対策があります。

まずトレーニング法としては、ジョギングや水泳のような持久性運動を行なって、筋肉の有酸素エネルギー代謝力を高めることです。具体的には筋肉にミトコンドリア（エネルギー生産袋）の数を増やすこと、筋肉にミオグロビン（酸素貯蔵タンパク質）を増やすこと、筋肉に毛細血管網（酸素供給）を発達させること、心肺機能を高めて酸素の摂取と供給の能力をアップすることなどです。

筋肉におけるこれらの変化は、筋肉の白筋繊維を赤筋繊維に変化させることにつながります。一般に白筋はエネルギー源としてグリコーゲンを使い、酸素を使わないで分解して乳酸を作ってしまうので、瞬発的な運動には向いていても持久性のものには向いていません。赤筋はグリコーゲンのほかに脂肪酸をエネルギーに分解できる特徴がありますが、その分解には酸素が必要です。発生するものは炭酸ガスと水なので、長期間にわたる運動に向いています。この赤筋が赤い色をしているのは、ミトコンドリア、ミオグロビン、それに毛細血管を流れる血中のヘモグロビンなど、赤色のものをたくさん保有しているためです。

このような持久性トレーニングで得られる有酸素エネルギー代謝の増強には、鉄とタンパク質の助けが必要です。その理由は、ミトコンドリアにはチトクローム鉄が酸素としてエネルギー生産に直接の役割を果たしており、同様にミオグロビン鉄は酸素の貯蔵に、ヘモグロビン鉄は酸素の摂取と供給にというように、三種類もの鉄タンパク質が関係しているためです。

したがって、赤血球の数が減ったり、赤血球中のヘモグロビン量が減って貧血になると、酸素の摂取と供給が低下してしまうため、スタミナを発揮するのが難しくなります。もちろん、筋肉中のミオグロビン量が少なくなったり、ミトコンドリアのチトクロームが減っても、筋肉の有酸素エネルギー代謝能力は低下してしまいます。

そこで、チトクローム鉄、ミオグロビン鉄、ヘモグロビン鉄を充分に合成するにはどうするかということですが、これらはすべてタンパク質なので、「筋肉づくりの食べ方」と同様に、夕食の前か後でウエートトレーニングを十～二十分程度実行し、夕食でタンパク質と鉄をしっかり食べ、睡眠をとるというリズムで生活することです。

食事の内容については、牛ヒレ肉やカツオ、マグロなどのように赤身の肉食品を中心に食べることと、調理器具を鉄製にして調理で溶出してくる鉄分を食べ物と一緒にとれるようにすることがまず大事です。同時に、鉄の吸収を阻害する作用のある食品、たとえば豆腐（フィチン酸という吸収阻害物質が多い）、ほうれん草（蓚酸）、食物繊維の多い食品、緑茶、ウーロン茶、紅茶、コーヒーなどの飲み物（タンニン）を、夕食からカットすること。逆に、鉄の吸収を助ける成分であるビタミンCやクエン酸をたくさん含んでいる食品、たとえばレモン、オレンジ、グレープフルーツやそれらのジュースを、夕食後のデザートでとるか、レモン汁を料理の味つけに使うようにすることです。

スタミナをアップさせるもう一つの対策として、筋肉と肝臓にグリコーゲンを蓄積させるための食べ方があります。グリコーゲンは瞬発力のもとであると同時に持久力のもとでもあるという重要なエネルギー源ですが、全身に蓄積できる量はせいぜい五〇〇グラム以下と推定されています。グリコーゲンが一定レベル以下になると、スタミナ切れが起こるので、トレーニング前、試合後のいずれでもグリコーゲンを充分に蓄えておくことが必要です。

もっとも簡便なグリコーゲン蓄積法（グリコーゲン・ローディング法）は炭水化物食品を食べたあとで、クエン酸がタップリのオレンジジュースなどを飲むことです。ごはんやパンなどの食事をとったあとにオレンジジュースを飲むとか、バナナとオレンジジュースを組み合わせるなどの方法がよいでしょう。

でんぷん質食品のなかでグリコーゲンの材料として優れているのはモチです。コンパクトなので大量のでんぷんを容易に食べられるうえ、消化・吸収のスピードも早いからです。試合の前の食事で雑煮を食べ、オレンジジュースでダメ押しすれば、グリコーゲンはバッチリたまることでしょう。

スタミナ源として、もう一つ忘れてはいけないものは脂肪です。脂肪は有酸素エネルギーのための重要なエネルギー源であり、貯蔵量が限られているグリコーゲンを節約しながら運動を続けていくためには、脂肪をエネルギー源として使っていくことが必要です。一般的にスタミナが高い欧米人の食生活は、脂肪のカロリー比が四〇%前後であるのに対して、スタミナに劣る日本人では二五～三〇%も脂肪のとり方が少ないことを忘れてはいけません。

脂肪をとるタイミングは、夕食を避けて朝食を中心にすることです。トレーニング中はとくに朝食で脂肪をとる食べ方がよいでしょう。太らないうえに夕方のトレーニングでもスタミナを発揮できるからです。

グリコーゲン対策は試合の前夜から試合日の食事でやれば充分です。

スポーツでからだを痛めてしまってはなんにもならない

スポーツ障害の予備知識

構成▼諏訪　弘（フリーライター・エディター）

過ぎたるは及ばざるが如し。この諺はそのままスポーツの分野にもあてはまる。体力増進・健康維持ということがスポーツをすることの目的の一つではあるが、過度のスポーツはかえってからだを痛めることになりかねない。からだのある特定の部分を酷使することで、周辺の筋肉や関節、骨などは疲労する。そしてついにはちょっとしたショックが引き金となって、その本来の役割をまっとうすることができなくなってしまう。これがすなわち障害である。

いったん障害が起きてしまえば、回復までにはかなりの時間とリハビリテーションとが必要であり、日常生活にも支障をきたすことになる。全身運動の代表格とさえ思われている水泳ですら、過度に至れば腰や膝を痛めるというのであるから、他のスポーツにおけるそのリスクは容易に推し量れるだろう。

スポーツのやりすぎは、からだにとってむしろ害である。このことは最近になってようやく世間一般にも知られてきたようだ。だがその詳しいことについては、先に挙げた水泳の例のように、案外知らない読者も多いのではないだろうか。プロのスポーツ選手の訴えるからだの故障を耳にしても、どこか別の世界の話のように聞いてはいないか。

そこでこの稿では、野球・ジョギング……といったポピュラーな各スポーツで、どのような障害が、どのような理由・条件で起きるのかを紹介してみたい。

ところでまず、「怪我」と「障害」の差異を覚えておいてもらいたい。

「怪我」とは、どのような予防・対策を講じようとも、ある程度の確率で起きるときには起きるものである。突き指・骨折・打撲などがそれにあたる。「障害」とは、先に述べたこととも重複するが、からだのある特定の部分を酷使することによって引き起こされるものである。こちらは怪我とは違い、対策いかんによっては予防が可能である。ここでは障害について述べることを目的としているが、両者に明確な境界線を引くことは困難であるため、本文中では適宜、怪我についても筆を割く。

野球

アメリカでは突き指のことを俗に〝ベースボールフィンガー〟というくらい、突き指は野球につきものの怪我である。打球をとっさに素手で止めようとしたり、ライナーを捕りそこなったりしたときなどにこの怪我は起きやすい。

また、スライディングの際の下腿骨ないし足首の骨折、スパイクのエッジが向こう脛に当たっての裂傷なども事故例のなかでかなりの割合を占める。

時に時速一〇〇キロ以上のスピードで走るボールは、それ自体が一種の凶器のようなものである。デッドボールによる骨折や打撲、脳震とうなどにも充分な注意と対策を払うことが望まれる。

そのほか、野球に顕著に見られる障害を以下に挙げる。

〈野球ひじ〉

野球選手、わけても投手がひじを痛めやすいということは、われわれにもTVや新聞などでおなじみである。この野球ひじはもちろん投球動作に起因しており、症状は三つに大別できる。一つはひじの内側の痛み。これは投球の際、ボールの重みや筋肉の緊張でひじの内側が強く引っ張られ、その結果ひじのすぐ上の骨（内側上顆）が痛んだり、重症の場合は剥離してきたりするものである。骨のほかには、手首や指先を曲げる筋肉が骨との付着部で炎症を起こしたりするものもある。

もう一つはひじの外側の痛み。内側の痛みと比較して発症の頻度は少ないが、下手に処置すると後々まで後遺症が尾を引くやっかいな障害である。関節の中で働く圧迫力と回旋力とが骨と骨とをすり合わすので、骨が剥離する障害（離断性骨軟骨炎）を引き起こす。

最後はひじの後方の痛みである。投球動作の最後にひじが伸びきったときに、ひじの後方で骨と骨とがぶつかって剥離したり、関節の膜の一部を挟みこんだりして起こるとされる。

〈野球肩〉

早い話が肩の痛みである。この障害は野球だけでなく、腕を振り上げる動作が必要なスポーツ全般に見られるものである。この障害が出る原因は多岐にわたる。軟骨や腱板、上腕部の筋肉の腱鞘炎、肩甲骨後方の神経炎、三角筋の肉離れなどがそうで、いちがいにこうとは決められないのが特徴である。

ジョギング

いわゆる「怪我」の起こりにくいスポーツが、このジョギングである。むしろからだの酷使によって発症する「障害」が多い。障害はやはり下半身に集中しており、数量的には膝・下腿・足根……の順になっている。後述する半月障害・ジャンパー膝などの障害も見られる。

障害の起きる原因を以下に示そう。

〈走りすぎ〉

走るスピードが速くなればそれに比例して、走者が肥れば体重の二乗に比例して、着地時のショックが大きくなる。走る距離や時間が長くなると負担が大きくなる。日常的に走っている人は、痛めた脚が回復する時間的余裕がないために、障害が慢性化する恐れがある。

〈路面の問題〉

固いアスファルトの上を走るのは未舗装の道を走るときより、脚への影響が大きくなるのは言うまでもないだろう。

また舗装道路はおうおうにして、雨水を流すために路肩に向かって緩やかに傾斜していることが多いが、この傾斜も脚に悪影響を与えることがある。このとき、相対的に高い位置にあるほうの脚に下腿やアキレス腱の痛みといった障害（過労性骨膜炎）が出たりする。

ジョギングコースにおけるアップダウンもまた障害にかかわってくる。上り坂では力強いキックが必要になってくるので、ふくらはぎ（下腿三頭筋）からアキレス腱にかけての負担が大きくなる。結果、ふくらはぎの肉離れやアキレス腱の炎症といった障害が起きる。逆に下り坂では荷重のショックが大きくなるので、膝蓋骨やその周りの筋肉、腱を痛めやすくなる。

〈季節や天候の影響〉

気温が低いと筋肉もほぐれにくく、ほんらい寒い季節はスポーツには不向きである。ジョギングとてその例外ではない。寒さで筋肉も伸展性が悪くなり、充分に働けないがゆえに着地のショックをうまく吸収できなかったり、肉離れなどを起こすこともある。

〈下肢の形態異常〉

O脚・X脚・扁平足・凹足などの下肢に形態異常がある人の場合、日常生活では問題とならないこれらのささいな異常が、ジョギングといった同じ動作を繰り返すことで、障害を引き起こす要因となることがある。

たとえばO脚の人の場合。膝が外側に張り出すために屈伸時に靭帯炎を起こしやすい。足部は、内側の緊張が強いられるため脛の内側が痛む（過労性骨膜炎）。

X脚の場合。膝の内側に緊張が強まるため、内側側副靭帯炎という障害を起こすことがある。

扁平足は回内足の傾向があり、過労性骨膜炎やアキレス腱の痛みを起こしやすい。

足の裏がへこんでいる凹足の人はショックの吸収力に劣るものがあるので、疲労骨折を起こしやすい傾向にある。

〈過去の外傷の影響〉

過去に外傷歴や手術歴のある人の場合、そこが大なり小なりウイークポイントとなっていることが多く、ジョギングによる負荷の積み重ねが、痛みの原因になる。

バスケットボール

バスケットボールで起こる怪我や障害はバレーボールのそれとよく似ている。バスケットボールというスポーツは、急激な方向転換や緩急の差の激しい動作などが必要になるが、こういった動きが膝に大きな負担を与え、膝の前十字靭帯損傷といった障害の発生を容易にする。ランニングシュートなど、急に減速して跳び上がったりするような動作の際、選手は一瞬、膝がガクッと外れてしまったような感覚を覚えることがある。これがこの障害の発症である。血液がたまるために膝も腫れてくるという。

二～三カ月もたつと、素人目にはいちおうの回復を見、日常生活の上では困ることがなくなるが、安心してまた同じ動作をすると再発する。このようなことを繰り返すと、しまいには半月損傷という事態に至る。そうなってはバスケットボールに限らず、およそすべてのスポーツに必要な動作全般に支障をきたすようになる。とにかくこの障害は発症しやすく治癒しにくく、しかも重大なものである。そのため、予防には充分なストレッチングや練習量のチェック、時には自分の体重にまで気を配る必要がある。

そのほかの障害について以下に記す。

〈ジャンパー膝〉

バスケットボールだけでなく、バレーボールや長距離走の選手などにも見られる障害である。ジャンプのショックに膝が耐えきれず、靭帯に小さな断裂が入るために発症すると考えられている。とくに脚の形態異常（O脚・X脚など）のある人の場合、ショックの吸収が円滑にいかずに膝を痛めることが多いようだ。

症状は三段階に分けることができる。第一期は運動中に痛みが発生するが、からだが暖まってくると痛みも消える。第二期は運動中に痛みだして、からだが暖まっても痛みは持続する。第三期は運動中はもちろん、日常的に痛む。症状がこの第三期まで進むと、治癒はひじょうに困難である。

〈脛骨の疲労骨折〉

スポーツにおける疲労骨折は珍しいことではない。バスケットボールをはじめとして、バレーボール・ハイジャンプ・体操など、ジャンプすることが多いスポーツに顕著に発生する疲労骨折箇所がこの脛骨である。

脛骨はからだの前方に凸に湾曲している。したがって着地のショックが脛にかかると、脛骨は湾曲の度合いを増し、ちょうどからだの後方に折れ曲がるような形で脛骨の前方中央部が腫れてくる。このような経過を経て脛骨の疲労骨折が発生する。

バレーボール

ほかのスポーツと比較してみても怪我の多いスポーツのようだ。膝やアキレス腱、手指などに多く怪我が発生するが、なかでももっとも多い怪我は足首の捻挫である。ジャンプしての着地の際、他の選手の足の上にうっかりのってしまい……というような状況で起きやすいという。突き指はパスやブロック・アタックなどの動作に起因して起きているが、とくにブロック動作には骨折などの重大な怪我をともなうこともある。

汗が落ちて濡れた床は滑りやすく、怪我も発生しやすくなる。プレー中は注意しておく必要があるだろう。

バレーボールに起こりやすい障害としてはジャンパー膝が挙げられる。膝蓋骨が痛んだときには、いちおうこれを疑っておこう。ジャンパー膝の詳細については前出のバスケットボールの項を参照していただきたい。

テニス

テニスによって発症する障害にテニスひじの存在が挙げられる。これはラケットを持つ利き腕の、ひじ関節上方一センチくらいの箇所の突出した部分が痛むものである。自覚症状としては外側上顆の痛み、手首・人差し指の痛み、バックハンドでボールを打つことができなくなる、など。

障害が起きる理由のいくつかを以下に紹介する。

・過度の練習によるもの
・基礎的に筋力が不足しているため
・道具がからだに適さないため
・球足の速さに追いつこうとして膝などに負担がかかる。
・技術的に未熟なため、ボールがラケットのスイートスポットにうまく当たらず、その結果負担が大きくなる。

サッカー

サッカーというスポーツの性格上、怪我はやはり下肢、とりわけ足首に多い。代表的なものにはフットボールアンクルともよばれる一種の変形性関節症である。これは脛骨前方下端などに特有の骨棘が形成されるもので、痛みや運動制限などがある。

そのほか、小中学生のサッカー少年に多く見られるのがオスグット病である。骨の成長に筋・腱の成長が追いつかないために起きるものだ。症状としては、骨の突出・圧痛・運動痛などで、とくにランニングやジャンプの際に痛んだり正座したときに当たって痛んだりもする。

水泳

水球などの競技を除けば、基本的に水泳は怪我・障害の少ないスポーツである。重大な怪我・障害は、飛び込みなどの、いわば水泳以前の動作に関連して起こっている。頸椎脱臼・骨折、プールの底に激突しての脳震とうなどがそうである。

また、これは怪我・障害というよりはむしろ事故の範疇に属するが、うっかり鼻から水を吸い込んだために、上下左右の位置感覚を失って溺れてしまうこともある。

いかに水泳というスポーツに怪我・障害が少ないとはいえ、それは一種レクリエーション感覚で水泳を楽しんでいる人の場合である。毎日ハードな練習を重ねている選手ともなれば話はまた別である。主な障害としては、腰の筋肉痛・膝の痛み・肩の痛みなどがある。発症の原因としては、息継ぎのために無理な体位をとったり、水の抵抗力に抗しきれるほどにはからだができあがっていなかったり、といったことなどが挙げられる。

※この稿の作成にあたっては、『スポーツ整形外科　スポーツのケガと痛みの治し方』（中嶋寛之、主婦の友社）および『これで防げるスポーツ障害』（舟橋明男、黎明書房）を参考にさせていただいた。

スポーツのあとのからだの手入れも忘れずに！

手軽にできるストレッチング・メニュー

松本芳明（大阪学院大学教授）

ストレッチングの意義・効果・実施上の注意点を理解しておこう！

ストレッチングの意義

ストレッチングは、わが国においては一九八〇年代になってから紹介され、今日ではスポーツの準備運動や整理運動として、あるいは一般的なコンディション調整の方法として普及してきている。ストレッチングには、大きく分けて、反動をつけて行なう動的なストレッチング（ダイナミック・ストレッチング）と反動をつけないで行なう静的なストレッチング（スタティック・ストレッチング）の二つのタイプがある。しかし、今日一般にストレッチングとよばれているのは、反動をつけないで行なう静的なストレッチングのことである。

ストレッチングは、一九六〇年代にアメリカでデ・ブリーズらをはじめとする研究者たちによって、インドで発祥したハタ・ヨーガの手法を参考に開発されたものであり、その一般的な普及に際してはボブ・アンダーソンによって著わされたストレッチング書が大きく貢献した。ストレッチングは、反動をつけないでじわじわと筋肉や腱を伸ばしていくため、伸展反射（筋肉が急速に伸展されると逆に収縮しようとする性質）による筋肉や腱の障害の危険性が少なく安全に行なえる。また、ストレッチングは、全身の筋肉や腱に刺激を与えることにより、柔軟性の向上をはじめとしたコンディション調整に役立つ。このような点からストレッチングは、スポーツの準備運動や整理運動として、また一般的な健康づくりの手段としてその意義を大いに認められてきている。

ストレッチングの効果

ストレッチングの効果としては、次の事柄を挙げることができる。まず第一の効果として、筋肉や腱の柔軟性を向上させ、筋肉に弾性を与えて動きやすい身体の状態をつくりだすこと。このことは、各種運動障害の予防に大きな効果を発揮する。第二に、消費エネルギーが少なくてスポーツマッサージに近い要素も含んでいるため、激しい運動後の筋肉疲労や筋肉痛の回復を促進させる効果がある。第三の効果は、筋肉や腱の適度な緊張と弛緩の繰り返しによって心身をリラックスさせるため、ストレスの解消にも役立つことである。また、末梢血液循環の悪化によって生じる肩こりや腰痛などの予防や改善にも役立つ。このことは、ストレッチングがスポーツのためばかりでなく、一般的な健康づくりの手段としてその効果が認められている理由と言えよう。

実施するときの注意点

ストレッチングの内容には、全身の各部位に応じて実に多くの種類があるが、その実施においてはすべて次のようなポイントを守ることが大切である

①反動やはずみをつけず、じわじわとゆっくり筋肉や腱を伸ばすこと。伸展反射による筋腱　障害をひき起こさないためにもこの原則は必ず守る必要がある

②自分の身体の柔軟性に合わせ、無理をしないこと。身体の柔らかさは個人によって異なるので、自分の柔らかさに合わせて快い痛みを感じる程度にストレッチすることが大切である

③ストレッチの時間は、ストレッチングをする人の必要性や目的によって異なるが、一般に十～三十秒程度、一つのポーズを保持することが適当である

④自然な呼吸でストレッチすること。呼吸を止めると筋肉や腱に余分な緊張が生じてリラックスできないため、充分なストレッチ効果を妨げることになる。むしろ、息をゆっくりと吐きながら筋肉や腱を伸展させていくようにし、ポーズを保持するときに自然に呼吸することが大切である

⑤からだのどの部分を伸ばすのかを意識して正確にストレッチすること。自分の目的とする身体部位のストレッチ効果をより高めるためにも、それぞれのストレッチングの姿勢に注意して行なう必要がある

どんなスポーツのあとでもやっておきたいストレッチング

ストレッチングは目的に応じて活用され、その効果が広く一般に認められてきているが、ここでは、いくつかある目的のなかで、とくにスポーツ後の筋肉疲労の回復や筋肉痛の緩和を目的としたストレッチングについて具体的に説明していくことにする。激しいスポーツ活動を行なうと筋肉は固く縮んだ状態になり、あとで筋肉痛が生じたり、ひどいときには炎症を起こす場合もある。このような状態の筋肉を充分に伸展させ、血行を良くすることによって筋肉痛を和らげたり炎症を予防することが、クーリングダウンとしてのストレッチングの目的となる。この場合、スポーツ活動の直後に充分なストレッチングを行なう必要性は言うまでもないが、その日の就寝前、および翌朝の起床後にも簡単なストレッチングを行なうとその効果はいっそう大きくなる。

スポーツ活動直後のストレッチング

スポーツ活動においてよく使われる筋肉は、それぞれのスポーツ種目の特性によって異なってくる。したがって、クーリングダウンとして行なうストレッチングの内容は、それぞれのスポーツの種目の特性に応じて決められるべきであるが、ここではどのスポーツ種目においても最低限やっておきたい基本のストレッチングと、各種目でよく使う身体部位の補充のストレッチングについて取り上げてみたい。

基本のストレッチング

❶腹、胸のストレッチング
両脚を少し開いて立ち、肘、膝を曲げないようにしてゆっくり後ろに反っていく。

❷大腿後部、ふくらはぎ、腰のストレッチング
膝をしっかり伸ばし、腰を軸にするようにして前屈する。上体はリラックスしておく。

❸体側のストレッチング
足を肩幅より広めに開き、倒す方向側の手で反対の腕を引っぱるようにして倒す。

❹大腿後部、鼠径部のストレッチング
脚を大きく開き、片足を曲げて腰を深く落とす。伸ばしたほうの足先を手で引っぱるようにする。このとき、曲げたほうの脚の踵は上げないようにする。

❹大腿部、鼠径部のストレッチング

❺アキレス腱、ふくらはぎのストレッチング
片膝を立てて座り、膝を立てた側の脚を体重で押さえるようにする。このとき、踵が床から離れないようにする。

❺アキレス腱、ふくらはぎのストレッチング

❻大腿前部のストレッチング

❼腕、肩のストレッチング

❻大腿前部のストレッチング
片方の脚を後ろに曲げて立ち、両手で曲げた足を持って尻のほうに引きつける。

❼腕、肩のストレッチング
両手の指を組み、手のひらを上に向け、両腕を頭上に伸ばす。

よく使った部分の補充のストレッチング

❽大腿前部のストレッチング
片方の脚を後ろに曲げ、足先をまっすぐ後ろに向けて座り、上体を後ろに倒していく。余裕のある人は上体を床につける。

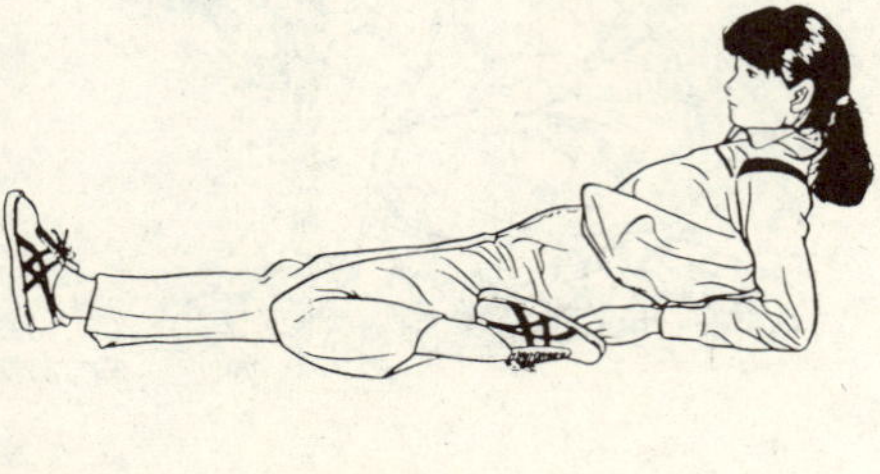

❽大腿前部のストレッチング

❾大腿後部、腰のストレッチング

❾大腿後部、腰のストレッチング
両脚を伸ばして座り、足先を持って背すじを伸ばして前屈する。軽く肘を曲げる。

⓫鼠径部、大腿内側のストレッチング

⓾アキレス腱、ふくらはぎのストレッチング

⓾アキレス腱、ふくらはぎのストレッチング
両足を前後に開いて立ち、前脚の膝を曲げながら体重を前方に移していく。後脚の踵を上げないようにする。

⓫鼠径部、大腿内側のストレッチング
足裏を合わせ、踵を股間のほうに引き寄せるようにして座る。両膝を外側に開いて上体を前屈させる。

⓬臀部、腰、背のストレッチング

⓭背のストレッチング

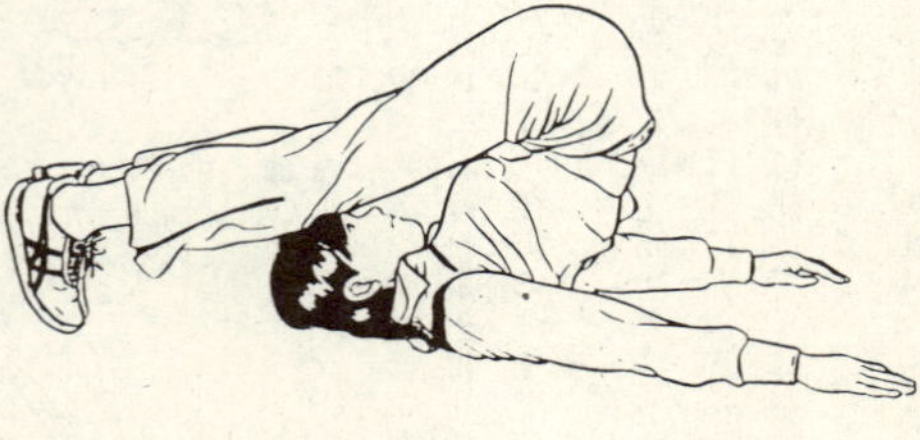

⓬臀部、腰、背のストレッチング

片脚を曲げ、伸ばした反対の脚に交差させて座り、曲げた脚側に上体をねじる。立てた膝を反対の腕で押しておく。

⓭背のストレッチング

仰向けに寝て、両脚を持ち上げ足先を頭の後方の床につける。両手は床を支えるようにしておく。

⑭腹、胸のストレッチング

⑭腹、胸のストレッチング

腹ばいの体勢から両手で床を押して上体を反らせる。あごを上げておく。

⑮胸、腕のストレッチング

⑯腕、肩のストレッチング

⑮胸、腕のストレッチング

両手を後ろで組み、胸を張るようにして両腕を後ろ上方に上げていく。

⑯腕、肩のストレッチング

両腕を頭上に上げ、片方の腕を曲げ、反対の手でその肘を持って頭の後ろへ引く。

⑰肩、背、腰のストレッチング（寝る前）

⑱大腿部、足首のストレッチング（寝る前）

寝る前にやっておきたいストレッチング

夜寝る前のストレッチングは、その日の疲労を和らげ、身体的にも精神的にもリラックスした状態をつくりだし、快い眠りにつく助けとなる。快い眠りから得られる充分な休養は、筋肉疲労や筋肉痛の回復の促進に大きな効果をもたらしてくれる。次に、寝る前に布団の上でできる簡単なストレッチングの例を挙げておくが、そのやり方についてすでに説明しているものについては図で示すだけにしておく。

⑰肩、背、腰のストレッチング

正座から両腕を前に伸ばしながら上体を前に倒していく。尻をできるだけ浮かさないようにして行なう。

⑱大腿前部、足首のストレッチング

正座から両方の下腿を尻の外側にはずし、足先をまっすぐ後ろに向けておく。尻を床につけるようにして上体を後ろに傾ける。

⑲大腿後部、腰のストレッチング

⑳鼠径部、大腿内側のストレッチング

㉑腰、背のストレッチング

仰向けに寝て両手を横に広げる。片方の脚を膝を曲げて上げ、反対側に倒していき床につける。両肩は床につけたままにする。

㉒背のストレッチング

⑲大腿後部、腰のストレッチング（寝る前）

⑳鼠径部、大腿内部のストレッチング（寝る前）

㉑腰、背のストレッチング（寝る前）

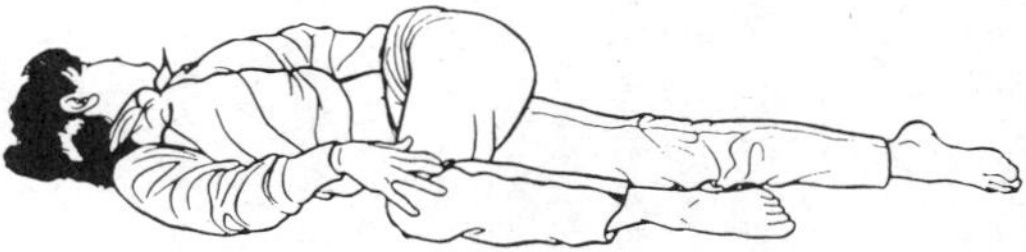

㉒背のストレッチング（寝る前）

翌朝やっておきたいストレッチング

　起床直後はまだ身体的にも精神的にもほぼ眠った状態にあると言える。このときのストレッチングは、そのような睡眠状態から活動状態へとからだと心を整えるのに大きな効果がある。一日の活動の出発点である朝にストレッチングを行なうことによってコンディションを整えることは、健康にとってもその日のスポーツ活動にとってもきわめて大切なことである。朝のストレッチングの際には、眠っている筋肉を目覚めさせることと、前日のスポーツ活動による筋肉痛が残っている部位を確認することを意識して行なうことが大切である。また、朝はまだからだが硬いので無理をしないように充分注意して行なうことが大切である。次にその例を挙げておくが、すでに取り上げたものについては図のみを挙げておく。

㉓全身のリラックス（寝る前）

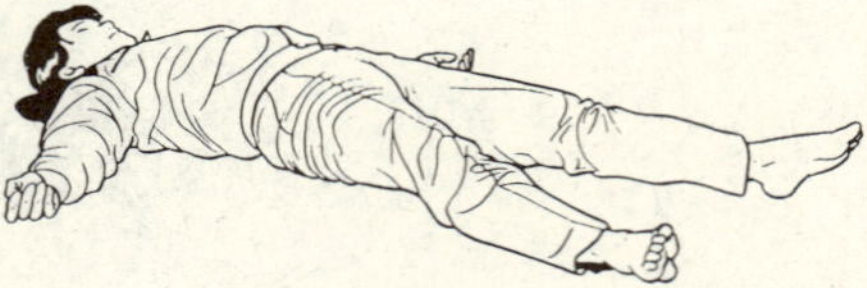

㉓全身リラックスのポーズ
仰向けに寝て、両脚を肩幅より広く開き、両腕は斜めに広げて手のひらを上に向けておく。深い、ゆっくりとした呼吸をして全身をリラックスさせる（二〜三分）。

㉔からだ全体のストレッチング（翌朝）

㉔からだ全体のストレッチング

仰向けに寝て、両腕を頭の後方に伸ばす。足先から指先までからだ全体を伸ばした状態を五秒ほど保持する。

㉕大腿後部、腰のストレッチング（翌朝）

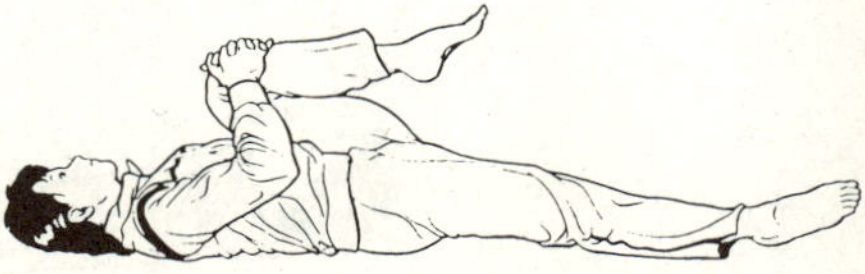

㉕大腿後部、腰のストレッチング

仰向けに寝て、片脚を曲げてその膝を両手でかかえ、胸に引きつける。反対の脚は伸ばしておく。左右両方の脚を行なったあと、両脚を同時にかかえるものも行なう。

㉖腰、背のストレッチング（翌朝）

㉗背のストレッチング（翌朝）

㉖腰、背のストレッチング
㉗背のストレッチング
朝はまだからだが硬いので、ここでは足先を無理に床につけなくてもよい。

㉙体側のストレッチング（翌朝）

㉘大腿部、ふくらはぎ、腰のストレッチング（翌朝）

㉚肩、腕のストレッチング（翌朝）

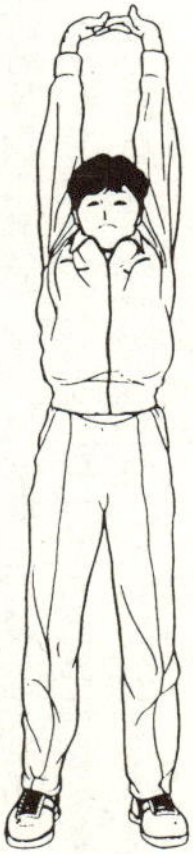

㉘大腿後部、ふくらはぎ、腰のストレッチング
㉙体側のストレッチング
㉚肩、腕のストレッチング
深呼吸をするようにして二～三回行なう。

スポーツ好きに教えるポパイのホウレンソウ④

パワーアップに効果的な食事のメニュー

鈴木正成（早稲田大学スポーツ科学学術院教授）

ソウルオリンピック大会に引き続いて、北京アジア大会でも日本の若者たちが惨敗、日本スポーツ界はいったいどうなるのかという心配の声が強まっています。

なぜ日本選手は弱いのか、その理由はいろいろあるでしょうが、もっとも大きな原因は、それぞれの種目のための技術トレーニングにばかり熱中して、基礎体力づくりをいい加減にしていることだと考えます。このことは私も、ロサンゼルスオリンピック当時から、折あるごとに指摘してきたことですが、コーチも選手もいまだにその意味がよくわかっていない様子です。

基礎体力とはいっても、具体的にはどんなものを指すのかということですが、基礎体力はパワー、スピード、スタミナの三要素から成り立っています。これらをアップするためにもっとも大事なことは、筋肉を中心とするからだづくりです。

パワーとスピードは、筋肉の量を増やすことによって得られます。スタミナは、筋肉のエネルギー代謝活性を高めることによって向上しますが、長時間の運動をやり遂げるための強靭な筋肉をつくりあげることが、その前提として必要です。すなわち、基礎体力づくりの基礎は筋肉づくりにあるというわけです。

では、パワーアップさせるための筋肉づくりを効率よく進めるためにはどうやったらよいかということですが、言うまでもなく、トレーニングと食事、それに睡眠の三つの要素をそれぞれどのように行なうかということ。そしてそれ以上に大事なのは、この三つの要素をどのようにタイミングづけし、どのようなリズムでセットするかということです。

パワーアップのためのタイミングとリズムをどうセットするか、それはスポーツ種目に関係なく、トレーニングを終えたらできるだけ早く炭水化物とタンパク質を食べ、休息することです。理由は二つあります。

まず、トレーニングによって筋肉タンパク質の分解が高まっているので、それを抑えるためにインシュリンの分泌を促す必要があります。糖分やでんぷんなどの炭水化物は、インシュリンの分泌を刺激する作用をもっています。

次に、筋肉タンパク質の合成もトレーニングで活発化しています。もし、専門種目トレーニングの締めにウエイトトレーニングを十〜十五分追加してやると、タンパク質合成はいっそう活発化します。そのすぐあとにタンパク質を摂取して筋肉にアミノ酸を供給してやればよいのです。

このリズムをもっとも理想的に実行しているのは、筋肉型関取を輩出している相撲界です。彼らのスポーツライフのポイントは、ウエートトレーニングをした直後にタンパク質がタップリ含まれる食事をし、そのあとに熟睡するという、トレーニングと食事と睡眠のとり方にあります。

なぜ、このようなスポーツライフが筋肉づくりに効果的なのかということですが、それには成長ホルモンとよばれる筋肉づくり刺激ホルモンの分泌が関係しています。

まず、重負荷のバーベルやダンベルを使うウエートトレーニングをすると、成長ホルモンの分泌が一〜一・五時間くらいの間、たいへん活発になります。成長ホルモンは血中のアミノ酸を筋肉に取り込むのを促進するとともに、筋肉内でアミノ酸からタンパク質を合成する作用も活発化させます。

したがってパワーアップのためには、成長ホルモンの分泌が活発になっている間にタンパク質食品を食べ、消化・吸収を促して血中にアミノ酸を積極的に供給することが必要なので、ウエートトレーニングを終えたら三十分以内に食事をとることが大切です。また、筋肉づくりはからだを休息させているときに促進されるので、ウエートトレーニング後にジョギングしたりするようなことは、筋肉づくりにとってはマイナスになります。

世界のトップレベルのスポーツ選手の一部には、自宅にウエートトレーニング用具をセットして、食事や休息がとりやすい条件をつくっていますが、筋肉づくりにはたいへん合理的なスポーツライフだと言えます。食事で、どんなタンパク質食品を食べたらよいか、という質問があるかもしれませんが、肉、魚、卵、チーズなどは、どれもとってもタンパク質食品として優れており、甲乙つけられません。ポイントは、とくに夕食で、低脂肪のタンパク質食品を食べるようにすることです。その理由は、夕食を食べてしばらくしたら睡眠に入るためで、食事で摂取した脂肪が体脂肪となって太る原因になりがちだからです。

そのために、肉や魚などは油で揚げてフライにしたりソテーにしたりするのではなく、煮る、焼くなど油を使わずに調理して食べるようにしたほうがよいのです。

昼食のタンパク質食品の食べ方には、それほどの注意は必要ないように思われます。それは昼寝をしても夕方にもう一度トレーニングをすれば、脂肪をエネルギーに分解できるからです。

ウエートトレーニングを実施し、昼食や夕食を時間をおかずに食べてタンパク質を摂取したら、昼寝や夜の眠りに入ることが筋肉づくりにもっとも大切なことです。それは、睡眠に入って三十分後くらいから始まる最初の深い眠り（ノンレム睡眠）の間に、成長ホルモンが活発に分泌されてくるからです。そのピークは二〜三時間と長く続くので、睡眠中に筋肉づくりはもっとも効率よく進行するわけです。

ウエートトレーニングのタイミングを、夕食のあと、ひと休みしてタンパク質が消化・吸収され始めた頃に合わせてセットするのも合理的な筋肉づくりのやり方です。成長ホルモンのピークが連続されて長時間持続するので、筋肉づくりがいっそう効率化されるというわけです。

メキシコオリンピック大会で銅メダルをとった日本サッカーチームの強さは、夕食後のウエートトレーニングによる筋肉づくりの成果にあるとも言われているくらいです。

PART 4 スポーツ歴史人類学への招待

スポーツ歴史人類学が掘り起こす

誰も語らなかった、スポーツ史の真実

稲垣正浩（日本体育大学大学院教授）

バスク民族のスポーツは謎の宝庫！
ヨーロッパ・スポーツ史を根底から揺るがすマージナルスポーツの世界

筋肉隆々たる大男が、重さ二〇〇キロもある大きな丸い石を肩にかつぎ上げて首のまわりを回すこのシーンを記憶にとどめている人は多いと思う。これはバスク民族に伝わるいわゆる「石かつぎ」とよばれる競技の一つである。この「石かつぎ」はかつぎ上げる石の形、大きさ、重さによってそのヴァリエーションも多種多様である。手をかける穴を掘ってかつぎやすくしてある直方体のものや円柱形のもの、手をかける穴のない球体や立方体のものなど、実にさまざまである。が、いずれもきれいに形状を整えてあるものばかりで、天然の石をそのまま使うということはない。現在も保存されている古い石は球体のものが圧倒的に多い。おそらく太陽をシンボル化し、太陽信仰にもとづく儀礼が競技化したのではないか、と考えられる。前に、三五〇キロの石をかつぎ上げたという報道があった。これは「石かつぎ」の新記録だそうである。

テレビのコマーシャルなどでしばしば登場したので、「石かつぎ」にはすでにおなじみの人も多いと思う。しかし、ことバスク民族そのものについてどれだけ正確に情報化されているかということになると、はなはだ心もとない。

「痛み」に耐えて、ひたすら「強い手」に憧れるバスク人

バスク民族にもっとも人気のあるスポーツは「ペロタ」、別名「ハイアライ」ともよばれるボール・ゲームである。これは壁に向かってボールを「打ち」つけ、跳ね返ってくるボールを相手が「打ち」返し、交互に「打ち」合いを続け、「打ち」返せなくなったほうが負け、というゲームである。ゲームの形態はコートの種類、チームの人数、打球具の種類の三要素をかけあわせただけのヴァリエーションがある。基本形だけをカウントしてみても、コートが四種類、人数が三種類、打球具が五種類、合計六十種類のものがある。このほかに変則的な例外がいくつもあるので、全部はとてもカウントできないほどである。ここで「打球具」と表現したものの中身を正確に言えば、「捕投具」をそのなかに含む。すなわち、マノ、パ

ラ、セスタ、シャーレ、レボーテの五種類のうち、マノとパラは「打球具」、あとの三つは「捕投具」である。しかも、マノは「素手」のこと、パラは「棍棒」に近い板のことである。いわゆる「打球具」は一種類ということになる。残りのセスタは籐を編んだ細長いざるのようなものであり、シャーレはラケット型でガットの代わりに縄がゆるく編んであるもの、レボーテは革をどんぶり型に固めたもので、いずれもボールを瞬間的に受け止め・投げるという一連の動作でボールを壁に返す、いわゆる「捕投具」である。

いろいろな種類のあるペロタのなかで、中心となるのは「マノ」、すなわち、素手でボールを打ち返すものである。ボールの大きさも重さも固さも一律ではないが、いずれも中に芯のある「糸巻型」で、相当鍛練した手でも一ゲームやれば痛くて腫れあがるという。プロの選手でもゲームの途中で何回も手を氷水で冷やす。まさに「痛み」との勝負だという。にもかかわらず、町や村のいたるところで少年たちは適当な壁を見つけては素手でボールを打ち合っている。相手がいなければひとり遊びをしている。そして、将来のペロタのチャンピオンを夢見る。なぜ、かれらはこれほどまでにこのゲームに執着するのだろうか。

バスク人の回答は次のようである。強い手を持つことは「優れた働き手」であることの証である。したがって、その手を鍛えることがまず第一のねらいである。と同時に、痛みに耐えながら長時間におよぶゲームを闘いぬく強い意志を鍛えることが第二のねらいである、と。しかだから、ペロタのチャンピオンになることはバスク民族の英雄になることなのだ、と。しかも、その昔は村や町のリーダーとなる必要条件にペロタのチャンピオンになった経験が問われたという。さらに昔は、村の祭りのメイン・イベントであったペロタに優勝すると、自分の好きな女性を妻として指名することができた、という。つまり、バスク民族にとって祭りの日のペロタは、優れた男を選び出すための一つの重要なシステムだったのである。その慣習の残像が今も色濃く残って、機能していると言ってよい。

並の体力や気力では競技を全うできないバスク民族のスポーツ

このようなバスク民族のスポーツは、数えあげていくといくつもある。

「石引き」という競技も珍しい。牛二頭に約一トンほどの石を引かせる競技である。場所は石畳の広場、およそ二五メートルほどの距離を二十分間に何往復できるかを競うものである。牛の代わりに馬やロバが使われることもある。ときには人間が引くこともある。この競技もまたすさまじい競技で、たくましい大きな牛といえども後半になると息たえだえになり、しばしば立ち往生してしまう。牛の尻はとがった金具のついた棒でつつかれ血まみれになるし、大半の牛は脱糞してしまう。強い牛を育てることの意味はあえて説明する必要はないだろう。

このほかにもバスク民族のスポーツは「丸太切り」、「草刈り」、「犂《すき》おこし」、「ボート漕ぎ」、「錘《おもり》はこび」、「長距離走」など、いずれ劣らず激しく、長時間におよぶものばかりである。並の体力や気力ではとても競技を全うすることはできない。ちなみにこれらの競技はすべてある特定の職業の「作業形態」をスポーツ化したものばかりである。要するに「実用術」なのである。かれらの労働の基本的な要素をとりだしてきて、それを競技化したのである。こここには労働からスポーツが成立するときの原初形態を見ることができる。

比較的ポピュラーなところでは、「綱引き」、「フォーク・ダンス」、「闘羊」、「ボウリング」などがある。バスク民族の綱引きもまた有名で、力自慢が七人でチームを組み、転戦して歩く。「フランスご自慢のTGV（新幹線）車両を綱引きで動かそうという七人のバスク人。選手の合計体重は七二〇キロ。相手となる車両の重量は七二〇トン。結果は、車両をみごとに五〇メートル引きずった人間の筋肉の勝利。筋ジストロフィー症の医療研究のために寄付金を募る三十時間テレビマラソンのイベントで」という記事が新聞で報じられている。

「フォーク・ダンス」はバグパイプの音楽のせいか、スコットランドのフォーク・ダンスを思わせるような、どこかもの悲しい雰囲気につつまれているのが印象的である。男性のダンスの動きのなかには格闘技を思わせるような「蹴り」の所作も多く含まれていて、勇壮である。また、スウォード・ダンス（剣舞）なども含まれていて、一種独特の雰囲気を漂わせている。

「闘羊」はどの牧畜民族にも見られるもので、とりたてて珍しいわけではない。しかし、ここでひとことだけコメントしておけば、羊のチーズは栄養価という点で他を圧倒しており、よりよいチーズを多く保有するということが、たくましい民族を存続させていくための、つまり民族生き残り作戦の要であったということである。もちろん、羊はその肉や羊毛から腸（ガット）にいたるまで、すべて人間の役に立つという利点もあって、どの民族も羊を大事にしてきた。「闘羊」は優れた羊の子孫を多く残すための生活の知恵から生まれた競技だったのである。

バスク民族の「ボウリング」は、どちらかといえば「九柱戯」に近い。レーンは手前三メートルほどのところに板が一枚敷いてあるだけで、あとは土のままで、おまけにでこぼこである。ピンこそ十本ではあるものの、ボールは木製でややいびつである。かつて、「九柱戯」は教会推薦のボール・ゲームであったために、キリスト教徒は身の証のためにもこれをしなければならなかった、という。バスク民族がキリスト教に改宗されるのは一三世紀頃と推定されているので、その頃の「九柱戯」の系統がここには流れていると考えてよさそうである。

バスク民族は、なぜかれら固有のスポーツに固執するのか？

以上がバスク民族のスポーツの主な特徴である。あらためてことわるまでもなく、バスク民族は「近代スポーツ」とはほとんど無縁である。ただし、ただ一つだけ例外がある。それは「サッカー」である。なぜかサッカーだけはバスクの若者たちの心をとらえ、熱狂的な支持を得ているという。現在ではプロのサッカー・チームをもっていて、スペイン各地を転戦している。しかし、サッカーを除くと、バスク民族はその他の「近代スポーツ」にはほとんど興味を示さず、ひたすら民族固有の伝統的なスポーツを楽しんでいるというのが実情である。

では、なぜ、バスク民族はかれらに固有のスポーツにこれほどまでに固執するのであろうか。そこにはバスク民族に秘められた長い歴史過程と民族共通の悲願がある。それはバスク民族による独立国家の建設である。

バスク民族はフランスとスペインの国境線となっているピレネー山脈の周辺を拠点として二つの国家に分かれて住んでいる。フランス側のバスク民族は比較的同化が進んでいるが、スペイン領に住むバスク民族は「バスク自治区」を形成して、きたるべき独立の日に備えている、というのが実情である。かれらは忘れ去られつつあるバスク語による公教育を復活させ、スペイン語と英語を第一・第二外国語として子どもたちに学習させている。

ときおり新聞などで報道されるバスク・テロリストは、このスペイン領バスク自治区に住む独立推進派の「極右」集団に属している。そのためにバスク人は野蛮で暴力的であるとか、民主主義を理解しない民族であるとかの誹謗中傷が絶えない。しかし、かれらの名誉のために力説しておきたいことは、かれらはきわめて優秀な民族で、優れた体力に恵まれ、勤勉でよく働き、心根のやさしい知的な民族であるという点である。スペインの主要産業や貿易は、そのほとんどがバスク民族によって支えられていると言っても過言ではないほどである。

では、なぜ、バスク民族はヨーロッパの辺境の地に住みつき、他の文化とは一線を画して自分たちの文化を守りとおそうとしているのであろうか。

バスク民族の悲劇の歴史

バスク民族は、これまでの言語学と血液学の教えるところによれば、ヨーロッパに現存する最古の民族で、現在ヨーロッパを支配している印欧語族とはまったく別の民族であるという。しかも、バスク民族はヨーロッパ全域にまたがって生活していたが、少しずつその生活圏を狭めてゆき、ついに現在の地に残るのみとなったという。さらに強烈なインパクトを与えるのは、バスク民族は混血ということをほとんどしないまま絶滅しているという点である。したがって、今日残存しているピレネー山脈周辺のバスク民族だけが唯一生きのびることに成功したヨーロッパの先住民であったというのである。

バスク民族がどのようにして滅びていったのか、詳しいことはまったく不明である。ただ推測できることは、ヨーロッパにおけるたび重なる民族移動の時代をとおして、次々に新しく侵入してくる民族に滅ぼされていったのであろうという点である。そして、おそらくは信仰上の問題で、戦うことを潔しとしなかったのではないかと思われる点である。

こうした経緯について唯一の手がかりを残しているのが、フランスの英雄叙事詩『ローランの歌』である。英雄ローランはヨーロッパ世界の基をつくったフランク王国カロリング朝の王カール大帝（九世紀）の甥である。カール大帝は当時イスラム教文化圏であったスペインをキリスト教に改宗させようともくろみ、全部で十一回におよぶスペイン遠征を繰り返している。その第一回目の遠征の帰りに、イスラム教でもキリスト教でもない「強い民族」を襲うのであるが、成功しないまま帰路につく。しかし、その「強い民族」はカール大帝の遠征隊のしんがり部隊をつとめていたローランの部隊に逆襲をかけ、この部隊を全滅させてしまう。以後、カール大帝はスペインに遠征する際にはこの「強い民族」を避けて行き来をしたという。この「強い民族」こそバスク民族そのものである。

この『ローランの歌』のなかにはバスク民族の長老たちが、イスラム教ともキリスト教とも一線を画して生きのびていくための知恵をあれこれめぐらしている話が随所に出てくる。ときには人質を送って和平を結び、あるいはまたバスク民族を存続させるためにはその人質を犠牲にすることもやむなし、という決断もする。

こうしてあらゆる手段をつくしてバスク民族の存続をはかろうとするのであるが、やがてキリスト教への改宗を余儀なくさせられるときがくる。しかし、このときのことは教会文書にも記録がなく不明である。その前後の事情から推測しておよそ一三世紀の初めではないかと考えられている。そして一三世紀末から一四世紀初めにかけてのピレネーの村「モンタイユー」の実態はル・ロワ・ラデュリの作品をとおして詳細に知ることができる。ここではすでにキリスト教の側からする「異端信仰」をめぐるきびしいチェックがおよんでいることが如実に描かれている。そしてこの時代のキリスト教がすでに相当すさんだ姿を露呈していたことは、ウンベルト・エーコの『薔薇の名前』とも呼応していて、リアルな像を結ぶことができる。

こうした傍証を手がかりにしてわれわれの推測できることは、バスク民族はキリスト教に改宗してのちは熱心なカソリック教徒としての義務を遂行していたが、最後の魂ともいうべき民族の心は村の「祭り」のなかに温存されていたのではないか、ということである。つまり、異教信仰を、すなわち、バスク民族固有の信仰の一部を村の「祭り」のなかに隠しもっているのではないか、という推測である。このあたりのことは『バスク、真夏の死』のなかに「民族の記憶」としてみごとに描かれている。

このように考えてくると、村の「祭り」のメイン・イベントであるペロタが重要な意味を帯びてくる。村の「祭り」は村の中心にある広場で行なわれる。その広場は教会の前に位置し、その広場に隣接するようにペロタの競技場が敷設されている。この基本構造はバスク地方のどの村もほとんど同じである。そして、しばらく前まではペロタの競技を始める前に教会から司祭がやってきて、しかるべき儀式をすることになっていたという。つまり、教会とペロタ場とがワン・セットになっていること、そして、競技開始にともなう司祭の儀式、しかもこの競技のチャンピオンがその年の村の英雄になること、これらが何を意味しているのかという問題である。この問題は象徴論的な解釈をすることによってより深く核心にふれられるように思われる。すなわち、キリスト教が異教信仰にもとづく「遊び」を取り込もうとするとき、どうしても経なければならない手続きがこのような形となって現われているのではないか。もともと矛盾していることを無理やり合理化するために生ずる両義的性格をそこに読みとることができるように思うのである。

ペロタがバスク民族が民族固有の精神に立ち返るための一つの重要なシンボルとなっていることは、以上のことから明らかであろう。

バスク民族のスポーツに「格闘技」がないという謎！

しかし、かれらがこれほどまでに民族固有のスポーツに固執する理由はほかにもある。

バスク民族がキリスト教に改宗してからも、民族の存亡にかかわる外圧はつねに続いていた。バスクの長老たちはこの外圧とつねに闘いながら知恵をしぼり、外圧の低いときには「自治権」を獲得し、外圧が高くなるとそれを放棄して民族の存続を優先させてきた。

近くは、長く続いたフランコ独裁時代の苦悩がある。バスク民族はフランコ政権の外圧が高くなってくると潔く「自治権」を放棄し、地下にもぐっての抵抗運動を続け、ひたすら次の時代の到来を待ち続けたのである。にもかかわらず、フランコはバスク民族の自治政府と議会のある小さな村「ゲルニカ」に、ある日突然の無差別爆撃を加え（実際に爆撃したのはナチス・ヒトラーの空軍）、この村を全滅させてしまった。このニュースを聞いて心の底からの怒りと悲しみにうちふるえながら絵筆をとり、全世界にむけて平和を訴えたのがピカソであり、ピカソの大作「ゲルニカ」である。なにを隠そう、ピカソのからだには、バスクの血が二分の一流れていたのである。

バスク民族はたび重なる民族存亡の危機をむかえるたびに、民族としての団結をよりいっそう固める必要があった。そのたびに思いを新たにして取り組んだのが、かれらに固有の伝統スポーツであったことはごく自然のなりゆきであった。ここで今いちど先に紹介したバスク民族のスポーツを思い返していただきたい。いずれも、きわめてハードで長時間を要するものばかりである。したがって、けたはずれな体力と気力が必要なものばかりであると言える。そのレベルは、いちどその競技に立ち会った者にしかわからないほど驚異的なものである。なにゆえに、これほどハードな競技をかれらは求めたのか。

ここで、はたと気づくことがある。それはバスク民族のスポーツには「格闘技」がないということである。なぜないのか、その確たる理由はわからない。しかし、いつか、どこかの時点で、武器を取り上げられ、「格闘技」を禁止された事件があったにちがいない。でなければ、武器を扱うスポーツも「格闘技」ももたない民族というのはあまりにも不自然である。もし、外圧によってこのような状態に追い込まれたとすれば、かれらが残るスポーツに常識はずれの「ハードさ」を要求したとしても少しもおかしくない。つまり、「格闘技」に代わる激しさを残りの競技に求めたと考えられるのである。表向きはなんの変哲もないボール・ゲームであったり、たんなる「労働形態」を競技化したものにすぎないように見せかけておいて、その実、どの競技にも「格闘技」に劣らぬ闘魂を鍛える激しさをもたせているとしたら……。これこそ、まさにバスク民族が生きのびていくための最大の知恵の所産であったと言えないだろうか。

バスク民族のスポーツ研究は、ヨーロッパ・スポーツ史を根底から揺さぶる!

バスク民族が「近代スポーツ」を拒否して民族固有のスポーツに固執した理由は、以上の説明だけで終わりとするわけにはいかない。しかし、これに続く分析視点はまだ充分に練り上げられているわけではないので、説明に多くを要しすぎる。いずれまたの機会にゆずることとしたい。

また、ヨーロッパ・スポーツ史から完全に抹殺されてしまっているこのバスク民族のスポーツの特質を明確にするには、もっともっと多くのアングルからの分析が必要である。さらには、ペロタとテニスとの関係についてももっともっと複雑な事情がある。それはまさに「セントラル」と「マージナル」の歴史のダイナミズムの問題にいたりつき、スポーツとキリスト教というヨーロッパ・スポーツ史の本質的な課題につきあたる。バスク民族のスポーツをどのように理解し、認識するかはことほどさように単純ではないのである。バスク民族のスポーツをほんとうに語れるようになるには、おそらく「スポーツ歴史人類学」の地平を切り開いていく必要があるだろう。残念ながら、今われわれはそのスタート地点に立っているにすぎない。これらも含めて今後を期することにしたい。

最後に、一六世紀に日本にやってきた宣教師フランシスコ・ザビエルはバスク人であったこと、メリメの小説『カルメン』の主人公ドン・ホセもバスク民族出身で、ペロタの試合をした相手とのいさかいから相手を殺害してしまい、故郷を捨てて軍人になったこと、さらにはカルメンが「自分はバスク民族出身だ」とドン・ホセに嘘をついたことから、この二人のもつれが始まること、などを指摘しておきたい。

バスク民族のスポーツは、これまでのヨーロッパ・スポーツ史に根底から揺さぶりをかける可能性を秘めた不思議議な存在なのである。

テニスはキリスト教の布教の切り札だった！

——テニスの修道院起源論に見る異教排除の構造

テニスの起源はフランスの修道院であるというのが、今のところヨーロッパのテニス史家の間では定説になっている。時は一一世紀末。しかし、これはマユツバモノである。その理由は以下のとおり。

本格的なテニス史の本（『テニスの文化史』H・ギルマイスター著）によれば、テニスはある若い修道士が熱病に冒されたときに見た幻視をゲーム化したものだ、という。もうすこし詳しく言えばこうである。熱病に冒された若い修道士の「魂」が地獄の谷に迷い込んだ。ところが、運悪くそこに棲む鉄の爪を持った悪魔たちにつかまり、かれらはよってたかってその「魂」をボールのようにおもちゃにして遊んだ。つまり、「魂」を悪魔たちが交互に手で打ち合ってゲームを楽しんだ、というのである。このときの若い修道士の印象をゲーム化したものがテニスの始まりだ、という次第である。

しかし、ボールを「手のひらで打ち合う」ゲームは、それ以前からいろいろな民族によって行なわれてきており、なにも熱病に冒されなくても当時のヨーロッパではよく知られていたゲームなのである。にもかかわらず、この話をテニスの起源とするのはなぜなのか。それはただたんに、文書資料として確認することのできる最古のものがこの熱病に冒された若い修道士の語ったものだ、ということによる。すなわち、資料実証主義にこだわりすぎるスポーツ史家の、強引な歴史解釈なのである。

この強引さには、実は理由がある。一一世紀末のヨーロッパを想像していただきたい。ローマから北上していったキリスト教が、しだいにその勢力をのばしていた時代である。当然のことながら、新参のキリスト教と土着の信仰との間にはたえずいざこざが起こっていた。しかし、進んだ文化をもつキリスト教がしだいに土着の信仰（つまり、異教）を抑え、「キリスト教化」が進んでいく。こうした歴史の流れの中で、テニスの原型と考えられる異教習俗にもとづくボール・ゲームもまたキリスト教的に合理化する必要があった。

ギルマイスターの伝えるテニスの起源話は、視点を一つずらすだけでその間の複雑な事情をみごとに説明してくれる。鉄の爪を持った悪魔のボール遊びとは、つまるところ異教信仰をもつ土着の人びとのボール遊びのことを意味する。その異教徒のボール遊びに修道士が一定の工夫（ルールやマナー）を加えて、新しいボール・ゲームを誕生させる。すなわち異教徒たちの遊びのキリスト教的合理化である。このような手続きを経てのち、はじめて異教のスポーツは修道院や教会のお墨付きのニュー・スポーツとして認知されたのである。テニスもまたその例外ではなかったのである。

したがって、テニスの起源を求めるということになれば、この修道院でニュー・スポーツと認められる以前の、原型ともいうべき土着のボール遊びにまで遡らなければならない。しかし、原型としての土着のボール遊びということになると、とたんにそのイメージは雲散霧消してしまう。なぜなら、当時の修道士はヨーロッパのあらゆる地方から集まってきていたし、そのうえ、かれらはヨーロッパを股にかけて各地の修道院を渡り歩いていたからである。したがって、ヨーロッパ中のさまざまなボール遊びの要素がこのテニスのなかには盛り込まれていると言ってよいだろう。でなければ、「ジュー・ド・ポーム」（直訳すれば、「手のひらのゲーム」）とよばれるあの複雑怪奇な球戯館のつくりや、喧嘩が絶えなかったと言われる複雑なルールとその解釈は生まれなかったであろう。とても一人の人間の発想からはあのようなゲームは生まれるものではない。つまり、ありとあらゆる地域のボール・ゲームの構成要素を可能なかぎりつめ込むことによって、逆に原型の土着性を超克しようとしたのではないか。

もし、どうしてもテニスの起源を定立したいのであれば、それは「ネット」と「ラケット」が発明され、こんにちのテニスの原型が整った時代、すなわち、一五世紀末におくべきであろう。テニスということばもこの頃になってようやく登場するのであるから。

ついでにもうひとこと。テニスは、キリスト教を布教していくうえでも重要な役割を果たしている。なぜなら、異教の習俗である土着の遊びから人びとの関心を切り離し、テニスに引きつけていくというカウンター・カルチャーとしての役割を果たしたからである。言うなれば、テニスはキリスト教布教の最先端に立った「騎士」と同じ役割をも果たしていたと言ってよい。

テニスはキリスト教が生み出した最高傑作のボール・ゲームだったのである。

決闘にさえあったハンディキャップ！
――その精神とは？

「……ではわしはこの芝生の、おん身たちの足もとに身を横たえた姿勢をとろう」「なおつけ加えておくが、わしは投槍に楯をはじめ、狩りの装束など、衣裳全部を身につけて駆けることにするから」（相良守峯訳、岩波文庫）

一二世紀末に編まれたと言われる英雄叙事詩『ニーベルンゲンの歌』のなかに出てくるハンディキャップ競走の描写の一部である。英雄ジークフリートがグンテル王とハゲネから競走を挑まれたときに吐いた台詞がさきの引用である。

「グムテルとハゲネの二人は装束を脱ぎすて、白い肌着姿で立っていた。彼らはやがて二頭の野生の豹のように、クローヴァの花咲く野辺を駆けていった。けれども泉の畔には猛きジークフリートが先着していた」

ジークフリートの足の速さはつとに有名だったので、誰も競走しようという者はいなかった。しかし、このようにハンディキャップをつければ挑戦者が出てくる。しかも、ジークフリートに勝った者には褒美を出すという、いわゆるワンサイドの賭けである。つまり、やってみなければ結果はわからないという「混沌《カオス》」の状態を意図的につくり出す、それがハンディキャップなのである。

このようなハンディキャップは昔からあったようで、古代ギリシアのホメーロスの編んだ英雄叙事詩『オデュッセイア』のなかにも、オデュッセウスが「誰よりも重い円盤を誰よりも遠くへ投げた」という描写がある。それはオデュッセウスがほんとうの英雄であることの身の証をするための競走を描いた場面である。

ヨーロッパの一六世紀の決闘にも、一種のハンディキャップがセットされていた。たとえば、女性が男性と決闘する場合には、男性は小さな穴の中に入れられ、行動範囲を限定されたうえで、女性は穴の外から相手を攻める。ただし、闘う武器は男性は棍棒、女性は布でくるんだ石球である。つまり、できるだけ「対等」の条件を整えて、運のよいほうが勝つという一種の「神判」を仰ぐともいうべき考え方があったようである。

しかし、これらの時代にはまだハンディキャップということばは成立していない。このことばが成立するのは一七世紀中頃のイギリスである。その語源はhandi capとか、hand in the capで「帽子の中に罰金を入れておいた昔のくじ引きの遊びの名」だという。このことばが競馬と結びつくのは一八世紀に入ってからで、さらに一般のスポーツ用語になるのは一八五〇年以降であろう、という（OED）。

競馬では一七五四年に、ハンディキャップ・マッチ（Handicap match）ということばが初めて登場した。これは、それまでのたんなるマッチ・レース（Match race、二頭の馬で速さを競う）の時代から競馬が大きく変化したことを物語っている。ハンディキャップ・マッチというのは、片方の馬に重りを背負わせてハンディをつけて二頭の馬で行なう競馬の方法である。いったいなぜ、このようなハンディをつける必要が生じてきたのか。それは競馬が定期的に、しかも頻繁に行なわれるようになり、個々の馬の優劣がはっきりしてきて、走る前に勝負の結果がわかってしまうという状況が新たに生まれたからである。こうなると、もはや競馬の醍醐味である「賭け」が成立しなくなってしまう。つまり、ハンディキャップ制というのは競馬の「賭け」を成立させるための苦肉の策でもあったのである。

このようなハンディキャップ制は、一八世紀末からさかんに行なわれたプロのランニング競走にも採用された。その事情は競馬の場合と同じである。

一九世紀後半になると、ゴルフ、クロッケー、ビリヤード、バドミントン、ロウン・テニスなどの、いわゆるアマチュアの「社交スポーツ」の分野でもハンディキャップ・ルールが大いにもてはやされた。とりわけ、男女が一緒に楽しむスポーツでは有効だった。ハンディキャップ・ルールをいろいろ工夫することによって、ゲームの可能性を無限に引き出すことができるようになったからである。体力や技術が劣るという理由でスポーツを忌避していた多くの人びとも、ハンディキャップ・ルールを採用することによって「対等」にゲームに参加できるようになった。この点での功績は特筆に値する。

わが国にも将棋や囲碁の世界では、昔からハンディキャップ・ルールがあって、子どもの頃には誰もが強い人と「対等」に闘えるハンディをもらって胸を借りたものである。今日のスポーツの世界では、わずかにゴルフのコンペでこのハンディキャップ・ルールが採用されている程度で、他ではほとんどかえりみられないのはどうしてなのであろうか。

もともとスポーツには制限時間なんてなかった!
——プレイヤーと観客の論理は管理・運営主義の前で風前のともしび

大相撲の仕切時間は三分である。いかなる力士といえども、呼出しにしこ名をよばれて土俵に上がってから三分以内に「立ち上がる」ことが義務づけられている。ときには仕切時間前に立ち上がって、館内を沸かせることもある。が、だいたいは「時間です」と行司から告げられて、いよいよまったなしの立合いとなる。この仕切時間を制限しているおかげで、大相撲の全取組はまず間違いなく午後六時までには終わる。テレビを見ていていつも感心してしまうのは、この取組終了時間の狂いのなさである。

この仕切時間が最初に定められたのは一九二八年で、幕内十分、十両七分、幕下五分と定められた。この年にラジオによる実況中継放送が開始された。つまり、予定された放送時間内に全取組を実況放送するためには、どうしても一定時間内に取組を進行させる必要があったのである。

さらに、仕切時間は年を追って短縮されていく。一九四二年には幕内七分、十両五分、幕下三分、一九四五年には幕内五分、十両四分、幕下以下三分、一九五〇年には幕内四分、十両三分、幕下二分、と定められた。これらの仕切時間の短縮化には、一つには実況中継が間延びして退屈なものになってしまうのを予防することにあったが、全体的には人びとの時間感覚がスピード・アップされ、見物客が退屈しないようにという意図も働いていた。つまり、仕切時間を制限するための論理は、相撲をとる力士の側の論理ではなく、相撲を見て楽しむ側の論理が優先されたというわけである。

話をもとにもどして、それではいったい制限時間が設けられるまでの相撲はどのようなものだったのだろうか。仕切時間の制限がないのだから、どれだけ仕切直しをしてもルール違反にはならない。したがって、延々と仕切直しを繰り返す力士もかつてはたくさんいたのである。仕切直しは、力士にとっては気力も体力も充実してくるのを待つ重要なウォーミング・アップのための猶予の時間である。三十分、四十分と仕切直しを繰り返す力士はざらにいたという。ときには一時間、二時間と仕切直しを繰り返す。それでも観客は飲み食いをしながら相撲談義に花を咲かせ、じっと立合いの瞬間を待ったのである。つまり、この時代までは相撲をとる力士の側の論理が優先されていることが歴然としている。

ところで、大相撲以外のスポーツではどうなっているのだろうか。

およそ近代スポーツとしてよく知られているスポーツであれば、そのほとんどがなんらかの「制限時間」をもっていると考えてよい。たとえば、サッカーやラグビーなどは試合時間そのものが制限されている。これらは近代スポーツに変身する以前の、もともとの「フットボール」の時代には制限時間なるものはなかった。祝祭的なバカ騒ぎをすることに比重を置いていた時代には「ワン・ゴール」が決まるまで延々とつづけられた。ときには日没になっても決着がつかず、さらに深夜にまでおよぶということも稀ではなかった、という。ただし、

「ワン・ゴール」決まればそれでゲームは終了である。

試合時間の制限されていないテニスや卓球などにも、いわゆる制限時間に相当するものはある。テニスでは「タイ・ブレイク」が、卓球では「促進ルール」がそれに当たる。テニスでは二ゲームの差をつけないとそのセットは終わらないので、力が均衡しているといつまでも延長戦がつづく。たとえば、一九六九年のウィンブルドン大会決勝で、ゴンザレスがパサレルと対戦し、二二対二四、一対六で日没となり、翌日試合を再開して一六対一四、六対三、一一対九で逆転優勝をとげている。時間にして五時間十二分、一一二ゲームにおよぶ熱戦である。決勝でのこのような熱戦ならいざしらず、一回戦、二回戦でここまで長時間にわたる試合が行なわれると大会運営に大きな支障をきたすという理由で、この翌年の一九七〇年から「タイ・ブレイク」ルールが取り入れられることになった。ここでは、プレイヤーの論理と観客の論理も無視されて、ひたすら主催者の「管理・運営」上の論理が優先されている。

変わり種はクリケットで、今でもテストマッチでは朝十時から日没まで五日間、学生選手権レベルで三日間、最低で一日間、これが制限時間である。しかも、そのほとんどの試合は時間切れで決着がつかず「ドロー」で終わる。ここにはまだ「前近代」の精神が生きている。

スポーツは博打！　そんなのジョーシキ!?
——スポーツと賭けは昔から一体だった！

天才モーツァルトの生まれ育ったザルツブルグの郊外にあるレストランで、面白い体験をしたことがある。表玄関は、どこにでもあるごく普通のレストランなのだが、その裏側には小さな酒場があって、そのまた奥にモーツァルトも大好きだったという九柱戯のレーンが二つある。夜の十時過ぎであったが、地元の人たちで、それもかなり年配の人たちで賑わい、酒を飲みながら九柱戯を楽しんでいる。よく見ると一投ごとにコインの受渡しが行なわれているではないか。明らかに「賭け」をしているのである。それも実に陽気に一喜一憂しながらコインの受渡しを楽しんでいる。わたしも誘われるまま、その仲間に入れてもらったが、結果的には誰も大きな損得はないのである。なぜなら、その九柱戯の木製のボールはいびつに作ってあるし、レーンといってもでこぼこだらけだから、そこには「技術」というものの入りこむ余地はまったくなく、ただ運を天にまかせてボールを投げるだけである。したがって、最終的には平均化され、損得がなくなるようになっている。その意味でこの「賭け」はきわめて「健全」である。

ところで、騙されたと思っていちど英和辞典で〝sport〟ということばを引いてみてほしい。できるだけ大きな辞典がよい。たくさんの語義のなかにまぎれて「とばく師（gambler）、賭けごとの好きな男（sporting man）」というのが出てくる。ついでに〝sportsman〟ということばも引いてみると「（競馬などの）賭けごと師」というのもある。このほかにも、ここに挙げられるのがはばかられるような語義も含まれている。つまり、「スポーツ」ということばは、明るく、健全な意味からきわめてダーティな意味にいたるまで多様な意味を内包しているのである。「スポーツ」はその意味でまことに両義的だと言うべきである。

誤解を恐れずに言わせてもらえば、「スポーツは本質的に賭けである」ということである。つまり、少し考えてみればわかるように、スポーツの勝負は「賭け」そのものなのである。つまり、スポーツは一か八かやってみなければその結果はわからない。だからこそ「勝負」なのであり、「賭け」なのである。

スポーツの勝負が闘わずしてすでに明白である場合には、賭けが成立するように「ハンディキャップ」をつけて闘い、勝負の行方がわざわざわからなくなるように、意図的に「混沌《カオス》」の状態をつくる。これは昔からの人間の知恵の一つである。ゴルフのハンディは今もこの精神をとどめている数少ない例である。ゴルフはこのハンディなるルールを設けたことによって、じょうずもへたも一緒にプレイすることができるのであり、それが今日のゴルフ・ブームの一因になっていることも確かである。もともとはこのハンディと賭け率をうまく同調させて、さらにうま味をつくり出していたのである。そのうま味を人為的につくり出す仕掛け人が「ブック・メーカー」（book maker）である。競馬はこれを制度化することに成功して今日の隆盛がある。

スポーツと賭けは昔から一体であった。ホメーロスの描く英雄叙事詩『イーリアス』や

『オデュッセイア』のなかには競技の描写がいくつも出てくるが、いずれも賞品を賭けている。古代オリンピアの祭典競技は「神に愛でられし者を選別する」ための競技会であり、ある意味で神の審判をあおぐための「賭け」でもあった。古代ローマの市民たちは「パンとサーカス」を求めてギャンブルに明け暮れた。ここで言うサーカスとは「キルクス」、つまり「戦車競技」のことである。これは今で言う国営ギャンブルである。

ヨーロッパ中世に修道院で「考案」されたというテニスの古型「ジュー・ド・ポーム」は賭け事の温床で、つねにいざこざが絶えなかったということを一六世紀の修道士スカイノが書き残している。冒頭の九柱戯もヨーロッパ中世に大流行したのであるが、これももちろん賭けを楽しんでいた。一説によれば、教会もこのスポーツを推奨していたという。なぜなら、ピンは異教信仰の悪魔たちでボールはキリスト教とみなされ、ピンを多く倒すことはそれだけキリスト教が繁栄すると考えられたからだという。

「賭け」を個人の自主的な管理のもとから引き離して、国家のレベルで「法律」によって締め出すことにしたのは近代に入ってからである。それもたかだか百年から百五十年前のことにすぎない。近代スポーツの成立史は「賭け」をスポーツから排除していくプロセスであった、と言っても過言ではない。

スポーツが禁じられた都市！
――ルールと審判は文明発展の意外な落とし児！

　ダービーと言えば「競馬」と同義語と言ってもよいほどわが国でもおなじみのイギリスの都市である。このダービー市で、一八四〇年にフットボール禁圧事件が連続して起こっている。ここで言うフットボールというのはサッカーやラグビーのような近代スポーツとしての体裁を整える前のボール・ゲームのことである。つまり、前近代的な、素朴で、暴力的で、ほとんどルールらしきものもない、祝祭的な「ストリート・フットボール」のことである。このようなフットボールが聖灰水曜節の日にダービー市では毎年繰り広げられていた。しかもこの行事には長い歴史と伝統があって、多くの労働者たちはこれを楽しみにしてきた。

　しかし、一八四五年、このストリート・フットボールの会場となる市の中心部に店をもつ商店主たちが立ち上がってフットボール禁止運動を展開し、市長に要望書を提出した。その理由は、毎年増大していく殺傷事件と商店の破壊を防止するというものであった。つまり、当時のイギリスで大きな力をもちつつあった新興ブルジョアジーを中心とする福音主義運動による労働者階級への攻撃であった。

　かねてから急増しつつあった労働者たちの祝祭的なふるまいに頭を悩ませていた市長は、この商店主たちの要望を受けて立ち、この年のフットボールを禁止することにした。その代わりに伝統的な農村の運動競技（たとえば、脂肪をたっぷり塗った丸太によじ登る競技）を賞金つきで開催することを約束した。さらに、市会は一八三五年に禁止に踏み切っていた「競馬」の再開を票決した。ただし、競馬場内での賭博を禁止し、警察を導入することにした。しかし、労働者たちはこのような提案には見向きもしないで例年どおりフットボールを実施した。

翌年の一八四六年には市長と競技者代表とが会見し、市長は次の二項を提案した。

一、労働者に一日の休暇を与えるよう工場主を説得する

二、公共の寄付による無料鉄道旅行の実施

このような市長の提案にもかかわらず、フットボールは予定どおり強行されることになった。競技者たちが暴徒化するのを防ぐために、市民有志が「自警団」を組織して警戒にあたっていたが、市長が龍騎兵の出動を要請したために火に油をそそぐという最悪の事態を招く結果となった。競技者たちはもとより見物人たちまでが暴動を起こし、大惨事を引き起こしてしまうことになったのである。

では、なぜ、この時代になって、昔から行なわれてきた伝統の「ストリート・フットボール」が取締りの対象となったのであろうか。

そこには文明の発展という意外な落とし穴があったことを見逃してはならない。一八四〇年代という時代はイギリスに鉄道網が急速に広がっていき、多くの労働者たちが都市に急激に集まりはじめた時期でもある。ダービー市もまた鉄道交通の要所として争激に人口が増大しはじめ、多くの互いに見知らぬ人間が短期間のうちに激増していた。

この時代の「ストリート・フットボール」には「ほとんどルールらしきものはない」と書いたが、実は不文律のルールはあった。それはその土地に生まれ育ち、子どものときから慣れ親しんだ者には暗黙のうちに理解されているルールなのである。つまり、その地域共同体に固有のルールであり、その地域住民に共通の「良識」ともいうべきものである。したがって、その土地生え抜きの人間だけで行なわれる「ストリート・フットボール」は、「暴力」に対するルールがなくてもおのずから自己規制が働いていた。

しかし、そこに「よそ者」が交じりはじめると、もはや地域共同体の「良識」が機能しなくなってくる。しかも、その「よそ者」が急激に増大したときには、もはやなんの自己規制も働かず、たんなる「暴徒」と化する。ダービー市の一八四〇年代というのは、ちょうどそういう時代に遭遇していたのである。

産業革命の進展と鉄道網の拡大にともない、人口の急激な移動や都市人口の急増や地域社会（あるいは地域共同体）の崩壊といった大問題が、一八四〇年代というイギリスの急激な経済発展の裏側に隠されていたのである。ダービー市のフットボール禁圧事件は、この時代のイギリスの典型的な出来事の一つと言ってよいだろう。近代スポーツはこのような「よそ者」同士が暴走化することなく競技ができるように、「ルール」という新しい法秩序を導入し、そのお目付役ともいうべき「審判」まで立てて、完全に第三者的な時空のなかに「囲い込」んでしまったもの、と言ってよい。

地域社会が「おたく化」してしまったどこぞの国のスポーツは、今や「インストラクター」

なる人物の完全管理下におかれ、スポーツをする「ロボット」と化しているという点では、今や世界の最先端を走っていると言うべきか。

未開社会に見る、スポーツのコスモロジー
——祭りだけでなく、出産、死、病気ともスポーツは結びついていた!

今日わたしたちは、スポーツと宗教はなんの関係もない、と固く信じている。しかし、今日でもトップ・アスリートとなると少し事情が変わってくる。たとえば、カール・ルイスはゴールのテープを切った後、うやうやしく跪いてグラウンドに「感謝のキス」をした。かれは明らかに「神」を意識していて、試合の前に祈りを捧げ、試合の後に感謝のキスを贈る。おそらく、かれは自己の勝利のために神に祈りを捧げながら、神の存在を強く意識していたにちがいない。しかし、現代の競技スポーツは宗教祭祀とはなんの関係もないのである。

ところが時代を遡れば遡るほど、スポーツと宗教祭祀の結びつきは強くなっていく。古代オリンピックで知られるオリンピアの祭典競技が全能の神「ゼウス」に捧げる祭祀儀礼の一環として行なわれたことはよく知られているとおりである。しかも、勝敗のゆくえは神々が決するものと考えられており、選手たちは神々が味方してくれるようにひたすら祈った。さらに犠牲の牛や羊を神々に捧げ、後援者には焼肉と酒をふるまい、応援を頼んだのだった。すべての選手たちが同じことを繰り返したので、オリンピアの聖域は犠牲獣の血と煙にむせ

返っていたという。しかし、この祭典競技は全ギリシアのポリスから送られてきたエリート競技者によって覇が競われたので、時とともに祭祀儀礼の性格がうすれ、しだいに純粋な「競技会」に傾いていった。

もっと時代を遡って、未開社会にまで足を踏み入れると、そこには今日のわたしたちからは考えられないようなスポーツと宗教祭祀との強い結びつきを見ることができる。ではいったい、かれらがスポーツを行なったのは、どういうときだったのだろうか。

かれらが定期的に毎年きちんと宗教祭祀をとり行なったのは、いわゆる「休耕期」（休農期）である。その多くは「収穫祭」（収穫感謝祭）から「播種祭」（キリスト教では復活祭）の間である。そして、この休耕期に催されるいろいろな祭祀儀礼のなかでスポーツは行なわれていた。たとえば、「アッサム高地の焼き畑耕作民タドウ・クキ族では、農耕期は一月に行う伐開と地拵えに始まり、三月の火入れ、四～五月に降る雨を待っての植えつけを経て、九～十月の収穫をもって終わる。つまり、十一月と十二月が休農期である。そして大地が乾いた冬のこの二か月が、彼らのお気に入りのスポーツの季節となる。この時、若者なら、すもう、高跳び、四～五kgの重さがある石を使っての遠投、米を挽くのに用いる杵の遠投、上下にセットされた二本の横棒の間をくぐり抜ける高跳び、槍の滑走遠投などで腕前を競い合い、もっと小さい子どもなら競走や綱引きをして楽しんだのである」（寒川恒夫）、という次第である。スポーツを行なうこのような休農期の宗教祭祀は、そのトータルが「神と交わる聖なる時間」と認識されていたのである。

こういった定期的な宗教祭祀として行なわれるもののほかに、古代のスポーツにはどのようなものがあったのだろうか。つまり、不定期に、突発的に行なわれるスポーツである。

これらは、出産、死、病人、決闘、紛争解決などの特別な場面で行なわれていたようだ。

それらの事例を見てみると以下のとおりである。まず、出産のときのスポーツは「たとえば、ミクロネシアのナウル島では、子どもが生まれると、村の男たちがその家に集まって来てすもうをとるのが習慣であった」という。また、人の死に際しては「トンガでは、神君ツイトンガが死ぬと、人々は八カ月間の喪に服したが、そのタブーを解く儀式はダンスとすもうをもって完了した」というし、「トンガの王女の埋葬に際しても、男と女の双方がすもうとボクシングを行うのが慣例であった」という。病人が出た場合には「北米インディアンのヒューロン族では、病人が出ると、呪医は彼のために、つまり治療のために、部族の男たちにラクロス球技を命じる」し、「中国雲南省のアシ族は、何かの具合で死人が異常に多く出た時には、すもうをとるのがきまり」であったという。また、「村のなかで、あるいは他村やバンドとの間で何かもめごとが起きた時、未開社会ではしばしば格闘技が紛争解決手段として用いられた」（引用はいずれも寒川恒夫）という。

このように見てくると、未開社会のスポーツはたんなる遊びや娯楽として行なわれるだけでなく、何か人間の力を超えた世界との交信の手段であり、神の意志の実現の手段であったことがわかってくる。つまり、未開社会のスポーツは「俗」なるものから「聖」なるものまできわめて広い範囲におよんでいるが、わけても「聖」なるものの比重がきわめて重いという点は注目してよいだろう。

未開社会に生きたホモ・サピエンスは、今日のわたしたちとはまったく異なるコスモロジーのもとで生きていた。それは人智を超えた自然現象や不慮の出来事に対する恐怖心のなかから形成されたものであるし、スポーツもまたそのようなコスモロジーのもとで意味を付与されていたのである。

宗教とスポーツの融和と分離
――なぜアーミッシュの人びとは近代スポーツを拒絶するのか?

アメリカ・ペンシルバニア州を中心に、「アーミッシュ」(Amish) とよばれる人びとが住んでいる。その数およそ九万人(一九八二年現在)という。この人びとは一七二七年にアメリカに移住してきたドイツ系の移民である。以後、かれらは時計の針を止めて、移住してきたときの生活様式をそのままにとどめ、ひたすら農耕と祈りの生活をつづけている。つまり、一八世紀以後の文明(動力機械、電気など)のすべてを拒否して、粗衣粗食、有機農法、信仰共同体などを維持しながら敬虔なプロテスタントとしての生活を守ってきているのである。

かれらは「ろうそく」生活者であるから、朝は夜明けとともに起きだして働き、日没とともに家に帰り、夕食をすませ、そして祈る。子どもたちも小さいときから親の仕事を手伝う。

隣接する機械化された近代農法のなかで生きのびていくには、家族全員が人馬一体となってひたすら働く以外にない。しかし、かれらの生活信条は「自給自足」と「質素倹約」にあるので、多くの現金を必要としない。現金収入は生きていくうえでの必要最小限にとどめ、余分な貯金はしない。家を建てるときには、かれらの共同体（十五～三十家族で構成）の仲間が全員で手伝ってくれる。むろん無料奉仕なので、材料費だけですむ。とにかく、かれらは勤勉でよく働く。

アーミッシュは、一七世紀末、プロテスタントのもっともラディカルな一宗派としてスイスに誕生したキリスト教集団の呼称である。かれらは聖書至上主義をかかげ、「永遠の生命」に到達するために世俗を捨て、生きるためのぎりぎりの農耕を営み、ひたすら祈りにその生涯を捧げた。こうしたアーミッシュの生き方はまたたく間にヨーロッパ各地に広がり、熱烈な支持勢力を形成していった。しかし、かれらの主張はあまりにラディカルであるという理由で「異端」のレッテルが貼られ、激しく攻撃されるところとなった。その攻撃の手を逃れてアメリカに移住してきた人びとの子孫が、今に生きのびているのである。ヨーロッパに残ったアーミッシュの人びとは、教会と国家の両方から異教徒として弾圧され、まるでキリストのように磔にされたり、焼かれたりして絶滅してしまった。

その異端とされた「戒律」の主なものは以下の七カ条である。

一、幼児洗礼は避けるべきであること

二、人はみずから信仰を告解したのちに洗礼を受けるべきであること

三、教会と国家は分けられるべきであること
四、宗教に関する絶対的な自由を求めること
五、武器を身につけてはならないこと
六、誓いを立ててはならないこと
七、すべての点においてキリストの平和主義の例にならうこと

以上である。「信仰の自由」と「平和主義」を、かくも徹底して求めた精神の崇高さは一つの理想と言ってよいだろう。かれらは今でも非暴力・無抵抗である。道路で一方的な暴力をふるわれても「無抵抗」である。一般市民とトラブルが生じたときにはじっと我慢するか、移住するかのいずれかを選ぶ。戦争はもとより、いっさいの暴力を否定し、世俗の「競争」、とりわけ、「欲望」を悪とし、心静かに祈りの生活に徹している。

したがって、かれらにとって近代スポーツの含みもつ「競技の原理」もまた「悪」ということになる。信仰を告解して洗礼を受けたおとなたちは、近代スポーツにはいっさい無縁である。しかし、かれらは信仰を告解するまでの子どもたちの遊びやスポーツについては「寛大」である。

子どもたちは綱引きをしたり、競走をしたり、縄跳びをしたり、スケートをしたり、雪合戦をしたりと、まことにのびのびと遊ぶ。ときには「コーナー・ボール」とよばれる野球のようなボール・ゲームも楽しむ。しかし、いわゆる組織だった、正規の近代スポーツは行なわない。なぜなら、施設も用具も「近代科学文明」の手を経て作られたものばかりだからで

ある。それらは、かれらにとっては「欲望の所産」であって、「贅沢品」なのである。子どもたちの楽しむスポーツも、子どもたちの「手づくり」の用具と施設で可能な範囲に限られる。

同じ福音主義運動でも、一九世紀のイギリスでは近代スポーツ成立の立役者として積極的にこれを推進した宗派もあり、大きな違いがある。宗教とスポーツの問題は、今日では意外にないがしろにされている。しかし、ほんの少し過去にさかのぼるだけで、その信仰のおきどころによってはスポーツに対する姿勢もまったく異なってしまう、という大問題が含まれていることに気づく。アーミッシュの発しているメッセージを、わたしたちはどのように受け止めたらよいのか、もって瞑すべし、である。

限りなく美しいからだに憧れた古代スポーツマン
――はだかで競技が行なわれた時代の、こだわりスポーツグッズとは？

今日知られている古代文明のなかで、もっとも豊かなスポーツ文化を形成したのは古代ギリシアである。およそ紀元前六～五世紀がその全盛時代であった。そこでのスポーツは、よく知られているように、なぜか一糸まとわぬ「はだか」で行なわれた。世に言う「裸体競技」の始まりである。

古代オリンピック大会として知られるオリンピアの祭典競技をはじめ、ピティア、ネメア、イストミアの祭典競技もすべて「全裸」で競技が行なわれた。古代ギリシアは多神教だったので多くの神々が各地に祀られ、それらの神々に捧げる競技祭がポリスごとに繰り広げられていた。ギリシア全土で言えば、ほとんど毎日のように、どこかのポリスで祭典競技が行なわれていたという。これらの地方の小さな競技祭もすべて「裸体」で行なわれた。

また、古代ギリシアの市民は午前中に仕事を片づけ、午後には「ギムナシオン」とよばれる競技施設に集まっていろいろな競技を楽しみながら、政治や経済や宗教や芸術を語って時をすごした。この「ギムナシオン」で日々行なわれる競技もまた「はだか」であった。言うなれば、かれらは一日一度は「はだか」になって競技をすることが日常の慣習となっていたのである。

そのせいか、かれらの肉体の美しさに対する関心はことのほか強かった。とりわけ、肥満の醜悪さを嫌った。そのため、過食、運動不足、肥満という悪循環をたちきるために、過剰なほど神経をつかっていた。たとえば、かれらが好んで開いた「饗宴」（シンポシオン）では飲み食いをしながら、いろいろな議論を闘わせていたのだが、つい食べすぎてしまうので、それらを吐き出すための「嘔吐術」なるものが著しく発達していたという。つまり、過食は嘔吐によってコントロールし、午後には「ギムナシオン」に集まって汗を流し、からだを鍛え、美しい肉体を維持することに努めたのである。

ところで、古代ギリシア人たちにとってからだを鍛えるという意識はいつ頃から始まったのだろうか。一般に古代ギリシア人たちは、美しい肉体や優れた競技能力は古代ギリシアの神々から授かるものだと考えていた。だから、かれらが毎日「ギムナシオン」に出かけて行って競技をするのは、からだを鍛えるという意識ではなくて、神々の好きな競技を演じてみせることによって神々のご機嫌をよくし、神々に可愛がられることによって「美しい肉体や優れた競技能力」を授けてもらうことが目的だった。

この考え方はいかにも前近代的であるが、よく考えてみると「トレーニングをすればみんな等しく立派なからだになる」とする近代のトレーニング過信よりも正しいのではないかと思われる部分もある。なぜなら、まったく同じ条件下でまったく同じトレーニングを行なっても、そのトレーニング効果には個人差があるということをかれらはよく知っていて、その差が出るのはもっぱら「神の意志」によるのだと考えていたのであるから。

古代ギリシア人にとって「美しい肉体と優れた競技能力」をもつということは、すぐれて信仰の証でもあったのである。

少し時代が下って、紀元前二世紀頃になると競技のプロ化現象が見られるようになる。とりわけ、ボクシング、レスリング、パンクラチオンといった競技の選手のからだが肥満化してくる。つまり、からだが大きくて重いほうが競技をするうえで有利である、と考えるプロの競技者が登場してきたのである。この頃から、「神の意志」とは無縁のところで自分のからだをコントロールするという発想が大きな力をもちはじめる。すなわち、トレーニングの科学の登場である。

ところで、すっぽんぽんの「はだか」で競技をする古代ギリシア人たちにとって、おしゃれで、大事なスポーツグッズとは何だったのだろうか。かれらは砂の上ではだかでレスリングをしたりしたので、ケガ予防のために全身にオリーブ油を塗る必要があった。練習が終わるとそのオリーブ油をへらでこすり落とす。そのため、かれらは「ギムナシオン」に出かけるときには必ずオリーブ油を入れた油壺とへらを携えていた。この二つは、いわば、かれらの必需品であったと同時にこれだけが唯一のスポーツグッズであった。だから、この油壺は凝りに凝ったおしゃれなデザインのものを持ち歩いていた。オリーブ油もまた最高級品が用いられていたという。

いつの時代も、人間の欲と見栄はあまり変わらない。

おとなのおもちゃのアイディア戦争！
——奇想天外な自転車の歴史！

自転車が静かなブームであると聞く。とりわけ、「マウンテン・バイク」の登場によって、自転車は新しい時代を迎えたという。つまり自転車は、交通手段としての実用の道具から「遊び」の道具に転身したというのである。そして、いろいろな変則自転車（たとえば、一輪車とか、四角の車輪をつけた自転車とか、極端にサドルが低くてハンドルが高いとか、など）曲乗り用の自転車、折り畳み式自転車とかが登場して、ますますそのヴァリエーションは増えていきそうである。

これまでふつうの実用自転車と競輪用自転車しか知らなかった人たちにとっては、まことに不思議な自転車が登場したものだということになるのだろう。しかし、少し自転車の歴史をふり返ってみると、昔のほうがはるかに奇想天外な自転車がいっぱいあったことがわかってくる。

自転車の原イメージは「棒うま」である。今ではこのような遊びは子どもの世界から姿を消してしまっているが、まだものが豊かでなかった時代にはみんな経験した、昔からの古い遊びの一つである。どんな棒でもよい。一本の棒に跨がれば、それだけでもう「馬」に乗った気分。片手でその棒を持ち、もう一方の手に「ムチ」を持てばそれでどこへでも駈けていくことができる。これが少し上等になると、棒の先に「馬の頭」をつけ、後ろに「しっぽ」をつける。こうして限りなく実物の「馬」に近づいていく。しかし、あくまでも自分の足で歩きまわることに変わりはない。

この段階から一足とびに、「棒うま」に「車輪」を二つつけて、それに跨がり、自分の足で地面を蹴って走る男が現われた。一八世紀末のフランスのシブラック男爵である。つまり、子どものおもちゃをヒントにして「おとなのおもちゃ」を作ったのである。いわゆる「足蹴り自転車」の誕生だ。これが引き金になって、われもわれもと自作の「足蹴り自転車」を自慢しあうようになり、やがてスピード競走を始める。

ところが、初期の「足蹴り自転車」はただまっすぐ一直線に走るだけで方向を変えることはできない。そこで、誰かが「ハンドル」を工夫する。するとこんどは足を地面につけていなくてもバランスをとることができるようになる。自由になった足を前輪の車軸にのせて、下りの坂道であればどこまでもバランスをとりながら走っていくことができる。次の段階になると、前輪に「ペダル」をとりつけ、自力でこいで前進する。これで「自転車」の原型のできあがりである。

あとはより良い「自転車」の理想を求めてアイディア競走の始まりである。自転車の善し悪しは「スピード」で判定された。前輪ペダルを中央に移して推進力を「チェーン」で後輪につなぐ「大発明」によって、自転車はいよいよ実用段階にさしかかってくる。一九世紀の中頃には、実用新案特許を取ってひともうけしようと一攫千金を夢見る発明マニアたちが熾烈なアイディア競争を始める。自転車の競技会もしばしば開かれ、それぞれ自慢のアイディアによる性能テストが繰り返された。

一九世紀後半の自転車改良のポイントは、「いかにしてボディを軽くするか」という点と、「いかにして地面からのショックを少なくするか」という二点に絞られていた。すなわち、前者は丈夫な鋼鉄を製造し、それを加工する技術を開発することであったし、後者は性能の良いゴムの製造加工技術の開発であった。この意味では当時の最先端科学技術の総力をあげて、その成果が自転車に注がれていたと言っても過言ではない。

今日の自転車の基本形が完成するのは、一八八八年のダンロップ博士による「空気入りタイヤ」の発明の結果であった。以後、自転車はまことに便利な実用の交通手段としてまたたく間に全世界に普及していった。かくして、「馬」に代わる新しい乗物として自転車が登場したのである。それはあたかもイギリスの貴族・ジェントリーの専有物だった「馬」から、新しく台頭したブルジョアジーの乗物である「自転車」への交代をも意味していた。

以上のように自転車は、初め「おとなのおもちゃ」として登場し、やがて馬の品種改良をめざした「競馬」と同じように、自転車の性能テストを兼ねた「競輪」がさかんに行なわれ、ついに実用化を果たすという経過をたどっている。自転車が今日ふたたび「遊び」の道具となりつつあるのは、長い目で見れば、それはたんなる「先祖がえり」にすぎないということになる。

著者紹介

（五十音順）

●阿江美恵子　あえ・みえこ
'53年北海道生まれ。筑波大学大学院博士課程満期退学。現在、東京女子体育大学教授。体育心理学のなかで集団凝集性、社会心理が専門。

●青木高　あおき・たかし
'44年、東京都生まれ。東京教育大学卒業、スポーツ社会学専攻。現在、（財）健康・体力づくり事業財団事業部長。主な著書に『運動不足への挑戦』（不昧堂出版）、『21世紀の健康・体力づくり』（大修館書店）、編書に『運動と健康』（健康・体力づくり事業財団）など。

●石田良恵　いしだ・よしえ
'42年生まれ。国士舘大学卒業。現在、女子美術大学教授、保健学博士。著書に『女性とスポーツ環境』『肥満を科学する』（ともにモダン出版）など。

●稲垣正浩　いながき・まさひろ
'38年、愛知県出身。東京教育大学卒業。現在、日本体育大学大学院教授。専門はスポーツ歴史人類学。キリスト教によってバイアスのかかったヨーロッパ・スポーツ史の再検討をはじめとした、近代スポーツの神話くずしに意欲的に取り組んでいる。著書に『スポーツの後近代』（三省堂）、『図説スポーツの歴史』（共著、大修館書店）などがある。

●大築立志　おおつき・たつゆき
東京大学大学院総合文化研究科生命環境科学系教授。教育学博士。専門は運動神経生理学。主な著書に『たくみの科学』、『手の日本人、足の西欧人』など。

●勝山英幸　かつやま・ひでゆき
'70年、神奈川県生まれ。東京デザイナー学院卒業。このイラスト（初出、別冊宝島）が現在の仕事のきっかけとなる。以後、健康書・児童書を中心に活動中。

●久保田競　くぼた・きそう
'32年、大阪府生まれ。前頭葉の働きの研究を、ヒトとサルで行なっている。神経生理学を教えている。京都大学名誉教授、日本福祉大学教授。

●小林寛道　こばやし・かんどう
'43年、旧満州新京生まれ。東京大学教育学部卒業。東京大学大学院教育学研究科体育学専門課程修士課程修了。教育学博士。体力の発育発達と老化およびトレーニングの効果などについて研究。陸上競技の競技力向上に関する研究に従事。東京大学大学院総合文化研究科教授。

●**小林邦之**　こばやし・くにゆき
'65年、神奈川県生まれ。オステオパシー（骨病理）と骨格矯正が専門。'90年より静岡県高校総体特別強化要員となる。現在、姿勢保健均整専門学校にて身体均整術を中心に研究中。今後は、日本や世界の各地に埋もれている民間治療を実践・紹介していきたい。

●**杉原隆**　すぎはら・たかし
'42年三重県生まれ。東京教育大学大学院修士課程体育心理学専攻修了。現在、東京学芸大学芸術・スポーツ科学系教授、日本スポーツ心理学会会長。

●**鈴木正成**　すずき・まさしげ
'40年東京都生まれ。東北大学農学部卒業、同大学院修了。現在、早稲田大学スポーツ科学学術院教授。栄養学とスポーツの関係に詳しい。これからは、肥満の多発をもたらす高脂肪分のメカニズムについて研究していく予定。『スポーツの栄養・食事学』（同文書院）は、スポーツ愛好者のベストセラー。

●**諏訪弘**　すわ・ひろし
'70年、広島県生まれ。フリーライター兼エディター。

●**福永哲夫**　ふくなが・てつお
'41年、徳島県生まれ。東京大学大学院教育学研究科博士課程体育学専攻修了。'73年からケルン体育大学スポーツ医学研究所に留学。専門分野は運動生理学、バイオメカニクス、トレーニング科学。現在は、早稲田大学スポーツ科学学術院教授。共著に『貯筋通帳』（ワニマガジン社）、『生化学・生理学からみた骨格筋に対するトレーニング効果』（ナップ）など多数。

●**藤原健固**　ふじわら・けんご
'40年、愛媛県生まれ。中京大学教授。著書に『歩きの科学』（講談社）、『歩く靴学』（メトロポリタン出版）、『自転車遍路は風まかせ』（自費出版）などがある。

●**松本芳明**　まつもと・よしあき
'54年、三重県生まれ。東京教育大学卒業。現在、大阪学院大学教授。体操を中心に近代スポーツについて研究中。『現代生活とスポーツ文化』（大修館書店）ほかの著書あり。

●**宮崎義憲**　みやざき・よしのり
'47年、宮崎県生まれ。東京学芸大学大学院修士課程修了。医学博士。現在、東京学芸大学芸術・スポーツ科学系教授。著書に、『日常生活に生かす健康とスポーツの科学』（不昧堂出版）など多数。

●矢部京之助 やべ・きょうのすけ
'37年、千葉県生まれ。東京大学大学院博士課程満了、教育学博士。大阪体育大学スポーツ科学研究科教授。著書に『疲労と体力の科学』(講談社)、『運動生理学からみた身近な健康増進法』(ぎょうせい)。

●山西哲郎 やまにし・てつろう
'43年神戸に生まれ、鳥取で育つ。東京教育大学体育学部卒業。現在、群馬大学教育学部教授。学生時代よりマラソンを実施し、学ぶ。箱根駅伝の選手、コーチを経験し、ランニングの実践研究を構築化し、ランニング学会長となる。著書に『山西哲郎の走る世界』(ランナーズ)、『ランナーズブック』(窓社)、『ランニングの世界』(明和出版)など多数あり。

●吉福康郎 よしふく・やすお
'44年、滋賀県生まれ。東京大学理学部物理学科卒業。理学博士。中部大学工学部理学教室教授。著書に『格闘技奥義の科学』(講談社)など多数。

本書は、二〇〇〇年一月に小社より刊行された
宝島社文庫『スポーツ科学・入門』を新装版にしたものです。

宝島社
文　庫

新装版　スポーツ科学・入門
（しんそうばん　すぽーつかがく・にゅうもん）
2007年5月26日　第1刷発行

編　者　別冊宝島編集部
発行人　蓮見清一
発行所　株式会社 宝島社
〒102-8388 東京都千代田区一番町25番地
電話：営業03（3234）4621／編集03（3234）3692
振替：00170-1-170829（株）宝島社
印刷・製本　中央精版印刷株式会社

乱丁・落丁本はお取り替いたします。

First published 2000 by Takarajimasha, Inc.

Printed and bound in Japan
ISBN978-4-7966-5820-1

第1回優秀賞
沈むさかな
式田ティエン

父の死の真相を探る主人公は17歳の高校生。スクーバ・ダイビングの描写も素晴らしい海辺を舞台にしたサスペンス。

そのケータイはXX《エクスクロス》で
上甲宣之

今すぐにそこから逃げ出さないと、片目、片腕、片脚を奪われ、村の〝生き神〟として座敷牢に監禁されてしまう!

地獄のババぬき
上甲宣之

『そのケータイはXX《エクスクロス》で』の続編は、命を賭けたババぬき勝負!! 本邦初のトランプ・サスペンス!

第2回大賞
パーフェクト・プラン
柳原 慧

「身代金ゼロ! せしめる金は5億円!」誰も殺さない誰も損をしない。これは犯罪であって犯罪ではない!? 誘拐ミステリーに新機軸を打ち出した画期的作品。

第2回優秀賞

ビッグボーナス

ハセベバクシンオー

裏ギャンブル社会の圧倒的ディテールと怪しい攻略情報を巡るギャンブル中毒者のバカっぷりが痛快な異色犯罪小説！

第3回大賞

サウスポー・キラー

水原秀策

旧弊な体質が抜けない人気プロ野球チームの中で孤軍奮闘するクールな頭脳派ピッチャー。彼は奇妙な脅迫事件に巻き込まれていく……犯人の狙いは？